はじめに

『人間的、あまりに人間的』Iで、ニーチェは、「精神の成熟した自由」について次のように言う。それは、「心の自己支配でも訓育でもあって、多くの、対立した思考仕方を許容する」(II, MAI, Vorrede, 4, 17f., 傍点筆者）ものであり、また「大きな健康の印であるところの、造形的、治癒的、模造的、再製的力の過剰 Ueberschuss an plastischen, ausheilenden, nachbildenden und wiederherstellenden Kräften」(ib., 18, 傍点筆者）を含むものである、と。私はここにニーチェ哲学への接近の指針を見いだす。「精神の自由」ないし「自由な精神」や「健康」がニーチェにおいて何を意味するかは、今は措いておこう。しかし、さしあたりそれを取り巻く形容詞が私を導く。といっても、それらの語の意味をここで詳らかにすることもできないので、指針と呼ぶにはあまりに漠然としていると思われるかもしれない。それは次のような私の方途を力づけるものなのである。つまり、ニーチェのテキストをとにかく読んで、心を捉えた問題をあくまで私の関心を大切にしながら、それが置かれたその場所から探究する。そして主題を追って、必要に応じてゲリラ的に、テキストを渡り歩くことにする。私の選好（それを隠すつもりはない）と踏査からニーチェ哲学の結構が見えてくるはずである。私はそれを仕上げていく。

精神の成熟した自由は一生私には届かない境地かもしれないけれども、私は私の知性と感性と想像力を広げよう。たくさんの豊かな比喩や逆説や脈絡が見えにくい洞察をちりばめるニーチェの哲学には、全精神を挙げて立ち向かわなければならない。私は、私の思考と思考の軌跡である言葉による表現が、ニーチェに倣って「造形的、治癒的、模造的、再製的」であることに努めよう。

それゆえ、一貫した、体系的ニーチェ哲学といったものを構築することを目指すのは、私の目論見ではなかった。しかし、ニーチェにおいて他の概念がその基盤に立つような中心的概念はある、と私も考えている。生、生成と時間、権力意志、その遠近法主義（そこに必然的に含まれる価値と真理の理解）、超人思想、永遠回帰等がそうである。なかでも「権力意志」がニーチェ哲学の標語と呼ぶべきものである。それゆえ、さしあたり何かの個別的主題が追跡されている場合でも、この背景においてのことである。ニーチェの公開の著作にも自由な省察のかたちでそれらは十分に顕在的であったとは思うけれども、ニーチェが晩年にはこれら中心概念を含む自らの思想をもっと体系的に叙述しようと計画していたことが知られている。計画は実現せず、多くの遺稿が残った。それゆえ晩年の遺稿も参照して、その思想に迫りたいと思う。そして本書で私は、権力意志の思想を究明することによって、権力意志の哲学のうちに、ある意味でそれを超えると言えると思うのだが、いわゆる権力的ということで想像されるものとは別の面を際立てることになるだろう。もともと権力意志は多重性をもつものなのである。

本書の構成はごく緩やかである。第一章では『善悪の彼岸』と『道徳の系譜学』を中心に、道徳批判、道徳の問題から考察を開始する。第二章は第一章の補足のようなものだが、「系譜学」という方法を取り上げる。第三章は、ニーチェによる科学や認識の批判をとおして「生」の立場を浮かび上がらせようとする。加えて『悦ばしい知』をかなり取り込んでいる。第四章は、これまでもちらちらと顔を出していたにもかかわらず極力後回しにしておいた「意志」と「権力意志」の問題を改めて主題とする。そして生そのものである「権力意志」を考察の中心に据えて全開させようとする。『ツァラトゥストラ』も視野に置く。第五章はニーチェの思考とその表現を担う言葉の問題を解明する。とりわけ独特な詩的作品『ツァラトゥストラ』の検討が必要である。私は詩には大いに関心を寄せている。次の第六章は第四章の続きとして引き続き権力意志の問題を扱うが、河岸を変えて、それがより明瞭な理論的表現を得ている遺稿を渉猟する。実は『善悪の彼岸』も『道徳の系譜学』も権力意志に不可避な問題として価値問題に貫かれているが、第五章まではこの問題はあっさり切り上げる。その理論的側面に重点をおいて、第六章で改めて取り組む。この章は第四章の補強である。

本書の内容と使用テキストは、大体以上のとおりである。考察の対象とする範囲の著作以外は、『悲劇の誕生』を除いて、傍証に用いる程度である。私は問題を追って自由にふるまいたいと宣言した。したがって、本書の構成がすでに示すように、ニーチェ哲学の展開を正面きってクロノロジカルに問うつもりはないし、また伝記にもほとんど触れないつもりである。

『ニーチェ私論――道化、詩人と自称した哲学者』の副題は、ニーチェの「ディオニュソス頌歌」の一つ「道化にすぎない！　詩人にすぎない！」から採っている（本書第六章注14にその一部を引用してある）。

目次

凡　例

本書で取り上げ、引用したテキストは、Friedrich Nietzsche, Sämtliche Werke, Kritische Studienausgabe in 15 Einzelbänden, Deutscher Taschenbuch Verlag de Gruyter, 1988 である。

各巻と本書で用いた著作名の略号を示す。

I:	Die Geburt der Tragödie (GT)	『悲劇の誕生』
	Unzeitgemäße Betrachtungen I-IV (UB)	『反時代的考察』
	Nachgelassene Schriften 1870-1873 (NS)	『遺作』
II:	Menschliches, Allzumenschliches I & II (MA I, MA II)	『人間的、あまりに人間的』
III:	Morgenröte (MR)	『曙光』
	Idyllen aus Messina (IM)	
	Die fröhliche Wissenschaft (FW)	『悦ばしい知』
IV:	Also sprach Zarathustra (Z)	『ツァラトゥストラ』
V:	Jenseits von Gut und Böse (GB)	『善悪の彼岸』
	Zur Genealogie der Moral (GM)	『道徳の系譜学』
VI:	Der Fall Wagner	『ワーグナーの場合』
	Götzen-Dämmerung (GD)	『偶像の黄昏』

Der Antichrist（AC）　『アンチクリスト』
Ecce homo（EH）　『この人を見よ』
VII: Nachgelassene Fragmente 1869-1874（NF）　『遺稿』
VIII: Nachgelassene Fragmente 1875-1879（NF）
IX: Nachgelassene Fragmente 1880-1882（NF）
X: Nachgelassene Fragmente 1882-1884（NF）
XI: Nachgelassene Fragmente 1884-1885（NF）
XII: Nachgelassene Fragmente 1885-1887（NF）
XIII: Nachgelassene Fragmente 1887-1889（NF）
XIV: Einführung in die KSA
XV: Chronik zu Nietzsches Leben

引用文の後の数字は巻（ローマ数字）、著作名略号、章、節、頁を表すが、章・節・頁数を適宜省くこともある。引用文中の強調は、断らないかぎり原文のものである。日本語訳は、ちくま学芸文庫の『ニーチェ全集』を参照した。訳はほとんどそのまま使わせていただいたところもあるし、かなり変更したところもある。

第一章　道徳批判の展開

『善悪の彼岸――将来の哲学の序曲』（一八八六年）は、ニーチェ自身の言葉によると、「自分の使命の然《ヤー》りをいう部分（＝『ツァラトゥストラ』[1]）が果たされた後に、否《ナイン》を言う、否を行う」仕事のために、すなわち「これまでの諸価値そのものの価値転換[2]」（『この人をみよ』VI, EH, GB, 1, 350）を準備するために書かれた。それゆえこの著作は、基本的には批判的性格のものである。それは「近代科学、近代芸術[3]、近代政治[4]の批判」を含む「近代性の批判」（ib., 2, 350）を企てる。そこに含まれるものとして「客観性」、「すべての悩める者への同情」、「他人の趣味への屈従や些末事の前ではいつくばる歴史的感覚」、「科学性（学問性）」（ib., 2, 351）が挙げられる。そしてこの批判によってニーチェは反対の典型を、すなわち「可能なかぎり近代的でない、高貴な、然りという反対の典型を同時に示唆する」（ib., 350）ことを目指す。ただしこの典型、貴人《ジャンティヨム》の本格的育成はなおこれからの課題であるゆえ、この書は「貴人の学校」（ib.）なのである。

それにしても、ここで「近代道徳」が名指されないのはなぜだろうか。それは欠落しているのではない。「すべての悩める者への同情」がニーチェにとって近代道徳の核心であり、それは近代政治にも不可欠なはずである。この書が『善悪の彼岸』と題され、超えられるべき「善悪」が近代道徳のものであるのは間違いないから、この著作の全体をあげて、近代道徳の批判がなされていると理解すべきであろう。とすれば、道徳はニーチェにとって、優れて私たちの生・存在そのものの体制を決めるものなのである。(5) 科学・芸術・政治もまたそれには違いないという以上に。これら近代的なものを支えるのはキリスト教である。キリスト教は「下降する、弱化する、疲労した、断罪された生」(VI, GD, 反自然としての道徳、5, 86) の価値判断を、すなわちデカダンスの道徳を教えた。ニーチェはそれに戦いを挑んでいるのである。私たちはこれからそれに立ち会う。

『善悪の彼岸』には成熟したニーチェ哲学の諸概念が出揃っていて、比較的論述にまとまりがあり、しかもニーチェがことさらに展望的に振る舞っているので、この書から着手しよう。『善悪の彼岸』は、ニーチェ自身も認めるように、批判の側に重点がある。そして批判の対象は、道徳に中心があっても、生にかかわるほとんど一切合財である。対立を強調する思考法は常に変わらずニーチェの思考を特徴づけるが、私は、ニーチェに倣って、『善悪の彼岸』において批判されているものを解明し、またそれによって示唆されているその反対物を浮かび上がらせるよう努めたい。

批判は一つの知・認識の営みである。この営みは、伝統に従って、むろん哲学と呼ばれよう。しかしニーチェは、哲学と哲学者にそう簡単に自分を預けるわけにはいかない。従来の哲学も当然批判の対象となるからである。「将来の哲学」(将来の哲学者) に思いを馳せながら、ニーチェはとりあえず「自由な精神」と名乗る。そこで「自由な精神」に寄りそって、批判される事柄ばかりでなく、批判というこの認識のあり方をもとに、生との関係を基軸に見極めたい。

しかしいま一瞥しただけでも、近代性の批判とは途方もなく大きな課題である。そこで、私は三つのテーマを選ぶ。やはりまず中心である道徳の問題から始める。それは「高貴（な）道徳」と「奴隷道徳」の考察である（第一章）。第二章「系譜学という方法」では『道徳の系譜学』を主として用いるが、第一章の一種の続き、補足である。「近代科学の批判」ないし科学の問題は、『善悪の彼岸』と『道徳の系譜学』だけにテキストを限定しがたいので、その後で扱う（第三章「科学の批判、あるいは認識の問題」）。

一　「高貴道徳」と「奴隷道徳」

「高貴道徳と奴隷道徳」という主題のためには、『善悪の彼岸』の第九章「高貴とはなにか」と『道徳の系譜学』の第一論文、「〈善《グート》と悪《ベーゼ》〉、〈よい《グート》とわるい《シュレヒト》〉」が主要なテキストとなる。二つの著作は同じ主題を追っている。前者は起源に触れないというわけではないが、形態学的に考察し、後者ははっきりと発生論的観点からその基礎に迫る。高貴道徳は、あるいは主人道徳と呼ばれる。「高貴とは何か」の第二六〇節が、道徳の「二つの根本型」として「主人道徳と奴隷道徳がある」(V, GB, 9, 260, 208) と言明して、二つを対照的に論じているので、恰好の手引きとなろう。

ニーチェは「『善悪の彼岸』……これは少なくとも〈よい・わるいの彼岸〉ということではない」(V, GM, 1, 17, 288) と言う。それゆえ高貴道徳の立場は、善悪の彼岸である。ところで、ニーチェはときどき「インモラリスト」(V, GB, 2, 32, 51, GB, 7, 226, 162) を名乗る。だが、それは高貴道徳のひとと完全に同義ではない。それは通常の意味では道徳的でない、あるいは無道徳的であることを誇示するばかりでなく、「道徳の二つの根本型」と呼んで両者を並べるニーチェ自身の批判の立場を表示するのである。[6]

ニーチェは、「生はまさしく権力意志である」(V, GB, 9, 259, 208) と宣言する。生が権力意志[7]であるとは何を意味するのか。「生自身は本質的に他者や弱者を我がものにすること、侵害、圧服すること、抑圧、過酷、自分の形式を押し付けること、少なくとも穏やかにいっても、摂取同化である」(ib., 207) と述べる。生の現象であるところの個々人の間に、さらには集団と集団の間に、このような強者(支配)と弱者(被支配)の関係が成り立つ。こうした関係を是認するのは、貴族体制である。「自らのために不完全な人間、奴隷、道具に引き下げられ、貶められなければならない無数の人間の犠牲をやすらかな良心(gutes Gewissen) をもって受け入れる。その根本信念はまさしく、社会は社会のために存在することは許されず、選り抜きの種類の者がそのより高い課題とそもそもより高い存在へ上昇することができるための下部構造、足場としてのみ存在する」(ib., 258, 206f.) ということが、貴族体制に本質的なのである。このような不平等が何のためなのかも、ここには言われている。この選り抜きの者はジャワの蔓植物にたとえられる。それは樹に巻きついて、てっぺんに登り、「ついに樹より高く、しかし樹に支えられて、ひらけた光のうちにその花冠を広げ、その幸運を見せびらかすことができる」(ib., 207)。私たちはこの蔓植物にすでに「超人」を重ねることができるのか。それはともかく、「〈人間〉という型を高めること」、「絶えざる人間の自己 - 超克」(ib., 257, 205) が求められている。なぜなら、生、権力意志は常に成長、権力の上昇を求めるものだからである。このような生のあり方が「超人」に形象化されるが、批判を旨とする『善悪の彼岸』が超人を正面に据えることはないので、超人思想はそれを取り上げるべきときまで棚上げにする（第四章二の1を見よ）。

権力意志は生の本質である。ニーチェは権力意志論を「理論として革新だとしても、現実としてはあらゆる歴史の原‐事実である」(ib., 259, 208) と言う。革新とは、むろんニーチェ自身がその理論を打ち立てたのだという意味だ。生＝権力意志を歴史の原‐事実とみなすことの意味は、むろん問題である。事実を単純に認めてかかるという素朴さは哲学には許されないはずだ[8]。

さて、ニーチェは高貴道徳の成立を論じる。念を押すまでもないと思うが、以下では歴史学的記述として正しいかどうかなどはどうでもよい話である。それはニーチェ流の形象的例示なのである。ただしニーチェにとって最大の問題、すなわち現代の人間の高貴でないあり方が歴史的に成立したこと、正確にはキリスト教の成立と展開なしにはありえないという歴史的認識を背負っている。その意味で歴史的意識に貫かれている。

では、高貴な道徳はどこで成立したのか。高貴さとは、まずはある身分に、貴族に属する階級的概念なのである。ところで「貴族カーストははじめは常に野蛮人カーストであった」(V, GB, 9, 257, 206)。彼ら野蛮人、略奪人（Raubmenschen、猛獣 Raubtier・猛禽 Raubvogel に類して造語）は、「なおも挫かれない意志力と権力欲をいだいて、より弱い、より開化された、より平和的な、おそらく商業あるいは牧畜を営む人種に、あるいは古い、老熟した文化（まさに最後の生命力が、精神と頽廃のきらきらした花火として燃え尽きようとしていた文化）に襲いかかった」（ib.）。彼らは征服者であった。襲われる人々はむしろ文化人なのであって、ニーチェは特に論じていないが、道徳を欠くはずはなく、習俗の道徳に生きているのであろう。貴族カーストは、彼らにたいしては新参者である。文明化は軟弱化を伴うものであろう。彼らは「なおも挫かれない意志力と権力欲をいだいた」と形容される野蛮人であるから、生の観点から言えば、先祖返りな（atavistisch）生の更新者なのであろう。それゆえ一つの貴族社会が軟弱化して、「腐敗」して、「〈人間〉という型を高めること」（V, GB, 9, 257, 205）という志を失えば、他の野蛮さを保持した集団に取って代わられなければならないはずである。

高貴さは、もともとある身分、ないしある身分の個人に属する。これは強者（支配者）・弱者（被支配者）という上下の差別を是認する不平等主義を含む。というよりも積極的に不平等主義を擁護する（IV, Z, 2, タラントゥラどもについて、を見よ）。貴族体制とは、そこに庶民階級の存在が前提される、ときには奴隷の存在さえも容認される社会である。近代的意識を逆撫ですることを承知のうえで、ニーチェは「搾取は生あるものの本質に属する」（ib., 208）と断言するのである。しかしニーチェが、ある部分での平等を認めているということにも注目してよいであろう。「侵害、暴力、搾取を互いに抑制し、自分の意志を他者の意志と同等視すること、これはある大まかな意味で個人の間で良俗になりうる、もしもそのための条件が与えられるならば（すなわち力量や価値尺度が実際に似ていて、彼らが一つの団体に所属しているならば）」（ib., 9, 259, 207）。それゆえ「各個人が平等にふるまう」ことが、「あらゆる健全な貴族体制に生じる」（ib.）が、これは決して「社会の根本原理」にはなりえない。そうすれば、「生の否定への意志、解体と退廃-原理」(ib.)になってしまうのだ、と。ここから高貴な者の間にのみ友情が成立する――、ニーチェが高く評価する友情が。これは言うまでもなく、キリスト教的な愛へのアンチテーゼである。

さてそこで、「高貴道徳」と「奴隷道徳」に踏み込もう。両者は、これまで地上を支配してきた道徳の二つの「根本型」である。ときには二つの混在や並存ということもある。これらの道徳型が現れるものは(担い手と呼んでいいと思うが)、ある一定の人間集団、あるいは個人である。ときには並存は「同じ人間、一つの魂のうちにすら」(ib.)あると付け加えられているのが、興味を惹く。集団も個人もたえず変化するもので、固定したものではないが、とりあえず一つの単位である。つまり、多を容れながら(支配と被支配との力のせめぎあいがある)、一つのものとして存在の保存、ないし成長を図る統一体であるかぎりで類比的に捉えられる。注意しておかなければならないが、権力をめぐるせめぎあいのなかで支配者は決まるのであって、予め決まっているのではない。もちろん権力交代もありうる。ニーチェが個をどう捉えるのかは、やがて改めて問わなければならない。

これら二つの道徳型の担い手は、ある一団の人々である。すなわち一方は貴族・支配階層、他方は隷属者・被支配層である。ただし、ニーチェにおいて人間が共同体のうちにあることは必然的であるが、目を向けるのは常にそこに属する個々のひとの生き方である。「集団としての人類が、個々のより強い種・人間の繁栄のために犠牲にされることが、進歩であろう(個々の einzeln に注意!)」(V, GM, 2, 12, 315)とニーチェは言う。生の現象としては、共同体と個人を類比的に捉えるとはいえ、しかしまた個人の個体性を実体化することはないとはいえ、ニーチェはやはり個の方を重視する。ニーチェは集団主義者では断じてない[9]。「あらゆる選りぬきの人間」は孤独に引き籠るものだし[10]、「あらゆる共同体は、なんらかに、どこかで、いつかはひとを〈卑しく〉する」(V, GB, 9, 284, 232) と言うニーチェである。

高貴道徳は、支配する種のもとで成立した。「よい」とは、そこではどのような意味か。支配者たちが〈よい〉の概念を規定するとして、「魂の高められた誇らしい状態こそが、優秀者として、位階を決定する者として感じられるものである」(ib., 209)。そして「高貴な人間は、そんな高められた、誇らしい状態の反対が現れる者たちを自分から分離する。彼らを軽蔑する」(ib.)。それゆえ「この第一の道徳では、〈よい〉と〈わるい〉の対立は、〈高貴な〉と〈軽蔑すべき〉といったほどのことを意味する」(ib.)。それゆえ「よい」と「わるい」の対立では、対立といっても、「わるい」の方は、「一つの模造品、添えもの、補色」(V, GM, 1, 11, 274) にすぎない。後に見るように、「悪」の場合とは異なる。「わるい」は通常の意味では道徳的とはみなせないだろう。

では、軽蔑されるのはどのような者たちか。「軽蔑されるのは、卑怯な者、びくびくしている者、こせこせした者、目先の利得を考える者である。同様に、了見が狭い疑り深い者、自分を卑下する者、虐待される犬のような者、乞食のようなおべっか使い、とりわけ嘘つきがそうである」(V, GB, 9, 260, 209)。こうした者が貴族的人間と反対の者である。明らかにあの魂の高められた誇らしい状態が欠けている。支配者には、このような「被支配者への差別を快感をもって意識する」(ib., 208f.) ということが特徴的である。自分を高貴と感じることは、同時に他の者を引き下げ、貶めることである。ただし反動であってはならないので、あくまで即であって、まず引き下げ、貶めることによってではない（本書一八頁参照）。このような高貴な人間の自己感情が、位階を必要とすること、このような他者への関係なしではないことは、貴族制の本質に含まれる。依存といえば依存なのだが、ニーチェはそうは考えない。

さらに高貴な種類の人間のあり方が描写される。「高貴な種類の人間は自分を価値を規定する者と感じる。彼は自分が是認される必要などない。彼は、〈私に有害なものは、それ自体有害である〉と判断する。彼は、そもそも事物にはじめて栄誉を与える者として自認する。彼は価値創造的である。彼が自分のもとに認めるすべてのことを尊重する。その道徳は自己讃美である。前景にあるのは、充実の感情、溢れる権力の感情、高度に張り詰めた幸福感、恵み与えようとする富の意識である。――高貴な人間も不幸な者を助けはする、しかし全然あるいはほとんど同情からではなくて、権力の過剰が生み出す衝迫からである。高貴な人間は、自分のうちにおける力強いものを尊敬する。また自分を統御する力をもつ者を、語り、沈黙することを解する者を尊敬する。また快感をもって自分にたいして厳格・峻厳な処置をする者を、あらゆる厳格・峻厳なものに敬意を払う者を尊敬する」(ib., 209f.)。この極端なエゴセントリシズムをどう理解したらよいのか。それが権力意志の立場だということに他ならない。権力意志という生の動向を彼は体現する。そこから極度に能動的な、他者への暴力的・攻撃的な態度も生じる。

ここにも現れているように、高貴な人間には幸福や快（楽）が属するが、ニーチェは幸福主義や快楽主義を説いているのではない。少しばかりの苦・苦悩をものともしないという意味においても[11]、むしろ「不快の成分」を生に不可欠と考えることにおいても、幸福・快を生と行為の目的と考えないという意味においてもである。「快楽主義であれ、ペシミズムであれ、功利主義であれ、幸福主義であれ、快・苦によって、すなわち随伴状態や副次的なものによって事物の価値を測る一切のこれらの思考法は、前景の思考法であり、素朴であって」(V, GB, 7, 225, 160) と、そうした思想を一蹴している。ニーチェは快を随伴現象と考えるが、私はそれに全く賛成である。

二　人間と行為

ニーチェは、「道徳的価値表示はどこでもまず人間につけられ、ようやく派生的に、そして後に行為につけられたことは明らかである」(V, GB, 9, 260, 209) と主張する。どうしてそうなのかが問題だ。ニーチェにおいては、道徳的価値表示の性格づけは第三者的なものではない。あくまでもすべてが当人の観点から言われている。情動に他ならないニーチェの意志は、「私」においてまず確認されるものだからである(本書第四章冒頭の長い引用文を参照のこと)。行為からということは、これとは方向づけが違う。

「高貴な人間を証すものは行為ではない――行為は常に多義的であり、常に計りがたい――また〈業績〉でもない」(V, GB, 9, 287, 233) とニーチェは言う。行為からということのどこがいけないのか。私たちは普通、ひとが何をするかによって(また、何をしないかによって)、そのひとは善いひとだ、あるいは悪いひとだと考えるのではないだろうか。しかし、ニーチェはこれこそ近代的だと批判する。行為は外的に見てとられる。しかし外的な行為はどんな心情でなされたのか知りがたい。それによっては行為の名称さえ変わってしまうことがある（過失致死→殺人）。あるいは、たとえば動作としては同じ座る行為は、状況によっては、休憩、あるいは抗議行動でありうる。そしてその行為は誰かに影響を及ぼす。それゆえ行為はそれを受ける者の側から評価されうる。受ける側からの、他者からの観点をとるということが批判される（キリスト教国であろうとなかろうと、私たちは日頃、ひとの身になってなどと教えられている、それが通常の倫理的観点なのでもある）。その場合、行為するひとと行為が分断されているので、結局受ける者にとっての利害のみが確かに考慮されうる。功利主義道徳に行きつくのみであろう。

しかしこの批判は、外面と区別された内面を尊重せよという意味ではない。むしろニーチェは、そのような分断を問題にしている。高貴さの標《しるし》は直接的な自己肯定である。高貴な人間の場合、行為はこのひとからいわば溢れ出る。そして行為のすみずみまでがこの肯定の感情に包まれている。人間から行為は切り離されない。ニーチェは、何よりも自発性を求めたのだと思われる。他方、卑しいひとの場合、行為と腹のなかは別だということにもなる。強制されて、しかし表面は従順にいやいや何かをすることも起こるし、彼らは「とりわけ嘘つき」だと言われていなかっただろうか。「古代ギリシアの貴族は〈われら真実なものWahrhaftigen〉と自称していた」（V, GB, 9, 260, 209）とニーチェは言うのである。嘘をつくのは、隠すことがあるからであって、隠すのは、たいていは保身のためだろう。それゆえ弱者の証であろう。

しかし、ニーチェ哲学の厄介さの一例としても留意しておかなければならないのだが、「真実であること」はどこでも同じ意味をもって、常に推奨されるのではないのである（いろいろの術語に同様なことが該当する）。「畜群における真実であることの道徳」（X, NF, 657, 1883-84冬）もあるのである。そこではひとは隠してはならず、「認識可能」でなければならず、真実であることが要求される。さもないと畜群のメンバーに危険だからである。それゆえ、真実であることが誰に属するかによって同じ意味ではない。それが「道徳的価値表示がまず人間につけられる」ということの意味でもある。畜群では真実であることが自発的でない。メンバーに向けて規定されている。しかも彼らの保存のためであることが、その高貴でない本性を明かす。

「自発性」のほか、少し観点が違うが、行為者と行為の高貴さを決めるには、「生え抜きであること」があるように思われる（これはニーチェの用語ではない）。「生え抜きである」とはどのようなことか。高貴道徳には「老齢と伝統にたいする深い畏敬」（V, GB, 9, 260, 210）が属する。「父祖を敬い、子孫を重んじないという信仰と先入見が力強い者の道徳に典型的である」が、「逆に〈近代的理念〉の人間は〈進歩〉と〈未来〉をほとんど本能的に信じ、老齢への尊敬をますます欠く」（ib.）。そのことで「この〈理念〉の高貴でない由来を十分に露わにしている」（ib.）とニーチェは言う。この近代的理念が信じる進歩や未来は、言うまでもなく平等と博愛の人間社会といったものであろう。

ニーチェは伝統主義者なのである。ニーチェは古い伝統のなかからまっすぐに生えてくるものしか信じない。自分と別な者となろうとするのは、おおよそ高貴ではない。なぜなら自己肯定が欠けているから。しかしそれは、ニーチェがあんなにも激しく将来の哲学者や新しい人間の誕生を要請することとどう整合するのか。復古が将来への道であるという考えはおかしくはない。そのために多くの固定した慣習のようなものを破壊することが含まれても、これもおかしくはない。貴族制は、由来（血統）を重んじるものである。ただし生の観点からいって先祖返りの、略奪人の気風を残した父祖の伝統でなければならないだろう。貴族といっても、安楽に慣れて、軟弱になった貴族ではない。欲望は肯定されるし、禁欲主義には無縁だが、自分にも他人にも「峻厳苛酷な」人々でなければならない。ニーチェは先祖返り、隔世遺伝（Atavismus）ということをしばしば言う。「一種の隔世遺伝――ある時代の稀有な人間たちを過去の文化とその諸力の突然に生えでた新芽と、私は理解したいのだ。いわばある民族とその良風の隔世遺伝としてである。そうすれば実際に彼らについて何かをなお理解できる！」（III, FW, 1, 10, 381）。隔世遺伝という考えは、生の連続性と革新性を、ニーチェの超保守主義と過激な革新性をうまく共存させている。

三　「〈善（い）〉・〈悪（い）〉」と「〈よい〉・〈わるい〉」

高貴道徳には、はっきりとエゴイズムの肯定がある。ニーチェは「エゴイズムは高貴な魂の本質に属する」（V, GB, 9, 265, 219）と宣言する。他のより低い者には心の赴くままに振る舞ってよい。ただし対等な者にたいしては別である。「ひとは自分と等しい者にたいしてのみ義務を負う」（V, GB, 9, 260, 210）と主張される。対等な者の存在はどのように認められるのか。剣豪小説でおなじみだが、二人の剣豪が睨み合う、または刀を抜いて二、三回切り結ぶ。そして「おぬし、できるな」と、にやりとして、さっと引くという、あれである。それゆえ同等の者の間には友情が成り立つ。献身などもあるだろう。しかし凭《もた》れあいではなく、よい友＝よい敵というものである。「長く保たれる感謝と長く保たれる復讐への能力と義務——両方とも自分と同等な者のうちでだけだが——報復における繊細さ、友情概念の洗練、敵をもつことのある必然性（いわば嫉妬・闘争欲・傲慢といった情念にたいする排水溝として——根本においてよい友でありうるための排水溝として）、これらすべては高貴な道徳の典型的徴表である」（ib., 211）。復讐心、嫉妬などの存在がはっきり認められていて、それらをこの「排水溝」において満足させる必要をも認めている。ニーチェはさっさと忘れてしまえ、水に流せとは言っていない。もともと同等な者なのだから、自分が一本とることもあり、次に相手が一本とることもあるというかたちで、友情は長く続くのであろう。

　しかし、こうしたあり方は「〈近代的理念〉の道徳」（ib.）には求められない。一般に復讐について、「全く復讐しないより、小さな復讐は人間的である」（IV, Z, 1, 毒蛇の噛み傷について、88）と言う現実主義者ニーチェである。ここにはむろん、右の頬を打たれれば他の頬をも差し出す（マタイ伝、5, 38）キリスト教道徳への批判が込められている。

　それでは道徳の第二の型・奴隷道徳とはどのようなものなのか。それは「迫害された者、圧迫された者、苦悩する者、自由を奪われた者、自分自身に確信のない者、疲労した者が道徳を説く（moralisieren）」（V, GB, 9, 260, ib., 211）、そういう道徳である。作用を受けている、被っている側から（もちろん力の強い者からだが）の道徳である。「奴隷の眼差しは力強い者の徳にたいして敵意を抱いている。彼は懐疑と不信をもっており、力強い者のところで尊敬されるすべての〈よいもの〉にたいする不信の鋭敏さをそなえている。彼は彼らの幸福は本物でない、と自分を納得させようとする。逆に、苦悩する者の生存を軽くするのに役立つあらゆる特性が引き出され、光が注がれる。ここでは同情、親切な慈悲深い手、暖かい心、忍耐、勤勉、謙虚、友好性が称揚される[12]。なぜなら、ここではそれらが生存の重荷に耐える最も有効な特性であり、ほとんど唯一の手段だからである。奴隷道徳は本質的に功利道徳である[13]。ここにあの有名な〈善〉と〈悪〉という対立が生み出されるかまどがある」(ib., 211)。

ここで注目すべきことは何か。奴隷・弱者は自分自身を幸福だと感じていない。自分の存在の端的な肯定がない。そして幸福な力強い者に反感を抱く。それでもなんとか生存してゆくために必要な特性を称揚し、それと正反対の強者の徳（幸福、過酷、誇り高さ、傲慢、権力欲など）を非難する。価値評価の逆転が生じる。いまや弱者とその徳は善であり、強者とその徳は悪である。ニーチェは支配される側、被る側からの道徳を退ける。「〈よい〉という判断は〈よいこと〉をしてもらう人々から生じるのではない」(V, GM, 1, 2, 259)。ニーチェが批判するのは、何よりも奴隷道徳が「反動 Reaktion」(V, GM, 1, 10, 271) であることなのである。これは「善悪」のルサンチマンからの起源であって、より詳しくは『道徳の系譜学』の議論を待たなければならない。

奴隷道徳が功利道徳であるという点については、生存の重荷に耐える「ため」と言っているが、ニーチェは何かの利得のために何かをなすことを卑しいと考える。また他人に向けられた行為でも、報いを求めて何かをすることを卑しむ。欲しければ、奪い取ればよい。すでに触れたように、自分が豊かであるがゆえ、恵み与えるのはよい。しかし返礼など考えない。感謝はよいが、報い返すことに気をつかったりするのは高貴ではない。ニーチェはどうもギブ・アンド・テイク、取引が非常に嫌いのようである。貴族はもともと武人である。交換は人類とともに古いとしても、大掛かりな商業は近代のものである。商人のあり方は民主主義的なのである。才覚とチャンスがあれば、誰もが富を得る可能性がある。もちろん富は権力をもたらす。それゆえこの商人の世界にも権力意志が働いている。

なお、功利道徳を退けたけれども、ニーチェは生の利害を説きもするので、生の「ため」、権力増大の「ため」という大いなる「ため」の問題は残るであろう。新しい意味で、「より大きな、より多様な、より包括的な生が古い道徳を超え出て生きるところ」（V, GB, 9, 262, 216）での「全く新しい〈何のため〉、全く新しい〈何によって〉」（ib.）が言われもするからである。

むろんニーチェは、自分の主張が時代に逆らうものであることを知っている。時代が奴隷道徳の方向へ進みつつあることを強く意識していた。二一世紀へ足を踏み入れた私たちは、ニーチェの予見の正しさを認める。ただしニーチェ的には「奴隷道徳」や「賤民支配」（ib., 9, 286, 232）、現代的には民主化や諸々の差別の撤廃と呼ばれるのだが。「凡庸な者のみが、生き続け、繁殖する見込みがある。彼らは将来の人間である。唯一生き残る者である」（V, GB, 9, 262, 217）と吐き捨てるように言う。この意味で勝利しているのだからよいはずでないのか、と揚げ足を取りたくなる。しかしニーチェは数で事を決める原則などに同意してはいない。「凡庸でなぜ悪い」と言えば、まだ許容されるかもしれない。しかしこの道徳は、「凡庸の道徳を説くことがむずかしい。その道徳が何であり、何を欲するのか、決して告白しようとはしない。それは、節度、品位、義務、隣人愛について語らなければならない」（ib.）。ニーチェが何より嫌うのは欺瞞なのである。

高貴な人間はエゴイストであり、そのようなものとして独り立つ。「高貴な魂はそもそも〈上〉を見上げることを好まない——自分の前を水平に、そしてゆっくりと見るか、あるいは下を見る——彼は自分が高みにいることを知っている」(ib., 265, 220)。「上」を見上げないとは、自分の上と称する人々やまたむろん父なる神などは認めないという意味である。前、そして水平とは、大地における将来の新しい人間を望むことであろう。間違っても、この「将来の人間」は、あの「将来の人間」、すなわち凡庸な者のことではない。上を排除して、高みに立つことがなければならないからである。「下」は自明である。ただし「高みに立っていても、展望が開けていても、下方を見下ろす人々」(ib., 286, 232) がいるという指摘があるので、下に卑しい、取るに足らない人々が存在することは不可欠であっても、下ばかり見ているなどというのは、やはりあまり高貴なことではないであろう。

四　善悪の起源

ところで「よい・わるい」にたいして「善悪」は全く別の起源をもつ。すでに若干はその点について触れた。ニーチェは「私は私の『道徳の系譜学』ではじめて高貴な道徳とルサンチマン道徳という対立概念を心理学的に提示した。後者は前者に対する否から発現した」(VI, AC, 24, 192) と述べる。わざわざ言及するだけに、自信のほどが窺える。ルサンチマン論は、ニーチェ哲学のうちでも特に有名なものなので、詳論するつもりはない。ただ、その何をニーチェが批判するのかは押さえておかなければならない。「道徳における奴隷一揆は、ルサンチマンそのものが創造的となり、価値を生むことで始まる。すなわち、それというのは本来の反動、すなわち行為による反動がままならないで、想像上の復讐によってのみ埋め合わせをするような者のルサンチマンなのである。すべての高貴な道徳が自分自身にたいする勝ち誇った肯定（Ja-sagen）から生まれ育ったのに、奴隷道徳はまずもって〈外部〉、〈他〉、〈自己でないもの〉に否と言う。そしてこの否がその創造的行為なのである。価値定立の眼差しのこの逆転が――自分自身へ戻るかわりに外へのこの必然的な方向づけがまさにルサンチマンには属する」（V, GM, 1, 10, 270f.）。価値定立の方向が、まさに正反対である。一方では自己肯定→外へであり、他方では外部の否定→自己肯定となる。したがって奴隷道徳は「根本から反動である」（ib., 271）と言われる。反動（Reaktion）という一つの語しかないが（反動という言葉は、そのままではネガティブな意味に用いることが多い）、二つのあり方が区別される。両方とも外への態度ではある。しかし本来の反動とされる、行為による反動では、外部から働きを受ける場合、ただちに反撃して、後腐れがない。行為によってそれができない場合、内向して膨れ上がる。奴隷道徳は「自分の敵に対する無力者の内攻した憎悪と復讐」（ib.）が生み出したものに他ならない。すなわち、ルサンチマンの人間の善とは、ちょうど仔羊たちが自分たちを襲う猛禽にたいして抱く思いに現れている。「〈これらの猛禽は悪い。だからおよそ猛禽でありえないもの、むしろその反対物、仔羊こそが善いのではないのか〉」（V, GM, 1, 13, 279）というものである。

さて、道徳には担い手がいるわけだが、ニーチェは、「ユダヤ人が、諸価値の逆転という奇跡劇をもたらした」、「ユダヤ民族とともに道徳における奴隷一揆が始まる」(V, GB, 5, 195, 116f.) と論じる。もともと武人で、肉体派の貴族階級にたいして、ユダヤ人はそのような意味では無力な、僧侶的な人々である。「ユダヤ人、あの僧侶的民族は、彼らの敵や圧制者にたいして最終的にはただこれらの人々の価値の根本的な価値転換によって、したがって最も精神的復讐の行為によって落としまえをつけることを知っていた。それこそが、まさに僧侶的民族に、最も内攻的な僧侶的復讐心の民族にふさわしかったのだ。ユダヤ人こそ、貴族的な価値方程式(よい=高貴な=力強い=美しい=幸福な=神に愛される)にたいして恐怖を覚える徹底性でもって逆転を敢行し、底知れない憎悪(無力の憎悪)の歯を食いしばって固執した人々であった。すなわち、〈惨めな者のみが善人である。貧しい者、力のない者、卑しい者のみが善人である。悩む者、乏しい者、病める者、醜い者のみがひとり敬虔な者、ひとり敬神の者であり、彼らにのみ浄福がある。――それにたいしてお前たち、お前たち高貴な者、権勢ある者は、永遠に悪人であり、惨酷な者、猥らな者、貪欲な者、神なき者である。お前たちはまた永遠に救われない者、呪われた者、地獄に落ちる者であろう〉……誰がこのユダヤ的価値転換の遺産を継いだかは、みな知っている」(V, GM, 7, 267)。聖書を読んだことのあるひとなら誰でも、ここに有名な「マタイ伝」の説教を聞き取るだろう。呪詛の部分はニーチェが付け加えているが、あからさまに言われていないとしても、それを引き出すのはさして強引というほどでもない。

言うまでもなく、奴隷道徳の批判は、キリスト教道徳の批判に他ならない。つまり、キリスト教がユダヤの遺産を継いだわけである。そして二つの対立的な価値評価は(ユダヤ対ローマと呼ばれる場合もある）地上で数千年戦いを続けたが、むろん勝利はユダヤの側にあった、ということをニーチェははっきり認める。といっても、高貴な価値評価が完全に消滅してしまったのかと言えば、そんなことはない。それゆえときどき、隔世遺伝としてところどころに姿を現すこともある。たとえば「非人と超人との総合」、ナポレオンの姿で[14] (ib., 1, 16, 288)。またチェザーレ・ボルジアのような「猛獣」がそれである（V, GB, 5, 197, 117)。しかしニーチェは、このユダヤ的価値の逆転を否定すれば、高貴道徳を取り戻せると、単純に考えてはいない。僧侶的存在（いかなる宗教かは問わず）の瞑想的・禁欲的・非行為的あり方をニーチェは退けはするが、僧侶という「人間の本質的に危険な生存形式」によって「人間はそもそも興味ある動物になった」と言うのである。すなわち「ここではじめて人間の魂はより高い意味で深さを獲得し、悪くなった――そしてこれがまさに他の獣類にまさる人間のこれまでの優越性の二つの根本形式であった！」(V, GM, 1, 6, 266)。一定の範囲で僧侶的存在に高い評価が与えられる。歴史的過程は簡単に無効にはできない。行くところまで行くことによってしか戻ることができない。ニーチェは十分そのことを知っていたと思う[15]。

以上で「高貴道徳」と「奴隷道徳」の検討は終えたことにするが、二つの全く種類の違う問題が実は最初からまとわりついている。

第一には、この道徳の二つの型を分析・解明する場所がどうなっているのかという問題である。高貴道徳・奴隷道徳という名称は、高貴道徳の側からのものである。弱者・被支配者は自分たちが奴隷道徳を信奉しているという自覚を全く欠いている。したがって、両方の道徳についての洞察など論外である。高貴な人々には、自分たちがよいがゆえに、よいということの自証性がある。けれども、すでに明らかにされたように、彼らの高貴性をつくっているのは、その自発性であり、攻撃を受ける場合でも「即座の反動によって」「晴らされる」(V, GM, 1, 10, 273)ので、内向することがなく、何かを後まで引きずることはないとされた。それゆえひとを毒さない。したがって自らのよさの自証性があり、同時にその反射として自分とは反対の者のあり方の卑しさを直感するかもしれない。しかしそこまでである。この忘れっぽい高貴な人間が、ルサンチマンの心理の隅々まで解剖する洞察力をもつことがありうるだろうか。この解明の場所をどちらの側にも求められないとすると、それをどう考えたらいいのか。とりあえずこの問題は問題として残す(第三章三を参照のこと)。

　第二には、ニーチェの高貴道徳を私たちが倫理的にどう受けとめればよいのかという問題である。平等主義は限定された集団内でならともかく、社会の根本原理とはなりえないと、ニーチェは断言している。民主主義を建前とする現代に生きる私たちだが、現代の人間の水平化、凡庸化、低俗化などを痛切に感じてもいる。現代には偉大なものなど何も生まれないとさえ思う。さまざまな領域の、大小の傑出した人物が出現するには、広い裾野が必要である。周囲の人々(家族、恋人、友人、知人など、ときにはもっと広い範囲の同時代人)はたいてい非常な犠牲を強いられる。彼らが必ず不幸に感じるとは限らないが(献身の喜びというものだってある)。大きな事跡はこんなふうになされる。海の大波がすっと持ち上がって頂点をつくる。頂点のひとが創造するのであるが、大波(民衆)が一層創造的であると考えることもできる。民衆は労働し、消費し、享受し、歴史的社会を造っていく。しかしその際、民衆のひとりひとりの創意、選好などはあっても、それらは統計的にしか省みられない。それゆえ、どちらに重点をおくかによって、歴史の記述は違ったものとなろう。頂点に立つのは、何より運、次には天分、そして若干の努力によってである――、というのは私の観察である。回顧的にみれば、歴史上の功業はこんなふうになされてきたと思うし、民主化でこのダイナミズムが失われることにニーチェは警鐘を鳴らしたのだと思う。

しかしながら、字義通りの意味で、政治・社会体制としてニーチェが称賛する貴族主義が答えだろうか。時代の批判ということを超えて、本当にニーチェ自身がそう信じていたのか。そう思う。この点については、第四章の命令・服従（支配）の意味についての解明を参照されたい（V, GB, 1, 19, 32-34 の長い引用とその解明を）。それは確かにニーチェによって与えられた積極的な共同性の把握なのである。しかし民主主義の批判についてニーチェの正しさを認めながら、大方の現代人のように、政治体制としての貴族主義の実現が可能であるとか、望ましいなどとは、私にも考えにくい。それゆえ、ニーチェを非政治化して、無害にしていると非難されるかもしれないが、個の生き方として、自分のうちに批判精神を目覚めさせておくために、ニーチェの意に反して、ニーチェを読むことになる。(16) 私たちは民主主義者であらざるをえないからこそ、ニーチェの批判は貴重なのである。

ついでにさらに非政治化しよう（あるいは、ひょっとしたら本質的に、あるいは遠い将来に大いに政治的であるのでは？）。いわゆる権勢のある者＝強者、いわゆる社会的弱者（貧窮者、障害者、病者、高齢者）

＝弱者では必ずしもないであろう。乙武洋匡『五体不満足』[17]は、ずいぶん話題になった。重度の障害をもって生まれた男の子が、持ち前の利発と明るさで、知的で少々能天気な、経済力もある両親や周囲の愛情に包まれて、逞しく成長してゆく。自分が生んだ、手も足もない赤ん坊（先天性四肢切断）を見せられて、「かわいい」と言った母親が事の真髄であったのかもしれない。彼は、自分を「かわいそう」と思ったことはないし、「障害は個性だ」と言い切るのである。市場主義経済のもとでは、なにより経済的に自立できない者が弱者ということになるが（それは人間を有用性で測ることを意味する）、この基準でも彼は弱者でない地位を築いたようにみえる。

個性、ないし多様性が、ニーチェ的に言っても、一つの答えなのだと思う[18]。なぜなら、一つの生はどれも、力の中心として遠近法的定位の原点なのだから、元来ユニークなのだからである。ニーチェは高貴な人間を証すのは、行為でもないし、業績でもないといっていたはずだ。ニーチェは有用性を卑しむ。たとえ有用性という観点で、零、またはマイナスであっても、「これが私だ」とあるがままの存在を肯定して従容としていれば、こんなあり方は決して弱者ではない――ただしこれは甘えを許すような思想ではない。弱者として振る舞う者への優しさなど期待はできない[19]。畜群のぬくもりのなかで安んじるということはおよそニーチェの「趣味」に反する。ニーチェは近年流行りの共生派ではない。――他方で、ニーチェには支配・被支配文脈というものがあるが、こんなひとをどのようにして支配できよう。ただし支配・被支配という概念装置は、どこまでニーチェにおいて本質的なのかは、なお見極める必要があろう。

ところで、ニーチェはよく「私の趣味に反する」と言って「趣味」を楯にとる。あるいは、私は好む、私は好まないという言い方をする。そして、議論を断ち切るのである。それゆえ趣味はある最終的なものである。「趣味」はニーチェ哲学において重要な概念であるので、一言だけ触れたい。趣味については争えないと世に言われているけれども、「およそ生とは趣味や嗜好をめぐる争いなのだ。趣味は、分銅であると同時に、秤皿であり、秤量者である!」(IV, Z, 2, 崇高な者たちについて、150)と趣味を持ち上げる。すると、価値評価、価値創造と重なってしまうようにみえるが、自己超克とか、価値を創造するという、実存の脱自、あるいは投企(ハイデガーの用語)の側面にたいして、趣味は実質的に、感性的に私を充たしている。趣味は私のものであって、普遍妥当な道徳原理などではないが、私を規制して行為の原理にもなる。反省的ではないが、すべての物事について特定の態度をとるようにさせる。それゆえ一種のアプリオリである。といっても、趣味は心にあらかじめ備わっている機構というようなものではなく、涵養されるものであり、時間が経てば変化もする。趣味が豊かなものであることは、個々のひとの生の豊かさそのものであろう。「悪趣味ね」などと言って眉をひそめるように、趣味はよい・わるいという評価の対象になりうるが、したがってその意味で争いうるが、「これが私の趣味だ」とひとに向かって言うことは、比較的に他人によっても許容されやすい。私は「多様性」を人間のこれからの共同性のキー・タームとして強調したけれども、そこでは趣味が重要な要素になると思う。

第二章　「系譜学」という方法

『道徳の系譜学――一つの論駁書』（一八八七年）には、「最近公刊された『善悪の彼岸』の補遺および解説として」という但し書きが付されている。それが示すように、二つの著作は、ほとんど一体と言っていいほど密接に連関する。『道徳の系譜学』は三つの論文（この書は意識的に論文体である）からなり、テーマはそれぞれ「善悪」、「良心」、「禁欲主義的理想」の起源を訊ね、それらがどのようにして成立してきたものかを明らかにしようとするものである。ここで、再びニーチェ自身の証言を引き合いに出せば、そこでは「最後に新しい真理が厚い雲の間から見えるようになる」（VI, EH, 352）のである。すなわち、「第一論文の真理はキリスト教の心理学である。キリスト教がルサンチマンの精神から誕生したのであって、一般に信じられているように、〈精神〉から誕生したのではないこと、それはその本性上、一つの反対運動であり、高貴な諸価値の支配にたいする大きな反乱だということ。第二論文は、良心の心理学を提供する。良心は、一般に信じられているように、〈人間のうちなる神の声〉などではない――それは、もはや外へと自らを放電できなくなって内へと向けられた残忍性の本能である〔……〕。第三論文は、禁欲的理想、僧侶・理想の巨大な権力がどこから出てくるのかという問いに答えを与える。この理想は、とりわけ有害な理想であり、終わりへの意志、デカダンス・理想であるにもかかわらず」(ib., 352f.)。ここでも『善悪の彼岸』の場合と同じく、その反対理念として「ツァラトゥストラ」の名がある。

もしも一言で三論文の要約をと注文されたとすれば、これ以上簡潔で正確な要約は望めないに違いない。それゆえニーチェ自身に登場願ったのである。しかし私が今ここで興味をもつのは、この要約が与えるような、そこに抉り出される内容よりは、「系譜学」という方法のほうなのである。それは何を意味し、何を狙いとし、どのように働き、そこにどんな問題性が含まれるのか。私が注目するのは、なによりもニーチェがここには「真理」が露わにされているのだと主張していること、また系譜学の営みがある心理学を、あるいは心理学的真理を与えるためのものだとしていることである。

ニーチェが『道徳の系譜学』の営みを心理学と規定したことは重要である。その序言は認識者の自己認識の欠如に触れることから始まる。つまり、序言の第一節は、「私たちは私たちにとって未知である。私たち認識者というものは、私たち自身にとって未知である」(V, GM, Vorrede, 1, 247) に始まり、同じことの言い換えであるが、「各人は自分自身に最も遠いものである——私たちにとって私たちは認識者ではない」(ib., 248) で終わる。その理由は、ニーチェによれば、認識者というものは、「生まれながらの羽のある動物、精神の蜂蜜収集者」として、「何かを〈家へ持ち帰ること〉という一つのことだけを心から気にかけている」(ib., 247) からである。つまり、飛んでいって、知識を獲得し、蓄えることを、である。「自然的態度」においては、意識は対象に向かうのであって、意識作用に向けられてはいない。それゆえにある自己忘却がある。

ニーチェも認識者と自己規定している。道徳の系譜学者という認識者である。それゆえ自己認識の欠如は、この認識者にも該当しなければならない。それゆえ、そのことをまず宣言してかからなければならない。ところで心理学は、元来心の、ないし魂についての学なのであるから、認識者の自己認識という仕事が心理学に託されるのは不思議ではない。しかしながらニーチェは、自己認識の獲得のために、意識作用の反省というような方法をとるわけにはいかない。自身を意識の哲学者であるとは考えないからである[1]。心理学ばかりでなく、生理学や医学を好んで引き合いに出すことからもそれは窺われる。ニーチェは、道徳的概念の歴史を解明するため、語源学的研究ばかりでなく、生理学者や医学者の協力を要請しているが (V, GM, 1, 注 289)、定着した人間についての上品ぶった道徳的先入見を剝ぎ取るという役目を負わせているのだと思われる。ニーチェが企てるという心理学は、「道徳的先入見と杞憂にとらわれた」これまでの心理学ではない。「権力意志の形態学と進化論として捉えられる」(V, GB, 1, 23, 38) それなのである。そしてこの心理学が「諸科学の女主人として承認される」(ib., 39) ことを要求する。

自己認識が系譜学として行われなければならないということは、自己が歴史的存在であるということである。自己が現にあるようにあることは、一定の過程を経てそう成ったのであるから、その成り立ちの条件を辿ることによって解明されると考えることなのである。条件を訊ねることは起源を訊ねることである。さて、これが起源であるということには何が横たわるのか。出発点は現在の状態である。これは結果である。結果からその成立の過程を遡ってゆくことになる。そして起源らしきものに辿りついても、それが起原であることの保証は?

系譜学的探究には二通りの場合が考えられる。一つは一応客観的な証拠が与えられる場合、もう一つはそれが与えられない場合である。前者は第一論文が扱う「よい gut」と「わるい schlecht」の対立がそうである。言語学的に、あるいは語源学的に、ある時代に、ある集団の人々がその語をどう理解していたかが古い文献をもとに確かめられる。「よい」という語は、語源学的には「どこでも身分的意味での〈高貴な〉、〈貴族的な〉」を意味し、反対に「卑しい」、「賤民的」が「わるい」に発展する。ドイツ語の「わるい schlecht」は「単純素朴な schlicht」と同語である (V, GM, 2, 4, 261)。したがって、この対立には元来道徳的意味は含まれていない。さて、言語学的・語源学的探究の意義は何か。むろん、それはある時代のある言語に「よい・わるい」という語のこれこれの用法が成立していたということを確かめるところまでしか届かない。しかしそこから、その言語を用いる特定の身分の社会的集団においてそれが発生したと考えることは許されよう (もちろん「そこで成立していた」から「そこで発生した」には本当は飛躍があるのだが)。道徳的善悪とは別の由来をもつ「よい・わるい」の対立を見いだしたことによって、これまで信じられてきた「善悪」の犯しがたい権威が揺るがされることになる。なお、次の対立への展開、すなわち善悪のルサンチマンからの起源に語源学的解明はない。特定の社会集団の人々における起源が説かれることでは同じである。

第二論文は、負い目や良心の起源を扱う。その前に、これらの成立のために不可欠な記憶の成立では、その場面は語源学の手が届かない先史時代に遡らなければならない。文献が存在しないのが、先史時代である。それゆえもっぱら心理学的考察である。しかも太古の人類の心理学だ。ニーチェは記憶の問題に関して、「最古の心理学の主要命題」として「苦痛を与えることを止めないもののみが記憶に残る」（V, GM, 2, 3, 295）と言う。これが記憶成立の秘密なのだ。しかしこの命題をどのようにして正当化できるだろうか。彼らは目の前にはいない。考古学が教えてくれる先史時代の人々の生活、その物質的環境、危険、夜の闇などを思い描いてみる。しかしこれらはせいぜい背景に過ぎなくて、先史時代の人々の物事の捉え方、感じ方に届いているかどうかは疑わしい。記憶を欠いた先史時代人という想定であるからには、感じ方・捉え方が私たちと同じではないはずだから。

それでも私たちは、この記憶についての主要命題に、「ああ、そうだな」とかなりの程度納得する。というのは、母親が子供のお尻をペンペンして、「二度とこんなことをしては駄目よ」と叱りつけたり（今日ではあまり推奨されない）、やくざが散々暴行を加えて「あのことは誰にも言うな。いいか、忘れるな」と脅すような、テレビドラマではおなじみの光景は、この記憶術の実践に他ならないと思うからである。それどころか、これは動物の場合にも観察される。私の友だちが犬を飼った。毛足の長いミニチュア・ダックスである。いたずら好きの彼、ナッシュ君は炬燵《こたつ》のコードを齧《かじ》るのが大好きであった。彼は何本かのコードを駄目にした。危険なので、女主人は席を離れるたびに、コンセントを抜いた。しかしある日、ちょっとした隙にナッシュ君はコードを齧り、感電した。幸い怪我はなかった。それ以来、彼はコードを齧らなくなったそうである。記憶の成立はこのような動物的次元に求められるが、そこには道徳的意味合いはない。

それでは、この先史時代とは何を意味するのか。ニーチェは、「先史時代はあらゆる時代に現にあるものであるか、あるいは再び可能なものである」(V, GM, 2, 9, 307) と述べる。とすれば、考古学の先史時代などではないのだろうか。おそらく現代の文化の虚飾・体裁などを剝ぎ取った赤裸々なひとの古層なのではないのである。とすれば、この主要命題の支えは、自分自身や周囲の人々の心の動き・振る舞いについての経験・伝聞、書物から得た知見に培われた人間観察の鋭さや想像力の豊かさ以外にはないことになろう。そして、既成の道徳に囚われない、このような人間観察の達人は何と呼ばれただろうか。いうまでもなく、モラリストである。[2] ニーチェはモラリストと呼ばれた思想家たちを高く評価したし、彼自身モラリストの面を強くもっていたことは疑いを容れない。起源の探究である系譜学は、心理学である、あるいは心理学的真理を与えるとされていた。その心理学とは、モラリスト的心理学であったのではないのか。しかし先史時代があらゆる時代に現にあるものであるか、あるいは再び可能なものであり、しかし誠実な目のみが見いだすことができるものであるとすると、道徳的価値判断の歴史性とどう考え合わせればよいのかという問題が生じる。しかし歴史にかかわる問題は、やがてあらためて本格的に議論しなければならない。

記憶はより高い生のために不可欠であるが、その成立の暗い秘密が暴露された(触れなかったが、苦痛を与えるための残虐な刑罰などの詳細な考察が続いている)。ところで、記憶は健忘 (Vergesslichkeit) から勝ち取られたものであるが、健忘との独特な両価的な関係に立つ。記憶の反対は、健忘である。「健忘なしには幸福、明朗、希望、誇り、現在もない」(V, GM, 2, 1, 292) のであって、健忘は「強い健康の形式」(ib.) なのである[3](「現在がない」とはどんな意味であろう? ある種の健忘症のように、物事をただちに忘れてしまえば、確かに現在に生きていると言えるであろう。しかしこれでは介護なしに生活していくのは難しい。反対に忘れることができなくて、過去の記憶が心を満たしていれば、行動に開かれた現在は存在しなくなるであろう。特に老齢の人々にはこのような人々もいる）。ニーチェによれば、健忘は単なる受動的な力ではなく、「能動的な、厳密な意味で、積極的な抑止能力」であって、「私たちの下界の隷属的諸器官が協働的また対抗的に働く喧騒に煩わされない」ようにしばし意識から遠ざける、すなわち「新しいものにたいして、とりわけより高貴な機能や機関にたいして、その統制、予見、予定にたいして再び余地を空けるための、少々の静謐、意識の少々の白紙《タブラ・ラサ》」(ib., 291) なのである。口腹の欲などがとりあえず鎮まっていることが必要である。しかしときには忘れなければならないのは、そのような種類のものに限らない。

　しかしながら、「約束をしなければならない場合には」、「反対の能力、すなわち記憶を育てる」(ib., 292) ことが必要である。約束ができることは、「固有の、独立的な、長い意志の人間」、「主権的な個体」(ib., 2, 293) となったということを意味する。これは強者の特長である。「この自分自身の支配とともに、また環境にたいする支配、自然やあらゆる意志が短く、信頼できない被造物への支配」(ib., 294) を手にする。約束することは将来にかかわることだが、どんな困難があっても、自分がそれを守りとおせるのでなければならない。したがって高貴な人間は軽率に約束などしない。また約束は誰かにするものだが、本来は「彼と同等な者、強い者、信頼できる者（約束できる者）」(ib.) にたいしてのみだろう。尊敬が前提なのであるから。できもしない約束をする輩など「足蹴」にしてやらなければならない。この「責任という異例の特権についての誇らしい意識、この自由と自分自身や運命についての権力の意識」が深く沈んで「本能」になったとき、「この特権的人間は、その本能を自分の良心と呼ぶ」（ib.）と言われている。この良心はむろん「疚《やま》しい良心 schlechtes Gewissen」とは別物である（こちらはこちらでその系譜が説かれる）。

この「自分の良心」を、ニーチェは「成熟した果実、しかしまた晩成の果実」（ib., 3, 295）と呼んでいる。したがってそれは、自然的人間、野生人のものではない。自然的人間は大変忘れっぽいので（「肉体化した健忘 leibhafte Vergesslichkeit」（ib.）と呼ばれている）、どんな良心も無縁のはずである。自然が「約束することのできる動物を育成する」という「逆説的課題」（ib., 1. 291）を自らに与えて、長い時間をかけて辿りついた成果がこれであった。自然にとってそれが「逆説的課題」なのは、主権的人間は自然を超えているのであって、「自然にたいする支配」が言われてもいたからである。自然云々という言い方に自然の目的論のようなものを考える必要はないだろう。成立の過程を跡づけたものと理解しておけばよい。そして約束できる動物を育成するため、まず記憶を植え付けなければならず、そのため苦痛や恐怖が役立つと言われたのだった。確かに健忘は「強い健康の形式」であるが、約束できる、責任ある存在には、健忘は克服され、記憶が獲得されねばならない。ただし記憶を全く欠いた健忘と記憶をもつ者の健忘は違うであろう。前者の意味では、健忘そのものである太古の人類でも、幼い子供であっても、失われた無垢（原初的健忘）は二度と帰らないが（ニーチェは子供を無垢ゆえに称揚する。『ツァラトゥストラ』の「三つの変態について」（IV, Z, 1, 29-31）の有名な「ライオン・ラクダ・子供」という高貴な精神の段階を見よ。この問題については後に触れる）、後者ならば、健忘の能力は日々働いている。記憶能力を獲得している者にも健忘の意義は大きいのだと思われる。「意識の少々の白紙」である、健忘という「強い健康の形式」

を欠くわけにはいかないのだから。そしてこの健忘の性格づけを私たちが受け入れるのは、ここでもそれを、記憶をすでにもつ私たちのもとで確認するからである。

道徳の系譜学は何を狙いとするのか。これまで道徳的とみなされてきたものの起源、そしてどのようにして成立してきたのかを示すことによって、それは不変・それ自体・普遍・永遠などとしてその前にひれ伏すべきものなどではない、ということを明らかにしたのである。しかもそのいかにも卑しい素性を暴露し、それがどんなに私たちの生を抑圧し、矮小化したかを洞察させ、私たちを解放へ導くのである。

もう一度、出発点へ戻ろう。最初に、つまり「一三歳の子供として」すでに、「私たちの善悪は本来どんな起源をもつのか」(V, GM, Vorrede, 3, 249) という問いがニーチェを捉えた。そして、とりわけ悪が問題になるが、それを神さまのせいにした。なぜなら善悪の起源は、結局は「世界の背後に」、世界と人間を創造した神へと遡られるからである。ところが「いくらかの歴史学的、および文献学的修練が、心理学的問い一般にたいする生来の選好的感覚を加えて、ほどなく私の問題を別の問題に換えた。すなわち、いかなる条件のもとに人間は善悪というあの価値判断を考え出したのか、そしてあの価値判断はそれ自身いかなる価値をもつのか。それはこれまで人間の成長を妨げたか、あるいは促進したか。それは生の危機、貧困化、退化の標か。あるいは逆にそのうちに生の充実、力、生の意志が現れているのか、その勇気、その信頼、その未来が現れているのか?」(ib., 249f.) とニーチェは問う。この文章は示唆に富む。道徳的判断の起源をニーチェが世界の背後ではなく、この現実の歴史的生のうちに定位するように変わったということ、その方向転換に寄与したのが何であるかについての言及。「歴史学的、文献学的修練」

は、「よい・わるい」の語源学的詮索や、古代の貴族的階級の生活や刑罰の歴史などの理解に役立った。「心理学的問い一般にたいする生来の選好的感覚」は、ニーチェが単に特定の集団や民族の社会的状況を明らかにすることでは満足せず、そこに生きる人間の態度・心理を問うことをせずには済まない性向をもっていたことを語る。価値判断を生み出した条件、その価値の問いへの転向は重要である。それは、善悪の超越的起源を排除した後、人間が生のただなかで問わなければならない問いに他ならない。いまや自らの生は自らの地上の生においてなんとかされねばならないのだから。ニーチェによれば、道徳的価値判断の価値を決める基準は、生の促進、あるいは阻害にある。価値が生の促進ということから考えられるのは、この場合のみには限らない。真理さえもが、そうである。ただし価値の問題は本格的取り扱いを必要とするが。

さて、ここには避けて通れない問題が顔を覗かせている。系譜学が与える起源の真理性をどう考えればよいのかという問題である。

オプホルツァー『W氏との対話――フロイトの一患者の生涯』(4)は、非常に興味深い書物である。この若い女性ジャーナリストは、「ヴォルフマン」(狼男)という仮名で知られ(狂暴だからではなく、子供のときに白い狼に食べられた夢をみて、恐怖症を発症したため)、正統精神分析によって治癒したとされる男性患者に、その最晩年にインタヴューを続け、精神分析による治療の詳細を洗い出した。元ロシア貴族のこの男性は大変知的なひとで、対話は彼の八五歳から四年に及んだが(九二歳の死まで接触があった)、高齢にもかかわらず、知的能力が損なわれることはなかった。彼は、精神分析が助けになったことは認めながら、狼の夢のフロイトによる解釈、つまり両親の性交を目撃したこと、去勢恐怖等をあまり信じていないのである。彼はこんなことを語る。

「〔……〕父が私にこういう話をしてくれたことがあります。あるところに胸の中に時計が入っていると思いこんだ男がいる。一日中、彼が歩き回っているとチクタクチクタクと音がするので、これは時計だと思いこむ。ついに彼は医者のところへやってくるが、医者は少しばかり彼のことをいじり回してから、たいそう器用なことに、誰にも気づかれないうちに急に手の中に時計を持っている。そこで医者は「あなたは時計を持っていましたが、私は今あなたを時計から解放しました。ご覧なさい、これがその時計です」と言う。――その男は健康になった。

それから二、三年後に、その医者はこの健康な男に会って、もうすべてを話してもいいだろうと思う。そこで医者は「どうしてあなたが健康になったか知っていますか？　私はあなたの胸から時計を取り出したように見せかけたのです」と言うと、男は「ああ、そうですか」と答える。――彼が家に帰って腰をおろすと、またチクタクチクタクという音が始まったというものです。姉はそんなことはありっこない、ジョークにすぎないと言っていましたが、私がS先生〔フロイトの弟子にあたる分析医〕に「そういうことがありえると思いますか？」と尋ねたところ、彼は「ええ、ありえます。その方法で治すことができるのですよ」と答えたのです。――ですからこのことから、フロイトも何かを作り出して、その作り出したものによって人々を治したのではないかと結論するこ

とができます……」(5)

ヴォルフマンは、精神分析は助けになったが、その核心は「移転」であって、移転とは「信頼」だと言うのである。そして、「移転は精神分析なしでも存在するのであって、すべての人間関係はまがりなりにもそこへ還元されうるものなのです」(6)とも述べる。

フロイト派がこの「最も有名な患者」を最後まで手放さず、経済的援助を与えつづけ、彼のほうも自分の立場を利用し尽したという、考えさせる事実が明らかにされる。この患者が、晩年でもなお女性や金銭問題の葛藤から解放されていないということでは、治癒とは何だったのかと問いたくなるけれども、自分の状態や治療についての醒めた意識には驚かされる。その意味では、このひとは十分健康なのかもしれない。

この話はニーチェの系譜学との関連で大変示唆的であるように思われる。「真理は汝を自由にする」というけれど、必ずしも真理でなくてもいいのである。「何かを作り出して、その作り出したものによって治した」ということは、ニーチェの系譜学にも的中するのではなかろうか。(7)ニーチェの批判が一つの治療を目指すものであることは間違いない。

しかもニーチェはそのことを隠してはいない。パウル・レーの道徳の起源についての仮説を批判しながら、ニーチェは自分自身の起源についての理論には、「積極的精神にふさわしいのだが、本当らしくないもの(das Unwahrscheinliche)のかわりに、より本当らしいもの(das Wahrscheinlichere)をおき、一つの誤謬のかわりに別の誤謬をおいたのだ」(V, GM, Vorrede, 4, 250f.) と述べる。「より本当らしいもの」とは比較級で、ということは程度の差しかないものとして言われているのだし、それどころか等しく「誤謬」とさえ呼ばれる! しかも同じ節で「道徳の起源についての私の仮説」(ib., 250) と、はっきりそれが仮説であると認めているのである。すでに引いた『この人を見よ』によれば、ここには真理が露わにされているはずだが、この「仮説」という了解のほうが、それこそより本当らしく思われる。しかしより本当らしいものや誤謬は信じさせるべきものなのだろうか。少なくともニーチェの場合、確かに誤謬は誤謬として、仮説は仮説として提示している。問題は、それがどのようにして可能かだ。しかし誤謬や仮説云々という問題は系譜学のなかだけで片付かないので、ひとまず問いとして後に残す。

第三章　科学の批判、あるいは認識の問題

ニーチェは非合理主義的な、科学に敵対する人間であるというイメージが強いのかもしれない。とりわけ「ディオニュソス的狂気」(I, GT, 自己批判の試み、4, 16, 1886) にギリシア悲劇の起源を見、次のようにぶちあげるのだから、それも当然であろう。「もしもギリシア人たちがまさにその青春の盛りに、悲劇的なものにたいする意志をもち、ペシミストであったとしたら？　そして他方、逆に、ギリシア人たちがまさに解体と衰弱の時代にますます楽観主義的に、浅薄に、俳優的になり、また論理学と世界の論理化に熱狂するようになり、したがってまた〈より明朗に〉、〈より科学的に〉なったとしたら？　なんとまあ、〈近代的理念〉と民主主義的趣味の先入見にもかかわらず、オプティミズムの勝利、優勢になった合理性、実践的また理論的功利主義は、功利主義と時代をともにする民主主義と同様、ひょっとして低下する力の、迫ってくる老齢の、生理的疲労の徴候ではなかろうか？　そしてまさに、ペシミズムはそんなものではない、のではないのか？」(ib., 16f.)。ニーチェは、ペシミズムとオプティミズムという対立を軸に、前者の側には健康・ディオニュソス的なもの・悲劇を、後者の側には不健康・合理性・近代的なものを配置し、はっきりと前者を肯定的に、後者を否定的に評価している。それゆえ確かに、

ニーチェに非合理主義者、科学に敵対する者という面があることは間違いないけれども、その内実を見極める仕事はまだ残っている。というのも、認識（科学）はニーチェにとって重要な意味をもっているし、彼は批判者として常に認識者と自認しているからである（ただしここでは『悲劇の誕生』における悲劇やディオニュソス的なもの、ペシミズム等は問題にしない。第五章に譲る）。

予告したように、『善悪の彼岸』には、近代的なものを敵とするその批判の企ての一つの柱として「近代科学の批判」が含まれる。このテーマを取り出したものの、『善悪の彼岸』のテキストに向かうと戸惑いを感じる。「近代科学の批判」などという章がないのはいいとしても、近代科学についての批判的言及はないことはないが、ごく乏しい。そして冒頭でいきなりニーチェが名指すのは、プラトンなのである（あるいはプラトンより一層ソクラテスが前面に出ることも多い）。とすれば、近代科学の「客観性」、「科学性」は基本的にはプラトン哲学に規定されていると考えられているのだと思われる。それゆえ「近代」も通常の歴史学的区分と理解するわけにはいかない（またこの「科学」も本当は困る。私たちは「学問」の方がよいかなと常に迷いつつも、Wissenschaft の訳を渋々「科学」とするが、これはいまさら嘆いても始まらない）。さて、ここにはいわゆる科学ばかりでなく、哲学も登場するのである。しかもむろんそれらの間がきれいに線引きされているわけでもない。それゆえ、なんらかの知識・認識にかかわる営みすべてがここでは視野に置かれているのであって、そのつもりで取りかからなければならない。区別はその上でのことである。この書を中心に『悦ばしい知』を加えて、何が批判されるのかを見ていきたい。もちろんニーチェが積極的に擁護しようとするものを明らかにするために。

『善悪の彼岸』は、すでにその「序言」で批判の標的をはっきり定めている。それは「独断論」に他ならない。独断論者たちがこれまで築いてきた「崇高で、無条件的建築物」(V, GB, Vorrede, 11) の「礎石」は、実は「考え及ばないほどの太古からの民衆的迷信」(ib., 11) に由来している。すなわち、「魂の迷信、すなわち主観・自我迷信」のことだが、それは「文法によって誤り導かれて」(ib., 11f.)、あるいは「人間的、あまりに人間的な事実からの向こう見ずな普遍化」(ib., 12) に由来している (文法、ないし一般に言葉というものについてのニーチェ独特の把握は、やがて主題としなければならない)。

ところで、独断論と言っても、とりわけプラトニズムに照準されている。「あらゆる誤謬のうちでも、最悪の、最も退屈な、最も危険な誤謬は、独断論者の誤謬、すなわち純粋精神と善そのもののプラトンによる虚構」(ib., 12) なのである。そしてそれからの解放こそが肝心であり、ニーチェは「私たちの課題は覚醒そのものである」(ib., 12) と宣言する。何がいけないのか。「いうまでもなく、プラトンがしたように、精神と善について語ることは、真理を逆立ちさせ、遠近法的なもの、すなわちあらゆる生の根本条件そのものを否定することを意味するのである」(ib., 12)。争点は明らかである。独断論対遠近法的なものである。ただしもちろん独断論は誤謬だと決めつけても、ニーチェは誤謬が誤謬であるゆえに退けることはできないし、相手が真理を逆立ちさせていると言ったからといって、真理が自分の側にあるともはや単純に主張することができないのが、ニーチェ哲学のややこしさである。ニーチェ自身ももちろん、私たちもそれと格闘することになる。

ところで、独断論は病気だとされていることが注目される。これは「私たち」(ニーチェ) の「医者として」(ib.) の診断である。そしてこのプラトンの独断論は「悪いソクラテス」(ib.) から来ているという。プラトンは敵ではあるが、その高貴さは誰も否定できないし(「古代の最も美しい作物、プラトン」(ib.) と呼ばれている)、比べればソクラテスがより庶民的なのも確かであろう。ニーチェはソクラテスには厳しく、苛立ちを隠さない(1)。哲学者にとっては、批判することは重視することに他ならないけれども。またここには非常に有名な「キリスト教は、〈民衆〉のためのプラトニズムだ」(ib.) という断言が見いだされる。キリスト教はプラトニズムと真理そのもの、永遠性などの教説を共有するが(したがって形而上学として両者は一括できる)、まさに民衆向きに、その特有の神や、すでに見たような平等主義、隣人愛等の道徳を説く。

一　生と認識

ニーチェの哲学は「生の哲学」であるが、知を排除する全くの非合理主義のようなものではない。「〈精神とは、自ら生のうちに切って入る生である〉」(IV, Z, 4, ヒル、312)。精神は生から遊離し、生に敵対することがあっても、もともと生の一部である。ニーチェは『善悪の彼岸』や『悦ばしい知』においても、自分を認識者と規定している。「認識の情熱」が芽生え、それがニーチェを衝き動かす(2)。科学と認識のあり方を批判する認識者として、ニーチェは自由な精神と名乗る。ただ自由な精神にも展開が認められるように思う。自由な精神の十全なあり方は次のように、描出される。それは、信仰や服従を求める自由でない精神にたいして言われている。「逆に自己規定の悦びや力、意志の自由が考えられるだろう。そうした自由においては精神はすべての信仰、確実性への願望にも決別し、自分があるがままに振る舞うが、細い綱や可能性のうえに身を支えることができ、深淵に臨んでなお踊ることができる。そのような精神が優れて自由な精神であろう」(III, FW, 5, 347, 583)。これもなお批判的精神ではあろうが、死に物狂いで戦っているという感じよりも、もっと軽やかである。このレベルの自由な精神は、すでに生に敵対する従来の諸々の思想を撃破してゆく「自由な精神」を超えているであろう。後者は精神の「三つの変態」の「ライオン」(IV, Z, 1, 29-31)に当たる。しかしそれは、なお子供の段階には達していない。幼い子供は批判的精神ではないであろう(「子供」の比喩にはまた後に出会うであろう)。『善悪の彼岸』や大部分は『悦ばしい知』も突出した部分をのぞいては、なおその段階にとどまると思われる。

では、科学としての認識の何をニーチェは批判するのか。それは独断論であるという答えはすでに与えられた。どのような意味なのであろうか。認識ないし科学をめぐるニーチェの思考には三つのレベルが区別されると思われる。それぞれにおいてまた真理が異なった意義をもっている。

(1) 認識は、私たちの生において生を維持するための営みに属する。生きるために、周囲の物事と私たち自身の存在を把握し、生の必要に対処するためである。認識は真理を与える。日常的な認識(と呼ぶのも大袈裟だが)を延長し、精密にしたところに科学が成立する。そしてその根源的支えは形而上学である。しかし科学が科学として確立するとき、生や人間の生はどのように把握されるのか。この点はこれから詳らかにしなければならないが後回しにするとして、そこで何が起きるのか。科学は自らの起源を忘れ、生の本質を見ないか、あるいは偽造するにいたる。そしてそれが私たちの生を抑圧する。最初の意味での真理、すなわち実在（ニーチェ的には、一切が生なのだから生と呼んでよいのだが）について科学や形而上学が真理と申し立てるものは、じつは誤謬であることが暴露される。すなわち真理＝誤謬なのである。しかし誤謬だからいけないというのではない。「生の条件として非真理を容認すること」(V, GB, 1, 4, 18) をニーチェは積極的に肯定する。もともと生の必要のために虚構されたものだし、そのかぎりで有用だったのだが、それが自体的なもの・自立的なものと主張されるようになる。価値的にも、こちらが優位となる。ニーチェの言う逆立ちが生じる。

(2) ニーチェが語る、真理＝誤謬という洞察や、形而上学が実在（生）に与えた意味、目的、自体性、善そのものなどを剝ぎ取ること、これももちろん一つの科学、むしろ哲学の営みに他ならない。この剝ぎ取りに関しては、科学はニーチェの同行者である。たとえばニーチェは人間の心理と行為に生理学的説明を投入したりする。そのようにして剝き出しにされた裸の現実（生）が真理と呼ばれる。そのようなことを露わにする認識はまた真理である。したがって、真理は(1)の場合とは同じ意味ではない。生とは絶えざる生成であり、権力意志であり、すなわち遠近法的である生が露わになる。ニーチェの生というものとその規定についての口調は、断定的である（そのことはむろん問題である）。さらにこのレベルにはもう一つ考察すべき問題がある。ここでは科学・認識は誤謬を厳しく排除する。ニーチェ自身の思考も然り。生を弱体化し、駄目にする諸々の見方を打破するかぎり、そのことは肯定的に評価される。けれどもその苛烈さゆえに、認識は生を損なうこともありうる。そこでそれへの「反対力」(Gegenmacht)

として、「仮象への良き意志としての芸術」(III, FW, 2, 107, 464) をニーチェは称揚する。[3] このようにニーチェはじつに複眼的なのである。この複眼がどのように成り立つのかは、突き詰めなければならないが。

(3) いまやこの生へ帰る。これまでの認識を排除したので、全く無知かというと、そんなことはない。生を対象として認識するというのではなく、それは生の只中での生の覚知、生の最高の状態としての悦ばしい知である。この状態は真理である。といっても、ここでは真理は仮象と区別されない。[4] それはある際立った意味で私のものである。そしてそれはもはや生のための有用性と呼べるものでさえないであろう。ニーチェを通常の意味でプラグマティストとみなすことはできない。

ニーチェによる認識批判は、大雑把にはこのように科学から「悦ばしい知」へという道筋で理解できると思うが、以下の仕事はその内実を分節化することと、さらにこのような展開がどのようにして可能かを問うこととなろう。ここには方法論的問題がある。というのは、生の遠近法的性格が露わにされたのだから、当然認識者(ニーチェ)も一つの観点をとるしかなく、自分の観点に拘束される。自分が批判する独断論に自らが陥ってはならないから、生の遠近法的性格を否定することはできない。それにもかかわらず、それを超えるようにみえる全体観を主張することの可能性・正当性を究明しなければならない。

では、ニーチェは「哲学者の先入見」として何を挙げるのか。「形而上学者」とも呼んでいるので、まずはそのレベルのものを閲覧しよう。「非真理」「不確実」「無知」にたいして「真理への意志」「真実性」[5] (V, GB, 1, 1, 15) が、まず哲学者の先入見である。そしてその先入見に属するものとその反対者が数え上げられ、それぞれの身分と価値づけが語られる。「最高の価値ある事物は、別の、固有な起源をもっているに違いない。このはかない、惑わしに充ちた、欺瞞的な世界からは導かれない、妄想と欲情のこの混乱から導かれない。存在の胎内に、不滅なもののうちに、隠れた〈神〉のうちに、〈もの自体〉のうちにその根拠をもたねばならない」(V, GB, 1, 2, 16) と形而上学者は考える。これがつまりプラトニズムである。[6] そこに見いだされるのは、かなりお馴染みの対立だ(ニーチェの立場からは一応、真理、真実性、絶対、自体、不変、普遍、不滅、確実、自己同一、無私、知的などが否定的、非真理、虚偽、仮象、変わりやすさ、はかなさ、不確実、多様、無知、我欲、欲情などが肯定的である)。

しかしこの評価も、「諸価値の対立への信仰」(ib., 16) もそもそも怪しい。「真なるもの、誠実なもの、無私なものにどんな価値が帰せられようとも、仮象・迷妄への意志・我欲・欲情があらゆる生にとってより高い、より根本的価値が帰せられなければならないということは可能であろう。あのよき、あがめられる事物の価値をなすものは、あの悪い、見かけ上反対の事物と危ない仕方で類似し、結ばれ、繋ぎとめられている、ひょっとしたら本質において等しいことで成り立つことは可能でさえあろう。ひょっとしたら、そうだ」(ib., 16f.)。ニーチェは「将来の哲学者」は、この「危険なひょっとしたらの哲学者」(ib., 17) だと言うのである。形而上学者と同じように断定的であってはまずいので、ここではニーチェは注意深く接続法でもって語る。といっても、アンチの哲学者ニーチェの形而下的なものへの肩入れは明らかである。

問題は真理かどうかではないと言い、真理(とその側のもの)と非真理(とその側のもの)を同等視しうる観点は何か。「どこまで判断が生を促進し、生を保持し、種を保持し、ひょっとしたら種を訓育さえするか」(ib., 4, 18) なのである。「論理的虚構を承認することなしには、絶対的なもの、自己同一的なものという純粋に仮構の世界にそくして現実を測ることなしには、数によって世界をたえず偽造することなしには、人間は生きていけないだろう」(ib., 4, 18)。「規定されたものは無規定なものより価値があるとか、仮象は〈真理〉より価値が少ない」(ib., 3, 17) というような評価も、「ある種の生の保持のための生理的要求」(ib., 3, 17) からくる (ある種の生とは、いうまでもなく人間のことである)。

日常的なレベルでは確かに、「この茸は食べられる」、「信号は赤だ」、「川が著しく増水した」といった判断が正しいことには命がかかっている。したがって、真理の方がより価値があるのは否めないだろう。ある程度の物事の確定 (同一性・数など) がなければ、生活が営めない。それゆえにそれが虚構かと疑いもせずに、真理の価値を信じて生きる素朴な人々を、ニーチェは非難しているわけではない。哲学者 (形而上学者) を相手にしているのだ。彼らの無自覚的なでっちあげが問題なのである。その壮大な「仮構」は、もともと日常的な生に必要だったものを徹底することによって完結させたものに他ならないのに。「あの大衆向きの価値評価と価値対立」は、「ひょっとしたら前景の遠近法にすぎず、当座の遠近法、ひょっとしたらそのうえ下から見上げる遠近法、すなわち画家たちによく知られた表現を借りれば、蛙の遠近法ではないのか」(ib., 2, 16) と、ニーチェは言うのである。つまり、卑小なものや弱者の用・維持のための「下から見上げる」遠近法である。形而上学者はもちろん遠近法的な思考をしているなどと、決して認めはしないだろうが。遠近法は遠近法でも、ニーチェ自身の遠近法は、それにたい

して、高みから遥か遠くまで見通す遠近法なのである。(7)

二　認識と科学の批判

それでは、実在の認識と私ないし主観の把握についての批判をより具体的に取り上げよう。通常、科学と呼ばれるのにふさわしいレベルとまた近代的とされる特徴にも降りる。批判される側のものを一般的水準ではすでにメモ風に拾ってはおいた。生の現実を無視して、すなわち流動的な、絶えず生成する生を固定し、自体的な何かを虚構してしまう認識の営為が非難の的であった。(8)

まず、ニーチェによれば、近代における科学の隆盛を何が支えたのか。「三つの誤謬から。――人々は最近の数世紀科学を推進した。一つには科学とともに、科学によって神の善性と知恵が最もよく理解できることを希望したから――偉大なイギリス人たち（ニュートンのような）の心にあった主要動機――であった。また一つには認識の絶対的有用性を、特に道徳・知識・幸福の最も内的な結合を信じたから――偉大なフランス人たち（ヴォルテールのような）の心にあった主要動機――であった。さらに一つには科学において何か無私なもの、無害なもの、自己充足的なもの、本質的に無垢なものを所有し、愛すると考えた、つまり人間の悪い衝動にそもそも関与しない何かを所有し、愛すると考えた――認識者として自分を神的に感じたスピノザの心の主要動機――からであった。したがって、三つの誤謬からである」(III, FW, 1, 37, 405f.)。ニーチェの立場からは誤謬と呼ばれているが、これらの主要動機が近代の科学者たちを動かしたというのはオーソドックスな見方であると思われる。むろん通常は肯定的に評価される。ここで直接そう指摘されているわけではないが、近代科学（哲学）が古代以来の哲学者の努力を継承していることも忘れてはならない。

次に、科学と哲学をニーチェが区別しているところを見よう。この科学は近代的といっても、すでに同時代のものであろう。すでに見たように、ニーチェは科学の功績を認めるところはあるが、また自ら「一人の科学的人間」(V, GB, 6, 204, 130) と称することもあるが、現代における科学の優勢と哲学にたいする上位は承服できない。ニーチェの批判は非常に古典的でもあるが、同時に大いに現代的でもある。ニーチェの時代よりさらに今日哲学者は片隅に追いやられているようだが、同じようなことを相変わらず言い続けているのだから。ニーチェは「科学と哲学の間の不当な、有害な位階の変更に反対すること」(ib., 129) を宣言する。「哲学に法則をさずけ、〈主人〉を、つまり哲学者を演じようとしている」(ib., 130) のはとんでもないというわけである。

「科学的人間の独立宣言、哲学からの解放は、民主主義的ごたごたの微妙な影響の一つである」(ib.) とニーチェは言う。どこが民主主義的なのか。彼は「専門家・片隅に立つ者」[9]であって、「あらゆる総合的課題や能力に反対」(ib.) し、「勤勉な労働者」として、「哲学者の魂の家計に閑暇と高貴な贅沢三昧の匂いを嗅ぎつける」(ib.) からである。つまりその賤民性を批判するのである。さらにニーチェは「〈現実哲学者〉」「〈実証主義者〉」(ib.) を「科学の支配下に降った者」と、「〈認識論〉に還元された哲学は、実際臆病な判断中止か禁欲説以外ではない」(ib., 131) と決めつける。「科学的人間とは何か。まず高貴でない種類の人間、すなわち高貴でない、つまり支配的でなく、威信なく、自足心なき種類の人間の徳をそなえた人間である。彼は勤勉で、隊伍を組んで辛抱強く統制に服し、能力と欲求において釣合いと節度を守る」(ib., 206, 133)、おそらく今日、このような科学者は賞賛こそされても、非難はされないことだろう。しかしニーチェにとって、哲学(者)は支配するものでなければならない。

それから「客観性」の批判。近代性の批判という企てにおいて、客観性はまっさきに批判すべきものとして挙げられたものである(本書第一章冒頭を参照のこと)。ところで客観的精神、客観的人間(学者)を批判しているところがある。「客観的人間は実際鏡である。認識されようとするすべてのものに服従することに慣れ、認識、すなわち〈反映〉が与える喜び以外の喜びを知らない。——彼は何かがやってくるまで待つ〔……〕彼は自分をそれほどまでに他の形象や出来事の通路や反照にしてしまっている」(V, GB, 6, 207, 135)。研究にはある場面では事柄に無心に没頭するということがどうしても必要になろうから、このような態度はそのかぎりで有用である。ただし鏡である人間は「手段である」(ib.)。ここでは主観性のなさ、支配欲のなさが断罪されている。

近代の科学(哲学)において客観性は強調されるが、本当は主観性がここまで後退していそうもない。しかしいずれにしても、その客観性の強調は自らの前提、主観の権力性を自覚してないからニーチェには問題なのである。客観的精神の批判は、ここでは学者と哲学者を区別する文脈で書かれている。客観的人間は手段である。それにたいして哲学者についてはこう言われる。「しかし本来の哲学者は命令者であり、立法者である。彼らは言う、〈そうあるべし!〉と。彼らははじめて人間の〈どこへ?〉、〈何のために？〉を規定する。そしてその際あらゆる哲学的労働者、あらゆる過去の制圧者の準備工事を意のままにする。――彼らは創造者の手でもって将来を摑む。そして存在し、存在した一切が彼らの手段となり、道具となり、ハンマーとなる。彼らの〈認識〉は創造であり、彼らの創造は立法であり、彼らの真理への意志は権力意志である」(V, GB, 6, 211, 145)。このような哲学者は将来の哲学者である。ここには認識や哲学についてのニーチェの結論が表明されている。しかし創造・立法である認識は、今のところただの勇ましい掛け声に聞こえる。ただし命令が創造と結びつくことは理解できる。すでにあるものをあると述べるのではなく、まだない物事を存在させようとするのが命令だからである。

ところで、客観性は、単なる私見ではなく、普遍妥当である、すなわち誰にでも、どこでも妥当するという意味でもありうる。科学・哲学は一般にそのような要求をするものであろう。しかし、これも将来の哲学者のこととしてだが、ニーチェは言う。「彼らの真理がすべてのひとのための真理でもあるべきであるとすれば、彼らの誇りにも反するだろうし、趣味にも反するだろう。このことはこれまであらゆる独断論的学究のひそかな願望・底意であったのだが。〈私の判断は私の判断である。他人はそれに全く権利がない〉――と、おそらく将来の哲学者は言う」(V, GB, 2, 43, 60)。「共通でありうるものは、常に価値が少ない」(ib.) とニーチェは畳みかける。実際は、高度の科学・哲学は（特に現代科学は）十分な訓練を経た者しか近づけないとしても、基本的に誰にでも納得されるものとされる。それゆえニーチェは大衆的と考えるのである。

大衆的であることは、ニーチェにとっては軽蔑に値する。感覚主義であるかぎりでの物理学の批判は、つぎのとおりである。「物理学も世界解釈ないし世界整理であって、世界説明ではない」（V, GB, 1, 14, 28）。その理由は？「それが感覚にたいする信仰を頼りにするから」（ib.）。「見られ、触れられるものが」「証明される」という「大衆的な感覚主義の真理基準」（ib.）に従っているから。感覚は受容的なものであるから、先ほどの意味で客観的なものであろう。ここではその感覚主義にたいしてプラトンの反感覚主義が「高貴な思考法」（ib.）として好意的に触れられる。ただ「多彩な感覚の渦巻きに――プラトンの言葉では感覚の賤民に――蒼ざめた冷たい灰色の概念の網を投げかける」（ib.）という表現にはあまり好意的な響きはないけれども。ニーチェがいわゆる感覚主義を擁護していないのがわかる。

物理学者の言う「自然の合法則性」、「自然法則」にも、ニーチェは同様な批判を向ける。それは「事実・原典」などではなく、「法則の前では一切平等」（V, GB, 1, 22, 37）という賤民的解釈に他ならない。他方、権力意志の立場から「世界はある〈必然的〉・〈算定可能な〉過程をもつ」と主張するときには、「世界のうちに法則が支配しているからではなく、絶対的に法則が欠けているからであり、一切の力があらゆる瞬間にその最後の帰結を引き出すからである」（ib.）。つまりいたるところに権力意志、権力の増大を図る動きが見いだされ、しかもそれが量的に比較を許すものであるからそう言われるのであろう。ただし、後者も解釈とされている（少なくともここでは）。したがって解釈の争いということになる。

ニーチェには、生は危険なものであり、その危険に裸で身を曝して生きることこそが生き生きとした生であるという根本的考え方がある（もちろん私たちはヒロイズムと呼ぶ。それが少数者のものであることはニーチェも強調する）。真理への意志を口にする哲学者たちにたいして「一握りの〈確実性〉をたくさんの美しい可能性よりますますもって好ましいとする」(V, GB, 1, 10, 23) と非難する。認識・科学の確実性を求める動向は (宗教についても同じである)、生の危険性を除去、軽減しようという志向を秘めているかぎり、批判される。またすでに引用したが、「今日広範囲の大衆が科学・実証主義によってガス抜きされるあの激烈な確実性への渇望は、全く何か確かなものを所有したいと欲する渇望なのだが〔……〕」(III, FW, 5, 347, 581f.) と述べる。数学についても、「私たちは数学の精密性と厳密性を可能なかぎりあらゆる科学のうちに取り入れようとするが、この道によって事物を認識できるだろうと信じるからではなく、人間の事物にたいする関係を確定するためなのである」(III, FW, 3, 246, 514) と評定する。

これまでのところを振り返れば、生そのものであるところの意志、権力意志がそれとして発揮されていないことが問題なのである。「たとえば今日〈客観性〉、〈科学性〉、〈芸術のための芸術〉、〈意志から自由な純粋認識〉としてショーウインドウに並べられたものの大部分は飾り立てられた懐疑と意志麻痺症にすぎない」(V, GB, 6, 208, 138f.) と一括されるが、最初に「近代性の批判」という課題のなかで名指された近代性とは何であったのか、ようやくはっきりした。ただし懐疑、懐疑主義にたいするニーチェの態度は一義的なものではない。独断や道徳的先入見から精神を解放するかぎり大いに積極的に評価されるが、優柔不断に導くならば否定されるべきものとなる。(10)

科学の批判ということでなお顧みなければならない問題は多い。一つは因果の問題である。「原因と結果。そのような二重性はありそうもない――実際私たちの前には連続体があるのであって、そのいくつかの部分を私たちが分離するのだ。私たちは運動を常に分離した諸点としてだけ知覚する、したがって本来見るのではなく、推論しているようにである」(III, FW, 3, 112, 473)。それゆえ原因と結果は人間の見方なのである。しかし実践的にはむろん有用である。さらに因果には行為や意志にもかかわる錯綜した問題があるので、こんな簡単な言及では片付けられないのは当然である。本格的には再び出直さなければならないだろう。

さらにダーウィニズムの批判もある。そもそもニーチェは、「自己保存」、「適応」といった考え方を退ける。なぜなら「生自身は権力意志である——自己保存は間接的な、最も通例の結果にすぎない」(V, GB, 1, 13, 27) からである。つまり権力の増大に努めたことの結果である。「生存競争」ということは人間、貧しい大衆の間でならともかく、「自然のうちに支配するのは、困窮ではなく、過剰であり、馬鹿馬鹿しいまでの浪費なのである」(III, FW, 5, 349, 585) とニーチェは言う。生まれる多くの子供のうちわずかが生き延びるシステムだという事実から、自然はそれほど浪費的で豊饒であるとニーチェは断定するのだ。そしてそこから人間をも排除しない。生存競争や適応という見方は、ニーチェにとってそれこそ「蛙の遠近法」以外の何ものでもないのである。

今度は、私ないし主観に関する批判に目を向けよう。同じく固定と自体化が糾弾される。まず「霊魂原子論」(V, GB, 1, 12, 27) の批判、すなわち「霊魂を何か不滅なもの、永遠なもの、不可分なもの、一個のモナド、一個の原子と考える信仰」(ib.) にたいして「〈死すべき霊魂〉、〈主観多数体としての霊魂〉、〈衝動と情動の社会的構造としての霊魂〉」(ib.) を対置する。ニーチェにとっては、霊魂は多重なものと考えられる。力の集まりである。

「われ思う」（デカルト）や「われ欲する」（ショウペンハウエル）の「直接的確実性」を信じることへの批判（ib., 1, 16, 29）。すなわち、「われ思う」という命題から「言葉の誘惑によって」（ib., 29）導かれて、「思う者はわれである」とか、「一般に思うところの何かが存在しなければならない」、「思うとは、その原因と考えられる存在者の側の活動であり、作用である」、「一個の〈われ〉が存在する」、「結局、思うということが何を言っているのか、すでに確定している」、「思うとはなにか、私は知っている」（ib., 30）などと信じ込んでいる。しかし、それは疑問視すべきことである。そしてニーチェは言う。「思想は〈それ〉が欲するときにやってくるのであって、〈われ〉が欲するときにではない」（ib., 17, 31）。それなのに、「主語〈われ〉が述語〈思う〉の条件である」（ib.）という迷信に囚われる（日本語を話す私には、ヨーロッパ的な、あまりにヨーロッパ的な迷信と思われるけれども）[11]。「文法的習慣」に従って「思考とは一つの活動であり、あらゆる活動には活動する一者が属する、ゆえに——と推論している」（ib.）のである[12]。ちなみにニーチェによれば、旧来の原子論も同じく、活動に一つの主語・原子をあてがったものなのである（なお、意識的思考の大部分が本能的活動であるということについては、本書第二章の注1を参照されたい）。

また意志やとりわけ意志の自由も問題である。その批判の核心も同じく、意志は単純などでなく、複合的なものであるということにある。しかし意志や意志の自由は非常に難しい問題であるばかりでなく、認識作用と切り離せるものではないけれども、認識という主題をぼやけさせないため、ここでは立ち入らないでおく。

さて、以上のようであるとすると、世界も私も何もかもお粥状に流動してしまい、学問どころか、何かを認識したり、何かを立言したりできない（概念化や言語化への不信もあるので）ことにならないか。ニーチェは認識者を自認し、少なくはない著書を著してもいるのに。型《タイプ》（Typ、類型、典型）という語は多用され、したがってタイプは認められている。ニーチェは、自分の道徳の研究を（一応そこでは心理学と呼んだが）、道徳を「権力意志の形態学と進化論として捉えること」（V, GB, 1, 23, 38）と規定し、その独創性を強調した。それゆえ少なくとも、この科学（学問）は積極的に認められている。形態学はタイプを捉えるものであろう。たとえば、道徳の二つのタイプ（むろん高貴道徳と奴隷道徳のこと）というふうに用いられる。そして「ある特徴が規則正しくともに回帰し、互いに結ばれあっている」（V, GB, 9, 260, 208）と見いだしたとき、そう呼ぶというのがニーチェによるタイプの規定である（ニーチェは特に説明していないが、これらの特徴にも厳密な同一性を帰することはできないはずである）。タイプはある現象的統一なのである。それゆえ類・種の統一に立ち入っていない。むろん「本質」とも言わない。「進化論」の方は、とりあえず一つのものとして認められたタイプの起源や系譜を追究する。

科学ばかりでなく、日常経験にもタイプを捉えることは行われる。むしろこちらの方が基底であろう。しかも日常の行為においてひとは、たいていは大まかなタイプの認知で動いていると思われる。ところで、私は個である。個としての私はそんなに固定したものではなく、たえず変化をしているし、肉体的・精神的な諸々の営みがあり、ニーチェの言うように、いろいろな力のせめぎ合いがあろうとも、ともかくも個として生を維持しようとするかぎり、一つの個体である。しかも任意の個体ではなく、その存在に他の何よりも関心を抱く限り、私は唯一無二の個体である。ところで、私は何かの出来事に遭遇する。それも個別的な出来事である。私は恐怖に震えてこの地震を感受するが、この出来事を同時に地震と捉えて、雷にたいするのと同じ対応はしないのである。それゆえ個別的生を貫いてタイプの認知は働いている。しかも、タイプは「ある種の生の保持のため」、現在の場合、人間の要求から把握されている。その観点から捉えられている。そんなことでは学問の学問性が保たれるのかと抗議するむきがあるかもしれないが、そもそもそんな純粋な学問性こそニーチェが拒否したものなのである。

しかし、ニーチェの「タイプ」はここで示されたように、科学と日常生活に見いだされるものにすぎないのだろうか。ニーチェのテキストには、「人間というタイプ」は頻出し、高貴道徳と奴隷道徳もタイプであり、「理性的人間のタイプ」(＝ソクラテス、I, GT, 15, 98) があり、ちょっと不思議な感じだが、ツァラトゥストラがタイプと呼ばれている (VI, EH, Z, 1, 337 & 2, 337)。イエスがタイプと呼ばれることもある (XIII, NF, 164, 165, 175, 1887. 11-1888. 3)。

結局、「タイプ」は何を意味するのか。ニーチェは普遍を信用しない。したがって、それは薄められた普遍ではなく、個的な顕現である。「タイプ」は個体あるいは集団に身体を具えて現出している。そのようなものは本来詩の領分に属すると私は考える。それゆえ、もはや詩的表現ではないけれども、「タイプ」が道徳の批判や系譜学に用いられるとき、密かにその原場面から命《いのち》を得ていなければならない(ただし、詩や言葉の問題は『ツァラトゥストラ』を主題とする第五章に譲る)。

三　科学の批判から「悦ばしい知」へ

では、生の遠近法を押し出したことが、認識の問題に持ち込む困難をどう考えればよいのか。ニーチェの根本的立場は、「およそ生あるものは、なによりも自らの力を発現しようと欲する――生そのものが権力意志なのだ」(V, GB, 1, 13, 27) と簡潔に表明される。これはどうみても絶対的な主張である。さて、この生は多である。それぞれの生は力の中心であって、それぞれの遠近法、それぞれの価値評価をもつ。生の多性と遠近法的な価値評価は経験的な事実と認めてよいであろう。生きるために自分が権力を増大させようと他者に手を伸ばせば、抵抗に出くわすし、思いがけない反応の仕方が返ってくるからである。そこで、それゆえどんな哲学的立論も一つの遠近法的立場からのものとなる。ニーチェ自身の理論にも当然これは当てはまる。しかしながらニーチェは、一つの観点からなしうる以上の主張をしているようにみえる。遠近法主義者ニーチェは相対主義者ではなかったのか。この点については暫定的に反論しておく(A)。ニーチェは遠近法を手放すことはないが、遠近法の拡張がなされる。権力意志の遠近法は拡張的性格をもつ。その点を示したい(B)。

(A) まず、遠近法的観点から見られて、仮象の世界しか残らなくても、ある種の全体的考察・認識の余地はある。なるほど、「〈真〉と〈偽〉の本質的対立があるという想定」(V, 2, 34, 53) は捨てられるであろう。しかし「仮象性の段階を想定して、いわば仮象の明暗や陰影を――画家の言葉でいえば、さまざまの色調（valeurs）を想定することで十分ではないのか」（ib., 53f.）とニーチェは言う。むろんこの全体を眺望する主張は相対的にはなされていない。その権利は権力意志による。意志やすべての有機的機能を論じてそう言っているのだが、「あらゆる作用する力を一義的に、権力意志として規定すること」（V, GB, 2, 36, 55）によってなのである。一切合財を生・権力意志と考える。そして、それ自身権力意志である、固有の遠近法的視点である個は、全体としての生の発現である、全体的生が織り成す一つの仮そめの結び目である、そのような自覚において生きる。そうであれば、もはや相対主義などというものではないであろう。AはBよりも根源的である。

（B）ではどのように遠近法が拡張されるのか。このような言い方は、個の側からのものである。ただその前に忘れてならないが、ニーチェには強い体験主義があって、つまり体現（Einverleibung）、肉体化された思想しか認めず、抽象的な、一般化された物言いを嫌うということがある。このことを踏まえたうえで、次のようなことが考慮しうると思う。

(1)「認識者の嘆息」という節には、こうある。「おお、私の貪欲ときたら！この魂には無私は全然住んでいない――むしろすべてを渇望する自己が住む。この自己は自分の目を通じてのごとくに多くの個体をつうじて見、自分の手でもって摑むごとくに多くの個体を通じて摑もうとする。全過去をも取り戻そうとする自己であり、この自己は自分にそもそも属しうるものは何も失うまいとする自己だ！おお私の貪欲のこの炎ときたら！私が百の存在となって再生すればいいのに！――この嘆息を経験から知らない者は、認識者の情熱をも知らない」（III, FW, 3, 249, 515）。「認識者の情熱」が個の制限を突破させる。認識は認識するものの支配・所有であって、権力意志そのものである。しかしここに述べられているのは渇望であって、そのような情熱に衝き動かされるということが以下(2)から(4)においても前提ではあるが、それがどのように実行されうるのかがまだ語られてはいない。

(2) それぞれの生はその位置をもつ。それゆえ高みに立つことが必要であろう。そうすれば、広く、遠くまで見えるであろう。克服・征服したものを下に眺めながら。下方に、片隅に留まる者にはそんなことはできない。

(3) 今度は認識者といっても、学者と哲学者とをニーチェが区別しているところを見よう。哲学者となるためには、その前に学者的な段階を経ていなくてはならない、と言う。「学者的労働者」と呼んでいる。たとえば資料を集める、整理をする等の仕事をする。さらに、「哲学者自身おそらく、批評家、懐疑家であり、独断論者であり、歴史家であり、さらには詩人であり、収集家であり、旅行者であり、謎を解く者であり、モラリストであり、予見者であり、〈自由な精神〉であり、ほとんどあらゆる者であらねばならなかったに違いない。人間的諸価値と価値感情の全域を巡り、多くの目と良心をもって、高みからあらゆる遠方を、深みからあらゆる高みを、隅からあらゆる広がりを眺めることができるためには。しかしこれらすべては、彼の使命の準備にすぎない。彼の使命そのものは何か他のことを欲する。それは彼が価値を創造することを求める」(V, GB, 6, 211, 144)。哲学者として彼はこれらすべてであり、すべてを自分のものにすることができる。専門家ではなく(学者は専門家であろう)、必ずしも学問的なものばかりが挙げられていないわけではないが、人間にかかわることのすべてに広い教養を得ているのでなければならない。無自覚に狭い先入見に囚われていてはならないから。改めて自覚的に自分の立場を貫くのは別である。そのうえさらに価値の創造がその使命であるとされる。

(4) これは非常にニーチェ的だが、快癒者の遠近法、病者の光学といったものがある。[13]『悦ばしい知』は、長年の重病からひとまず回復して書き上げられた。「第二版のための序文」（一八八六年秋）は、「快癒者」と自分を呼び、自伝的に病気と快癒の次第を語っていて興味深い。「〈悦ばしい知〉は、恐ろしい、長い圧迫に辛抱強く抵抗してきた精神のサトゥルヌス祭を意味する」(III, FW, Vorrede, 1, 345) と告白する。再生の歓喜と新たな希望の息吹が感じられる。

ニーチェは自分の体験を語るが、「序文」の冒頭で「似たことを体験することなしには、誰もその体験に近づけない」と予め警告する。似た体験をした者には分かるというのは、哲学的に厳密には問題かもしれないが、常識的には受け入れやすい。ニーチェの著作は、もともと健康に恵まれた者の産物ではなく、快癒者のそれである。常に病みがちだったし、精神的にも牧師の息子に生まれて、キリスト教という病に骨の髄まで侵され、苦しい闘病を余儀なくされた。「ルサンチマンからの自由」も自分自身がそれに苦しみ、快癒した経験抜きに語ることはできない (VI, EC, 私はなぜこう賢明なのか、6, 272f. 参照)。それゆえ肉体の病気はともかく、キリスト教の風土に住まないので、大方の日本人には「神は死んだ」(III, FW, 3, 108, 467) という告知を切実に受けとめるのはむずかしいであろう。

では、この病気と快癒は哲学に何を寄与するのか。さて、病気になるとする。もちろん少し回復してこなくてはその余裕がないだろうが、そうすると、衰弱等の肉体の状態が精神を捉えることを理解する。

そして「哲学者にインスピレーションを吹き込んだのは病気でなかったのかと問うことを許す」(ib., 2, 348)。それによってこれまで尊重された思想に距離を取らせる。すなわち、「自由な目をもって、これまで一般に哲学されたすべてを眺める」(ib.) ことが可能になる。その結果、いつか次のような命題を立てる日が来るであろう、と。「あらゆる哲学することにこれまで問題だったのは、〈真理〉では全然なく、何か別のものなのである。すなわち、健康、将来、成長、権力、生……が問題だったのだ」(III, FW, Vorrede, 2, 349)。むろんこれはニーチェの根本確信である。

ニーチェは述懐する。「およそ私の変わりやすい健康ゆえ、あらゆる精神の無骨者よりも私は勝っているということを私は十分意識している。多くの健康を通りぬけたし、また繰り返し通りぬける哲学者は、またそれだけ多くの哲学を通りぬけた者である。哲学者は、彼の状態をそのつど最も精神的形式と遠景に置き換える以外にはできない。この変容の術こそ、まさに哲学である」(ib., 3, 349)。この病気と健康の意味は、これまでの哲学に距離を取ることができるようになり、視野が広がったことだけにあるのではない。そうであれば、この認識者の視野が広くなったのは確かであっても、すべてが彼から見られた景色だということを少しも出ないのかもしれない。それを超えて重要なのは、あらゆる肉体の状態は哲学を生み出すというニーチェの考えなのである。これらは私に属してはいるだろう。といっても、肉体の営みは私の意識の届かないところでなされているし、環境と作用しあっているものと思われる。それは大部分は自動的で、私にコントロールされるものではないし、その意味で主観を超えている。もともとニーチェは閉ざされた「私」から出発してはいない。そして何かが私の意識に浮上するときにも、それも私にコントロールされてではない。ふと浮上するのである。

　ただ、なお肉体の思想はそれとして表現はされていないだろう。そこでニーチェはこう問う。「哲学はこれまで一般に肉体の解釈、むしろ肉体の誤解にすぎなかったのではないか……」(ib., 2, 348)。すると、ここにはもう一つの問題が見える。通常の意味での哲学は、肉体の哲学を解釈、ないし誤解することで存在する。これまでの哲学者(形而上学者)がたえずその誤解をしてきたという告発は今は措いておく。さて、肉体のそれぞれの状態は哲学する。いまだ言葉にならない言葉を語るであろう。そこで正しい(?)解釈——それは反動的でなく、生の動向を素直に肯定するものであろう——がそれを表明的にできるのでなければならない。ところがニーチェは、しばしば言葉というものに不信を表明する。たとえば「思想と言葉——ひとは彼の思想を完全に再現することはできない」(III, FW, 3, 244, 514)。とすれば、どうすればいいのか。この「序文」でニーチェが言葉の問題を論じているわけではない。しかしニーチェと言葉の問題はやがて一度本格的に検討しなければならない(本書第五章)。

　さてしかし、病気にどれほど意義を認めようと、ニーチェは生の退廃、弱化に反対し、健康を求める。ニーチェは「大いなる健康」ということを言う。将来の哲学者である「私たち」はそれを必要とする。肯定的思想は健康状態と一つのものである。しかも「それを所有するばかりでなく、また絶えず獲得し、獲得しなければならない。それは常に再び犠牲にされるし、犠牲にされなければならないからである」(III, FW, 5, 382, 636)。ということは、病気と快癒も含めて、「大いなる健康」は一つの方法概念でもある。大いなる健康がツァラトゥストラという典型《タイプ》を理解するための「生理的前提」であると述べて、ニーチェはこの二八二節の全体を「この人を見よ」で再録している(VI, EH, Z, 2, 337f.)ことからもその重要さが知られる。

ニーチェの見るところ、人間はすでに相当病気である。しかし「人間において病的状態が通常であればそれだけ〔……〕心的・肉体的強壮という稀な事例と、人間の幸運事例は尊重されねばならない」(V, GM, 3, 14, 367)。「人間の最大の危険は病者であって、悪人でも〈猛獣〉でもない」(ib., 368)とニーチェは主張する。

ところで、禁欲主義的理想、禁欲主義的僧侶という存在がある。それは何を意味するのか。「禁欲主義的生とは一つの自己矛盾である。ここでは比類のないルサンチマンが支配しているが、これは生の部分でなく、生そのものを、その最も深く、強い基底的な条件を制圧しようとする飽くことのない本能と権力意志のルサンチマンである。ここでは力の源泉を閉塞するために力を用いる試みがなされる。ここでは生理的発達そのものにたいして、とくにその表現、美や喜びに嫉妬深い、陰険な眼差しが注がれる」(V, GM, 3, 11, 363)。それは「肉体的なものを幻として貶下し」(ib., 12, 364)、「出来損ない、萎縮、苦痛、不幸、醜悪、恣意的毀損、自己滅却、自己折檻、自己犠牲には悦楽が感じられ、求められる」(ib., 11, 363)。しかしこの「生に抗する生」(ib., 13, 365)はどこから出てくるのか。「禁欲主義的理想は退廃しつつある生の防御本能と治療本能から生じる。このような生はあらゆる手段で自分を保存しようと努め、生存のために闘う」(ib., 13, 366)。したがって「この禁欲主義的僧侶、この外見上の生の敵、この否定者——彼はまさに生を保存し、肯定する威力に属するのである」(ib., 366)。これがその由来の系譜学的解明である。

では、禁欲主義的僧侶とは何者なのか。「自分も病気である医者・看護人」(ib., 1, 5, 372)に他ならない。「病者の看護」は「健康者の任務ではない」(ib.)から。「禁欲主義的僧侶は病んだ畜群の予定された救済者、牧者、弁護人に他ならない。それでもってはじめて私たちはその巨大な使命を理解する。苦悩者にたいする支配が彼の王国である」(ib.)、結局、「僧侶はルサンチマンの方向転換者である」(ib., 15, 373)。どのような意味か。「禁欲主義的理想は人間に一つの意味を提供した」(ib., 28, 411)。すなわち、「人間は何かを欲することができるようになった――どこへ、何のために、何をもってはさしあたりどうでもいいが、意志そのものが救われたのだ」(ib., 412)。すなわち「人間は何も欲しないよりは、むしろ無を欲する……」(14)(ib.)。「無」とは、禁欲主義的理想に従う生に他ならない。この「無への意志」の指摘でもって『道徳の系譜学』は閉じられる。

ところで、ニーチェは禁欲主義的理想を生への敵対性ゆえに糾弾するが、ある貢献を認めもする。「ある禁欲主義」、すなわち「最良の意志の固い、晴朗な禁欲は、最高の精神性の有益な条件に属するとともに、とりわけその自然な帰結でもある」、したがって「哲学者たちによって若干依怙ひいきをもって扱われた」(ib., 9, 356)のも無理はない。「哲学的精神は、まずは常に観想的人間というより早く確立された典型に仮装し、僧侶、魔術師、預言者として、一般に宗教的人間として蛹化(verpuppen)しなければならなかった」、すなわち「禁欲主義的理想は長い間哲学者に出現形式として、実存前提として役立った」(ib., 10. 360)と言う。しかしながら、禁欲主義が生を抑圧すると告発しなければならない時代はとうに終わり、諸々の欲望の肥大が現代人を引き回しているので、むしろ禁欲主義を説く方が新鮮かもしれないと思われるぐらいだが、私には禁欲主義をこれ以上論じるつもりはない。しかしこうして禁欲主義をつうじて育てられた認識は残る。認識は権力意志の生において他に対して支配力を確保させるという手段的価値をもつばかりでなく、それ以上のものである。

哲学は生の只中で生についてなされる。「生――それはすなわち私たちにとって私たちであるところの一切を不断に光と炎に変えることである、また私たちに出会う一切をそうすることである、私たちは他の仕方はできない」(III, FW, Vorrede, 3. 349f.)。これが認識者の情熱の目指すところであろう。認識者が認識の情熱をもつことは、生そのものの動向なのである。これは、すでに生存の必要ということで認識を捉えることを遥かに超えているのではなかろうか。

権力意志と遠近法をめぐるもっと突っ込んだ議論は後に譲るが、生のこのあり方から、一切はある仮象、しかし真理と本体が対立するのでない仮象の世界のみが残ることになる。(15) 認識者の最終的自己認識は、やや冗談めかした表現だが、次のように描写されよう。「仮象の意識。――私の認識をもって全現存在に立ち向かっている私を、なんと不思議に、新たに、そして同時になんと恐ろしく、皮肉だと、私は感じることか！　古の人間と動物、いやそれどころか全太古と過去のあらゆる感受する存在が私において詩作し続け、愛し続け、憎み続け、推論し続けるのを、私の身に発見した――私は突然この夢の最中に目覚めたが、私がまさに夢見ているのだ、そして破滅しないためには夢をさらに見続けなければならない――ちょうど夢遊病者が転げ落ちないためにはさらに夢を見つづけなければならないように、ということを意識するためにだけだった。私にとっていまや〈仮象〉とは何か！　実になんらかの本体の反対物ではない――なんらかの本体について、私はまさにそれの仮象の述語を述べること以外何ができよう！　それは実に不可知のXに被せたり、また脱がせたりできる死んだ仮面ではない！　仮象は私にとって働くもの・生きているもの自身であり、それの自己嘲笑のせいで私に次のようなことを感じさせる。ここには仮象と鬼火と幽霊踊りがあって、ほかは何もない――これらのあらゆる夢見る者のうちで私、〈認識者〉も私の踊りを踊っている、認識者は地上の踊りを長引かせる一手段であり、その限りで現存在の祭りの世話人である、そしてあらゆる認識の崇高な帰結と連合はひょっとして、夢想の普遍性とこれらすべての夢想者の相互了解と、まさにそれとともに夢の持続を維持するための最高の手段であり、またありつづけるであろう、と」(III, FW, 1, 54, 416f.)。仮象の世界はまた夢の世界とされているが、認識者がこれまで命を継いできた生のうちで「現存在の祭りの世話人」という特権的地位を与えられていることも見逃すことはできないだろう。ニーチェによって主題的に論じられてはいないが、ここにはある共同性が垣間見える。それはむろん日常的なそれではないし、まして政治的なそれではない（祭りは政《まつり》であるという太古の観念がもはや私たちに遠くなってしまった限り）。

　引用のはじめの方の部分、「古の人間と動物、いやそれどころか全太古と過去のあらゆる感受する存在が私において思索し続け、愛し続け、憎み続け、推論し続けるのを、私の身に発見した」――こんなふうな感性には共感する。こんな出来事が生じている――ただそれを生に予め予定された目標のように目的論的に捉えるのはニーチェにそぐわないし、まずいであろう。認識は最も低次元にはアメーバのような動物が何かを捕食するかどうか判断するというところで語られる。それからすれば、なんと遠くへきたことだろう。自己認識という名に値する自己意識は私のものである。しかし生というところではそれは必ずしも必要ではなかろう。あるいは生を維持するために、またはより多く生きるためには必要なくても、より高い生のためには必要だというのか？　生という立場からそんなことが言えるのか？　ニーチェ的な生の立場からはそれは肯定される。

生物学的な意味での生は個の単独性には関心を抱かないのだと思う。個は種の保存に仕える。任意の個、その相当数が生き残ることのみが大切なのである。ある種の魚や珊瑚の産卵の映像は、見るたびに私を切ない気持ちにする。何千、何万の卵が水中に放出される。そのうちのわずかが生き延びるように定められている。もちろん食べられることは、他の生命を養うのだから無駄なわけではないが。生の豊饒とはこのような気前のよさのことだ。ニーチェは次のように言う。「生の原理。従来の生物学者の根本誤謬。種が問題なのではなくて、より強い、達成されるべき個が問題なのだ（多数は手段にすぎない）」（XII, NF, 294, 1886 終わり -1887 初め）。これは人間ばかりに該当するわけではない。こうした考えが生物学に要求できるか疑わしいが、このことだけからも、ニーチェを生物学主義者とみなすのは誤りである。さらに個人さえも、個人であるがゆえに、尊重され、保存されるべき何ものかであるという考えからは遠い。もう一度反転して、ニーチェはこう言う。「〈種がすべてであり、個は何ものでもない〉という命題が人間性に体現されて、各人に常にこの最終的開放と無責任性への通路が開放されるとき、そのときには笑いが知恵と結ばれ、そしてそのときにはおそらく〈悦ばしい知〉だけが存在することになろう」(III, FW, 1, 1, 370)。逆説的に聞こえるが、個としての人間は何ものではないが、その自覚・悦ばしい知というあり方は何ものかであるわけだ。[16] 個におけるこの出来事、認識者の最終的自己認識は、病気でないはずである――祭りであり、最高に悦ばしくなくてはならないだろう。その一瞬を謳歌するのだ。「〈生は認識の手段である〉――この原則を心に抱いてひとは勇敢にばかりか、悦ばしく生き、悦ばしく笑うことさえできるのだ！」(III, FW, 4, 324, 553) とニーチェは言う。もはや認識は生の手段ではない！

宮沢賢治の「春と修羅」の序詩が私はとても好きだ。

序

わたくしといふ現象は
仮定された有機交流電燈の
ひとつの青い照明です
(あらゆる透明な幽霊の複合体)
風景やみんなといつしよに
せはしくせはしく明滅しながら
いかにもたしかにともりつづける
因果交流電燈の

ひとつの青い照明です
（ひかりはたもち　その電燈は失はれ）
（『校本・宮沢賢治全集』第二巻、筑摩書房、昭和四八年、五頁）

この「わたくし」の把握はニーチェのそれときわめて近いと思う。ただし賢治の「わたくし」は東洋的にいかにも淡く、平和的であるけれども、ニーチェのそれは権力意志としてその存在に強く固執し、より攻撃的であるけれども。そしてその違いゆえに、二人が目指したものは異なったのである。貧しい農民のための賢治の農学者としての実践はよく知られているが、そして興味深くもあるが、それに立ち入るのは本書の課題ではない。

第四章　意志、そして権力意志の哲学（一）

――『善悪の彼岸』と『ツァラトゥストラ』

一　意志と権力意志

これまでの考察では意志および意志と直接的に連関する問題群は除いたが、意志ということでニーチェが何を問題としたのか、この核心の問題に取り組むことをもはや遅らすわけにはいかない。この主題についてのまとまった言及がある、『善悪の彼岸』の第一章一九節をまず手引きとする。

ではそこでは意志はどう捉えられたのか。意志（あるいは意欲 Wollen）は熟知された事柄とみなされているが、ニーチェによれば、全然そんなことはない。意欲は「複雑なものであって、言葉としてだけ単一である何ものか」(V, GB, 1, 19, 32) であるのに、ショウペンハウエルのような哲学者さえ「民衆の偏見を採用」して、意志という単純な一つのものがあるように考えている。しかし意欲は複雑なものであって、三つの成分が含まれる。

「第一にすべての意欲には、感情の多様性が含まれる。すなわち離れようとする状態の感情と向かおうとする状態の感情、この〈離れる weg〉方向と〈向かう hin〉方向そのものの感情、それから随伴する筋肉感情が含まれる。これは私たちが〈腕や脚〉を動かさなくても、一種の習慣によって、私たちが〈意欲する〉やいなや発動する。したがって感じることが、しかも多様な感じることが意志の成分として認められなければならない、と同様に、第二に思考も意志の成分として認められなければならない。すべての意志作用には命令する想念が存在する。そしてこの想念を〈意欲〉から切り離しても、それでもなお意志が残るかのように信じてはならない。第三に意志は感情と思考の複合であるばかりでなく、とりわけ一つの情動 Affekt である。しかもあの命令の情動である。〈意志の自由〉と呼ばれるものは、本質的に、服従しなければならないものへの優越‐情動である。すなわち〈私は自由であり〉、〈彼〉は服従しなければならない――この意識はすべての意志に潜んでいる。同様に注意のあの緊張、もっぱら一つのことに固定するあのまっすぐな眼差し、〈今はこれが必要で、他ではない〉というあの無条件的価値評価、服従されることのあの内的確信、これらすべてがなお命令者の状態に属する。意志する人間は、自分のうちにある服従するもの、あるいは服従すると彼が信じる何ものかに命令する。そしてすべてはなお命令者の状態に属している。ところでしかし意志に最も本質的なことは――このこんなにも複雑な事柄に民衆が一つの語だけ所有しているということに注意していただきたい。というのは、どの場合にも私たちは同時に命令者であり、かつ服従者であり、服従者としては強制、押し付け、圧迫、抵抗、強要の感情を抱くが、こうした感情は通常意志の作用とともにただちに始まるということがある。他方で私たちは、この二重性を総合的概念〈私〉によって取り去る習慣をもつかぎり、意欲にはなおも一連の誤謬推理と、したがって一連の意志そのものの誤った価値評価がまとわりついてきた。つまり意欲する者は、行為には意欲するだけで十分だと固い信念をもつようになった。大抵の場合には、命令の成果が、したがって服従が、ということは行為が期待されうるときにだけ意欲されるので、命令の成果の必然性が存在するかのような見せかけが感情に植え込まれた。要するに、意欲する者は相当の確信をもって、意志と行為はなんらかに一つであると信じる。彼は成功を、意欲の実現を意志そのものの功とし、その際すべての成功がもたらすあの権力感情の増加を享受する。〈意志の自由〉とは、命令し、また同時に実現する者と自らを同視する意欲者のあの複雑な快感を表す言葉なのである。すなわち彼は、実現する者として抵抗にたいする勝利をともに享受するが、彼の意志こそが本来抵抗に打ち勝ったのだと考えている。意欲する者はこのように実現する、有効な道具の快感、調法な〈下位意志〉ないし下位霊魂——私たちの肉体は多くの魂の社会的構造以外の何ものでもない——を命令者としての快感に付け加える。成果とは私だ、ということだ。すべてのうまく組織された、幸福な社会に生じることが、ここには生じている。すなわち、支配階級が社会の成果と同一視される。あらゆる意欲において何より問題なのは、今述べたような、多くの〈魂〉の社会構造を基礎とする、命令と服従なのである。それゆえ哲学者は意欲自体をすでに道徳の視野のもとに捉える権利をもたねばならない。道徳とはすなわち、〈生〉という現象が成立する支配関係についての理論なのである」(V, GB, 1, 19, 32-34)。

　長い引用は、冒頭を少し削った他は全文である。一つのことが言われると、それに引き出されるようにして言葉が続く文体のため、説明の部分がどこに繋がっているのか判明でないのは困ったことだが、意志をニーチェがどう考えているのか基本的なところは理解できるように思う。これは一つの魂(心)

――多様な要素とその動性を含む魂の家政の分析、つまり心理学的分析である。まずは対他的であるよりは、一つの心における構造であろう（解剖台・手術台に横たわるような肉体は別だが、感じる肉体はここに含まれている）。それは類比的に――なにやらプラトン風に――社会、ないし国家に、やがては――ニーチェ的に――おおよそ生あるものに属する体制とされるとしても、まずは私たち人間の心のありようである。

では、まずその分析を少し詳細に見よう。最初の成分は「感情」、あるいは「感じること」である。ここには三種の感情が挙げられている。私は外出しようと思う。そのときには外出に向かおうとする状態＝感情が生じよう。状態についての感情というより、感じられた状態なのだと思われる。そしてここには方向が含まれる。外出しようという気持ちは、外出を忌避することと反対の動きである。いま（私は）そのような方向づけを感じる。また、まだ行動に移らないときにも、随伴する筋肉感情が生じよう。外出しようと思ったとき、まだ立ち上がりさえしなくても、くつろいで椅子にかけているときとは違って、背筋と四肢に緊張感が生まれる。今、緊張感という言葉を使ったが、全体に何々感というのがふさわしい意識状態であるように思われる。これは当然行動への前奏である。筋肉感覚の指摘は重要である。通常の意味での行為は結局、身体の運動なしにはないし、意志作用が身体の運動を包摂するようなかたちで捉えられていなければならない。リハビリでもなければ、意志作用が腕に直接伸びるようにと努力を集中するというのではなく、ニーチェがここで記述しているような仕方でそれは働くのだと思われる。つまり前にある何かを取ろうと欲する＝腕を伸ばすことなのである。もちろん意識に浮上しないような複雑なメカニズムが働いているのであろう。

次の「思考」はどう働いているのか。「外出する」という考えはむろん思考である。家で読書をするのでなくて、また植木の手入れをするのでもなくて、「外出し、展覧会にいくのだ」というのである。しかし、思考のみが命令をする部分ではなく、その次の「情動」も必要であるらしい。つまり「外出すること」という想念だけでは動かず、情動が全体を動かす、動力を与えるようだ。それゆえ「とりわけ」情動がと言われていたのである。感情がただそのように感じているという静態なのにたいして、情動は駆られるという動態のように思われる。

ニーチェによれば、意志は複雑なものであり、そこでは命令と服従のゲームが演じられる。ニーチェの意志の哲学にとって命令と服従（あるいは支配と被支配）がなぜ、またどこまで不可欠なのか、ずっと脳裏を離れなかった疑問に答えを見いだせるのか。また魂（心）がこのような社会的構造であるとすれば、いわゆる「意志の自由」とは何を意味するのか。命令については、魂が伝統的に認められたようなそれ自体的な一ではなく、多、「主観－多様性」(V, GB, 1, 12, 27) であるがゆえに、つまりそのそれぞれが自ら発動する力、自らを貫こうとする力に他ならないゆえに、命令・服従が必須なのである。なぜなら、とりあえずは一つのものとして行為するのでなければ、生を維持することなどできない。そのため脈絡がある行為をするためには、それが可能になる程度にでも、非一である魂の葛藤は暫定的にでも治められなければならない。次にすぐまた葛藤が生じるのではあろうけれども。この過程が常に更新されることがまた重要なのである。

支配とは、魂であっても、社会（国家）であっても、一つのものとして機能させることに他ならないのである。[1] ニーチェは「〈精神の根本意志〉」（V, GB, 7, 230, 167）ということを言う。「民衆によって〈精神〉と呼ばれている命令的な何ものかは、自分のうちでも周囲にたいしても主〔支配者〕であろうと欲し、自らを主として感じようとする。それは多様から単一へいたる意志を、つまり統括し、制御し、支配しようとし、実際に支配的でもある意志をもっている。精神の欲求と能力は、この点で、生き、成長し、繁殖する一切のものに生理学者が認めるものと同一である」（ib., 167）。ここで言われているように、生命体すべてにまで当てはまるが、多様なものをまとめるには主である部分、支配的な部分がなければならない。ニーチェの反民主主義はこの次元に根がある。私たちはとりあえず意志、そして生を人間的なところで考察してきたが、ニーチェにおいてはそこに限定することはできない。私たちもやがてはそういう局面に立ち入るであろう。

身近な場面に戻る。それゆえ支配は必然的だが、いわゆる命令がなくてもいい。外出すること、展覧会に行くことを私は意欲する。私はそうしたい。私はいそいそとしている。[2] 普通はそこに命令・服従があるなどとは感じない。命令という言葉はふさわしくない。しかしニーチェの言い方では、これは命令の成果がある、服従がなされる場合ということになろう。普通は、カントではないけれども、命令はいやいや服従することも含めて、強制のニュアンスを含む。もしもその外出が気の進まない職務のためであるなら、「お前は出かけなければならない」と自分に命令し、あるいは自分を励ますことが起きようが、「強制、押し付け、圧迫、抵抗、強要」の感情を抱くであろう。ときには頭痛や胃の重さのような症状さえ現れるかもしれない。そして外出しないための諸々の理由を案出するかもしれない。もちろんルサンチマンの温床である。これは服従する側のことである。このように命令するものと服従を迫られるものとの二分がすでに生じているので、その統合は民主主義的にというわけにはいかないのである。意志する人間、すなわち私は、抵抗に逆らって決意するようなときに、強く意識される。しかしニーチェからすれば、この場合を原初的とみなすのは誤りである。意欲が自発的に発揮されて、下位部分の服従はあっても、抑圧ということではなく、支配階級が社会の成果と自らを同一視するような「幸福な社会の構造」は、「私」の優れた把握なのではなかろうか（私たちが感嘆する優れた人物はそんなあり方を示すように思われる）。さもなければ、外から新たに領地に乗り込んだ領主が支配しようとするようなものである。恐怖政治以外は成立しえないだろう。「私」の優れた把握をいま私は認めた。しかしそのような社会（共同体）となると、私たちがそれを自分のものとして所有していると言えるのか。おそらくそんな社会はむしろ絶望的に不在ではないのか。

「意志の自由」は「服従しなければならないものへの優越‐情動」であると言われた。実際何かが実現していくことには快感が伴うが（確かに阻まれること、不成功は不愉快であるが、少々の抵抗を克服していくことにはむしろ喜びがあろう）、意志した者がそれを自らの功であると自分のものにする支配の喜びが全体を包む。この意志の自由は支配することそのものを意味するのだ。何かからの自由でもなければ、選択の自由でもない。

ニーチェは「自由意志」も「不自由意志」も両方とも追放する。すでに見た、ニーチェ自身が解釈し直した「意志の自由」は、この「自由意志」でも「不自由意志」でも全くない。さて、意志の自由は「自分の行為にたいする全的・最終的責任を自ら負い、神・世界・祖先・偶然・社会をそれから免責する要求」、つまり「自己原因であろうとすること」(V, GB, 1, 21, 35) 以外を意味しない。ニーチェ自身の考えに近いように見えるが、自己原因といった観念は自分の髪を掴んで沼から自分を引き上げるミュンヒハウゼンのように馬鹿ばかしいと批判する。意志は複合的な魂の機能であって、魂から浮き上がることができるものではなく、また一つの魂も生の全体にしっかり織り込まれている。その関係は、私が鋏を扱うような外的操作として理解されないという意味なのである。したがって自己超克ということがニーチェによって主張されるが、それには体制全体が変容せねばならない。この点はこれからの問題であるが。

また不自由意志の方は、「全く相異なる側面から」、「ある者は自らの責任を、自らにたいする〈責任〉を決して断念しない」ということであり、さもなければ「ある者たちは逆に何も責任を取らず、何の罪も負うまい」(ib., 36) ということなのである。前者は自分の功績を放棄しないという「虚栄」からであり(ときには忘れることが高貴さだ)、後者はすべてが必然的に生起すると信じるからである。もしすべてが必然的なら道徳的・法的責任は成り立たないということで、意志の自由が帰責の問題ゆえに争われてきたことは疑えない。[3] それを断ち切るようにニーチェは言い放つ、「〈不自由な意志〉は神話だ。現実の生には強い意志と弱い意志が問題なだけだ」(ib.) と。強い意志と弱い意志は、いうまでもなく高貴なあり方と奴隷的なあり方を指している。

さて、このような命令・服従のゲームは社会の考察に移される。今度は人間と人間の関係、その支配と被支配の問題となる。私たちは第一章で、高貴な人間を支配者であるとはしたけれども、あまり共同体的な人間としては描かなかった。むしろ一匹狼的な、生き生きした個を強調した。社会のために個を犠牲にすることをニーチェが拒絶したのを私たちは知っている。その点は変わらないけれど、やはりニーチェはたった今「幸福な社会構造」と言われたものを志向していたのだと思われる。それがむしろ非常に古典的であることに私は驚かない。ニーチェはいわゆる個人主義者というのではない。もしそうであるならば、そしてそれでも社会が組織されねばならないとすれば、個を束ねる原理としては民主主義以外は考えられないだろう。もちろんニーチェにとって民主主義は唾棄すべきものである。

支配や命令をこのように見てきたあとでは、それをもはや単に人間の恣意的・強権的行為として理解できないであろう。「〈すべての価値の転換〉の最初の実例」として、ニーチェは次のように述べる。「できのよい人間、〈幸福者〉は、ある種の行為をなさねばならず、他の行為を本質的にはばかる。彼は生理学的に体現している秩序を人間や事物への自らの関係のうちへ運び入れる」(VI, GD, 四つの大誤謬、2, 89)。秩序を「運び入れる」ことが支配や、ときには命令をすでに意味するのである。その際に力の自発的発揮が先であって、支配や命令はその行使、力を貫く仕方なのだと思われる（この点は重要）。引用箇所は自由意志を否定する文脈で言われたものだが、このような考え方ではもはや自由と必然は対立させられない。「すべての優良なものは本能である――したがって、軽やかで、必然的で、自由である」(ib., 90)。悪いものは「本能の劣化、意志の分散」(ib.) ということになる。

ところで、意志は一般に作用するものと認められているであろう。もう一度、その点に戻る。ニーチェは「私たちは意志を実際作用するものとして認めるが、意志の因果性を信じるのか」(V, GB, 2, 36, 55) と問う。そして仮説としてではあるが、意志の因果性を「唯一のもの」として立てる。というのは、この因果性は「極端な限界まで推し進めれば」(ib.)、これ一つで他の因果性を仮定しないでも済ませられるからである。それゆえ、「方法の道徳」に従ってそうしようと言うのである。「もちろん〈意志〉は〈意志〉にだけ作用しうるのであって、〈物質〉に(たとえば神経に)作用しえない。そこで要するに、次のような仮説を思いきって立てなければならない。すなわち、〈作用〉が認められるところではどこでも意志が意志に作用しているのではないか——そして、力がそこに働くかぎり、すべての機械的な生起もまさに意志の力、意志‐作用ではないのか、という仮説をである。——結局、私たちの衝動的生全体を意志の唯一の根本形式の形成と分岐として説明できるなら——すなわち私の命題では権力意志のということだが——そしてすべての有機的機能をこの権力意志に帰着させることができ、そこに生殖や栄養の問題の解決——これは一つの問題だ——を見いだすことができるとしたら、すべての作用する力を一義的に権力意志として規定する権利を手に入れたことになろう。内側から見られた世界、この〈叡知的性格〉へ向けて規定され、特徴づけられた世界は、まさに〈権力意志〉であって、他の何ものでもなかろう」(ib.)。叡知的 (intelligible) とは、理解可能という意味であろう。自然科学的な探求は外側からのものであって、内的な理解を与えない。こうして意志の、ないし権力意志の一元論に達する。ここではそれは仮説の資格になっているが、常にそうであるわけではない。すでに引いたが、次の箇所では断定である。「およそ生あるものは、なによりも自らの力を発現しようと欲する——生そのものが権力意志なのだ」(V, GB, 1, 13, 27)。ニーチェの根本直観だというべきなのだろう(この生＝権力意志を「根本直観」で片付けるのはむろん問題である。本書第一章注8を参照のこと)。自然の因果性を文字通りの仮説として、限定された使用を認めるのにたいして、(4) 意志の因果性を採用するのは、一元的な、しかも非神話的把握のためであったのだ。物理的因果性のみでは、道徳的問題を覆うわけにはいかない。

あらゆる生の現象は権力意志の現れである。それゆえ、生の本質を二次的現象にすぎない「適応」とみなすことは生の本質を誤認することになる。それを確認する箇所で、ニーチェは権力意志を「自発的な、攻撃的な、征服的な、新たに解釈し、新たに方向づけ、形成する諸力」(V, GM, 2, 12, 316)を含むものと性格づけている。これは権力意志の力の発現、その上昇という、繰り返し言われるにもかかわらず説明の乏しい言葉の意味を補足してくれる。意志である生は、本来このように創造性なのである。意欲は何事かを実現し、生の必要を満たす日常的な営みでもあるが、それゆえ機械的な、惰性的になった意欲もその意味では生産的であろうが、そのようなものは強い、支配的意志に仕えるものであろう。その創造性が反動的仕方で発揮されるルサンチマンもすでに指摘された。それゆえ、自発的に素直に力を発現するか、それができなければ従属に甘んじるか、あるいは曲がりくねった仕方で力を発揮するかであるが、いずれにしても権力意志の現れである。一つの魂の家政のこととしても、社会のこととしても、生(実在)一般のこととしても。

ここまで生そのものである意志という複雑な現象に光を当てようと努めてきた。結局それは権力意志を改めて考察の中心に据える準備だったのである。少なくとも本書第一章からここまでに、その遠近法主義、解釈、価値評価は言葉だけは登場したし、超人もちらっとは顔を覗かせた。永遠回帰にだけは触れなかった。

二　『ツァラトゥストラ』より

これからいよいよ『ツァラトゥストラ』――完全な表記では『ツァラトゥストラはこう語った――万人のための、そして何びとのためのものでもない書』を取り上げ、できるだけ思想内容を掘り起こしたいが（なぜならニーチェの思想の肯定的部分はこの書に与えられているという自己了解なのだから）、特異な詩的表現の作品であるから、まずそれはそれとして独立に取り扱う。それからまた当の思想が理論的に論じられている一八八六―八八年の遺稿[5]を解説に用いて、再び権力意志の思想に迫るという二段構えとしたい（すなわち本章と第六章）。ただし完備した『ツァラトゥストラ』論を意図するつもりはないので、成立の事情に立ち入ることもしないし、物語の構成や筋を忠実に再現するつもりもない。主要概念が何ほどか肉づけされて提示できればよいのである。

1　超　人

山を下って民衆のもとに姿を現したツァラトゥストラの第一声は、次のようであった。「私は君たちに超人を教える。人間とは克服されるべき何者かである。君たちは人間を克服するために何をしたのか」(IV, Z, Vorrede, 3, 14)。この発端がすでに多くの考慮すべき問題を投げかける。「超人」が『ツァラトゥストラ』の真っ先に名指されるテーマであること。超人は人間を克服したところに出現する者であるらしいが、超人とは何者か。人間↓超人への移行はどう考えたらいいのか。ツァラトゥストラは超人を教える者、超人の教師である。では、ツァラトゥストラは超人ではないのか。ツァラトゥストラはニーチェの分身であるにしても、ニーチェはなぜツァラトゥストラといった人物を造形したのか。ツァラトゥストラという教師にたいして民衆はひょっとしたら弟子となるかも知れない者であること(直に失望を味わわされるとしても)。そして人間を克服するためには自ら何かをなさねばならないとされていること。「何をしたのか」という過去形には、すべきであったのに何もしないでぐずぐずしているという非難がこめられている。その文には「これまでのすべての存在者は自分を超える何かを創造した」(ib.)と続いて、進化論を示唆するが、いまだ創造をしなかった者として「すべての存在者」から人間のみを除外する。人間はこれまでの進化の頂点であるが、人間の進化はまだこれからなのである。すると人間の克服とは、動物(サル)↓人間↓超人という進化の過程と解すべきなのか。実際ニーチェは言葉のうえではそんな語り方をしているのだが、本当に額面どおりに進化論のようなものと理解していいのか。

一体、超人とは何者か。「超人は大地の意味である。君たちの意志は言うがよい(Euer Wille sage:)、超人を大地の意味であらしめよう、と」(ib.)。すなわち超人が生きるとき初めて、大地は大地として本来的にあることができる。ということは、これまで大地が蔑ろにされてきたということを意味する。大地は「超地上」にたいして言われる。大地に忠実であることが求められているが、それは「超地上的希望」(ib.) に従う生、すなわちキリスト教的道徳に従う生と対立する。超地上的希望を説くのは、地上の生を軽蔑し、生を毒することに他ならない。これこそがいま最大の「冒瀆」である。なぜなら「かつては神への冒瀆が最大の冒瀆であったが、神は死んだ」(ib., 15) のだから。神はもちろん従来の価値一切を支えるキリスト教の神である。そして「超人を大地の意味であらしめよう」とは、「君たち」の意志にかかる事柄だというのである。唐突な「君たちの意志」を主語とする接続法は何を意味するのか。それをさしあたりは教師ツァラトゥストラが要求しているとしても、本来君たち (私たち) 自身の意志の要求だということであろう。「超人」はその意志の本領の十全的な開花に他ならない。そして今こそ、その意志を発動させる「時」だ。神が死んだ以上――ニヒリズム状況の出現(6)に他ならないが、自ら立ち上がる以外にはない。したがって「超人」は勝手な思いつきではなく、歴史的状況に促された主張なのである。

では、改めて人間→超人への移行はどのように理解されるべきであり、人間、そしてまた超人とは何者か。「人間とは動物と超人の間に渡された一本の綱である――一本の深淵のうえの綱である」(IV, Z, Vorrede, 4, 16)、また「人間における偉大なものは、人間が橋であり、目的でないということである。人間において愛されうるもの、それは人間が一つの過渡であり、一つの没落であることである」(ib., 16. また IV, Z, 4, 高等な人間について、3, 357f. を参照)。あまりにも有名なニーチェの言葉であろう。綱、また橋――綱渡り師の綱、峡谷の吊り橋のような危険なそれ――という比喩は、こちら側からあちら側へ渡らせるものを意味するように、人間は過渡的存在だとニーチェは言うのである。生物の進化は、こう進化しましたという客観的事実（一応事実と認めておこう）を告げているわけだが、人間から超人への移行は、将来の事柄としても、「こうなるでしょう」という客観的予測を述べてはいない。私たちは人間である。超人は私たちが自ら意欲することにかかっている何事かなのである。しかも没落という自己否定を含む。超人になることは徐々に向上していくなどということではなく、これまであった自分のあり方を徹底的に覆すことを条件とする。生物の進化もそんなに漸進的なものと考えていいものかわからないけれども、少なくともこのような自己否定とは無縁であろう。生物の進化は生というものの意志がそれを欲したのだと仮に言えるとしても、それはレベルの違った話であろう。ここでは自覚的な意志の問題なのである。したがって超人への「進化」と呼ぶとしても、すでに比喩であろう。

超人が要求するものは、自己超克以外の何ものでもない。自己超克は道徳的改善のごときものではない。そのような意味なら、いい加減な生を送っている世間の人々にとって、立派なキリスト教徒になることは大変な自己超克でもあろう。自己超克といってもニーチェ的なそれは全く異なる。超人は自己超克というあり方そのものなのである。ただしあくまで大地に忠実なそれである。したがってキリスト教道徳の否定というネガティブな規定はあるけれども（それゆえ肉体的なもの・官能的なものの重視が含まれるということはあるが）、それ以上に内容的な何かが指令されることはない。あらかじめ倫理的規範などが与えられていてはならない。これまでの価値体系を別のそれに置き換えること（高貴道徳と奴隷道徳の対比によって、ひょっとしたらそんな見かけを与えたかもしれないが）を目指しているのではなく、もっとラディカルな変更である。この思想の立場は実存的と呼ぶことができる。

『ツァラトゥストラ』では超人、自己超克が強調される。たしかに『善悪の彼岸』や『道徳の系譜学』では自己超克はそう前面に立ってはいなかった。むしろ直接的な自己肯定・自発性が強調された。狙いが違うからである。『ツァラトゥストラ』は肯定的なものの予告と、とりわけそれへの道の指示という方向で動く。前方へ、将来に向かって、橋を渡るようにと説く。『善悪の彼岸』はその肯定的なものを一応確定したものとして視野におきながら、それを強化し、それに敵対するものを撃破することに力を注ぐ。批判に主眼があることは、ニーチェ自身の自己了解としてすでに紹介しておいた（本書第一章冒頭をみよ）。

ツァラトゥストラは超人の教師である。これは全く正しい。では彼は超人ではないのだろうか。ニーチェはツァラトゥストラについて「ここでは瞬間ごとに人間が超克され、〈超人〉の概念が現実となっている」(VI, EH, Z, 6, 344) と述べる。したがって超人であるという答えになるが、正確には半ばそう言えるのだと思う。「半ば」とはどういう意味なのか。超人には自己超克が属するので、既成のものを打破する批判精神、刻々の意志の緊張を必要とする。ところで、精神の最高の境地は無心な遊びに生きる「子供」の比喩で表された。「ラクダ、ライオン、子供」のあれである。ツァラトゥストラが山を降りたとき、一人の老人に出会うが、「ツァラトゥストラは変わった。彼は子供になった。彼は覚醒者である」(IV, Z, Vorrede, 2, 12) とその老人に言わせている。したがってツァラトゥストラは、最高の境地に達しているのでもあるが、教師の使命を自覚してもいる。そのために子供の精神を持ち合わせているとしても、批判精神を失ってしまうわけにはいかない。

「半ば」の意味はこれに尽きない。ツァラトゥストラは同情を退けるが、同情に動かされることがないわけではない。しかし同情は――これこそキリスト教道徳の核心であるが――自分自身また他者を低下させるように働くゆえに、[7] 微妙な対処の仕方を説いている。「高貴な者はひとに恥ずかしい思いをさせないように、自分〔の同情心〕を戒める」(IV, Z, 2, 同情深い者について、113) とか、「私が同情深くなければならないとき、私はそのような者であると称することを欲しない。私が同情深くあるときには、遠くからそうありたい」(ib.) 等。ニーチェは人間間の距離を大切にする。隣人愛のアンチテーゼでもある。ユニークな視点である個を簡単に飛び越えることができると思うのは、欺瞞なのである。ところで、幼い子供には同情心など皆無である。子供の無邪気な残酷さに大人ならば誰でも気づいたことがあろう。それゆえにこのように一方で健忘そのものである無邪気な子供の精神が称揚され、他方で本書第二章では「固有の、独立的な、長い意志の人間」、「主権的個体」が、自分の行為には全面的に責任を負う人間が、すなわち支配的人間が力強く立ち上がるのも見た。権力意志の立場は、このような多重性を包んでいるのである。[8]

ツァラトゥストラの教師の側面にもう少し触れたい。ニーチェはツァラトゥストラについて次のように言う。「ここで語っているのは〈預言者〉でなく、教祖と呼ばれる、病気と権力意志のあの厭らしい合いの子ではない」(VI, EH, Vorwort, 4, 259)、また「ここで語るのは狂信者ではない、ここでは〈説教〉がされないし、信仰が求められてもいない」(ib., 260) と、ツァラトゥストラの特異性を強調する。ツァラトゥストラはキリスト教の場合のような、ある特定の信仰内容を伝道しているわけではない。ツァラトゥストラが要求するのは、自覚ないし自己超克のみである。しかしニーチェは、「ツァラトゥストラはそれにもかかわらず誘惑者ではないのか」(ib.) と問いを投げかける。そして「序言」の最後にツァラトゥストラにあまりに有名な科白を吐かせる。「いつもただ弟子にとどまるのは、師に報いることではない」(ib.) と。それゆえ、直ちに自分のところを立ち去るようにと弟子たちに語る。師である自分を越えよと要求すること、それは一般にあるべき教師の態度であろう。

ところで、この「誘惑者」という語に出会うのは、実は最初ではない。ニーチェは「将来の哲学者」を「誘惑者 Versucher と名づけよう」(V, GB, 2, 42, 59) と言っていたのである。誘惑者が誰かを誘惑するには、脅かしたり、強制したりするのでなくて、相手をその気にさせるのでなければならない。誘惑が成功するかどうかは相手次第なので、相手の自由を前提している。それから、何へ誘惑するかといえば、新しい冒険にであって、これまでの平安な生活から連れ出すような、危険な何事かへ、である。将来の哲学者も自分の思想を伝える限り教師であろうが、通常の教師のように、既成のレールを走るように生徒に教えるのではない(幼稚園から高校まで教師は、何より社会に受け入れられるひとになるように教えるのであって、それはそれで必要である。まず重荷に耐える強い「ラクダ」でなければならないとすれば)。

Versucher はまた、語義から「試みる者」と理解することも可能である。将来の哲学者はまた、「自由な精神」でもあるが、とりわけ「批判家」(V, GB, 6, 210, 142) と呼ばれていいと言う。ただし批判することで同時に、新たに「試みること」、「試みることの喜び」のひとなのである。その意味で、彼は「実験の人間」(ib.) なのである。すなわち未だ成否の不明なこと、危険に乗り出すのである。将来の哲学者は自らこのような試みる者であることによって、その後姿を示すことによって誘惑できる。(9) 自ら発見した真理を教える教師ならば、学び覚えたことを教える通常の教師より教師とその教説の一体感は強い。それゆえ超人思想を説くということは、超人であることなしにはなしえない。ときにはツァラトゥストラは自分の使命から逃れたいと感じることがあるとしても（IV, Z, 2, 最も静かな時、を見よ）。私がこの点にこだわるのは、その思想の性格上、思想とそのひとのあり方を分離して済ますわけにはいかないからである。生身の人間ならば、倫理的でありえない忸怩から倫理学者になることはいたって実存的といえるかもしれないが、ツァラトゥストラは典型《タイプ》なので、それでは困るのである。

ツァラトゥストラは、むろんニーチェの分身である。真理は体現されなければならない、とすれば一人の人間にという観念がニーチェには強く働いているように思う。超人のためにツァラトゥストラを造形したのである。(10) ツァラトゥストラはニーチェの個人的、とりわけ身体的弱さを免れている。生活の不如意や頭痛・吐き気(11)・目の痛み・神経症のような病気に悩まされることはない。病気は否定的な意味のみをもつのではないが（本書第三章三の(4)）。理論を述べることはできるが、生身のニーチェは超人を体現できない。また、ツァラトゥストラは確かに超人を体現しているといっても、超人になりきっているわけではなく、諸々の内的・外的障害を克服しなければならない。思想を生成の姿において示せることが、論文体でない、このような表現形式の利点なのだと思われる（『ツァラトゥストラ』の表現形式の問題は一度全般的に検討しなければいけないが、第五章に譲る）。

ここまででは、まだ「永遠回帰」の教師としてのツァラトゥストラには触れていない。

2　権力意志

『ツァラトゥストラ』では「権力意志」は、最初に第一部の「千一の目標について」に明瞭な形で登場する。「ツァラトゥストラは多くの国土と民族を見た。そして多くの民族にとっての善悪を発見した。ツァラトゥストラは地上に善悪より大きな権力を見いださなかった。民族はまずもって評価することなしには生きることはできなかったろう。しかし民族が生きようと欲するなら、隣の民族が評価するように評価してはならない」(IV, Z, 1, 74) とこの節は始まる。問題は生きること（生存）である。そのために評価をする。何が善または悪であるかを。その最初の担い手は民族であって、個人ではない。「個人はなお最近の被造物である」(ib., 75)。

生の要件はさまざまであるし、隣の民族に抗して自分を主張しなければならないから、善悪は民族に相対し、多様となる。善はその民族の生存を確保させ、他にたいして勝利させるものである。それゆえ善悪は何にもまして民族の生存や隆盛を決めるので、最大の権力なのであろう。「諸々の善を記した一枚の板が各民族のうえに掲げられている。見よ、それは各民族の諸々の超克を記す板だ。見よ、それはその民族の権力意志の声である」(ib., 74、傍点筆者)。それゆえ、それらが生存に望むものはさまざまであるが、たとえば青々とした畑やたわわに実をつけた果樹園、壮大な城砦都市、美的な享受の空間、強力な軍隊であり、そしてその目標に導く人間的特性、勤勉、忍耐、知力、美的感覚、勇敢等々であろう。それらは各民族のこれまでの生のレベルを超出させ、他の民族にたいして優位に立たせ、支配させる。生きようとすることには、それゆえすでに権力意志が働く。

ところで「人間がはじめて自らを保存するために、事物のうちに価値を置き入れた。人間がはじめて事物に意味を、人間的意味を創造した。それゆえ人間は自らを〈人間〉、評価する者と呼ぶ」(ib., 75)。ニーチェによれば、語源から「人間 Mensch, manas」とは、「価値を測る者、〈評価する動物そのもの〉として測る存在者」(V, GM, 2, 8, 306, IV, Z, 1, 千一の目標について、75 も参照)を表すそうである。人間＝評価するもの、そして評価＝創造である。それゆえ事物自身に価値が存在するのではない。「評価することによってはじめて価値が存在する」(IV, Z, 1, 千一の目標について、75)、「評価すること自身が一切の評価される事物の宝であり、宝石である」(ib.) と主張されるのである。ニーチェは強度な主観主義を押し出している。それゆえ諸価値が変化するとすれば、創造する者の方が変化するからである。ただし主観主義といっても、生きるための創造なのだから、そんなに恣意的ではありえない。価値、ないし意味は生を保存させるばかりでなく、自らを他にたいして凌駕させるものである。したがって価値は権力意志が創造させている。生きようとするために、人間が事物のうちに置き入れた価値は、人間を引き上げる。事物はそれ自体としては価値・意味を欠くが、無ではないだろう。無からの創造をニーチェは否定している。しかし自らが投げ上げたものが自らを引き上げるのだから、何だかミュンヒハウゼン風ではないのか。いや、自己超出の条件を自ら作ることは、研究やビジネスでも当然だし、ここには荒唐無稽さはない。

またここでニーチェは善悪の創造に「愛」を持ち出す。「善悪を創造したのは、いつも愛する者たちであり、創造する者たちであった」(ib., 76)。生きることのへ意欲は生きることへの愛と言い換えてもいいし、それゆえ生の条件となるもの、善を愛は創らねばならない。さらに愛が与えること、育てることであるなら、事物への価値の創造を愛に帰属させてもおかしくない。それはそのような能動的作用である。そしてニーチェは愛する者の権力の大きさを指摘する。その「賞賛と非難の権力は一個の怪物である」(ib.) とまでも。愛することの権力性をニーチェの慧眼は見抜く。しかしむろん、それを否定的に捉えているのではない。

さて、「これまでに千の目標が存在した。というのは千の民族が存在したからである」、けれども「一つの目標が欠けている」(ib.) とツァラトゥストラは言う。「一つの目標」とは何か。超人に他ならない。超人は自己超克する者を形象的に表現したものである。超人は権力意志を体現している。またこのことはキリスト教道徳の彼岸に立つことを含意した。ところでニーチェはその際「人類はまだ〔その〕目標を欠く」(ib.)、それればかりか「人類自身がまだ欠けているのではないか」(ib.) と付け加える。さて、超人は確かに個である。それゆえ際立った個を生み出すことが目標である。超人を生み出すのは、「人類」だとされているのが注目される。それは民族でなくて、人類だという意味なのだろうか。キリスト教が民族宗教であることを超え、人類と個(ニーチェにとっては弱い個、畜群的個であっても)の確立に寄与したのは疑う余地がない。ニーチェとキリスト教との違いは、基盤の「大地」と「超地上」の対立として表象された。「超人は大地の意味である」のだが、民族が人類の意識を獲得することを経由しなければならない。これが一つの筋である。

ニーチェによれば「千の目標」と「一つの目標」の間には大きな断絶があり、つまり前者(千の目標をもった千の民族は明らかに独自の文化と道徳的規範を守る現実の民族なのだと思われる）から後者がじかに生じるというのではなく、キリスト教道徳（すなわち人類と個を含む）の支配とその廃絶を通過しなければならない。ツァラトゥストラは弟子と称して自分についてくる者たちに「君たち今日の孤独者よ。君たち脱退者よ」（IV, Z, 1, 贈与する徳について、2, 100）と呼びかけている。彼らはキリスト教道徳から飛び出してしまった人々である。その呼びかけに続けて、「君たちはいつか一つの民族となるであろう。自分で自らを選抜した君たちから一つの選ばれた民族が生じるであろう。――そしてこの民族から超人が生じるであろう」（ib., 100f.）とツァラトゥストラは語っている。

すると人類↓超人ではなかったのか。無理に二つを整合させなくていいと思うが、もう一つ民族への筋がある。「ほどなく新しい諸民族が発生し」（ib., 25, 265）、それらを道具にする「一つの意志」が生じる。「それ〔意志〕のまわりに一つの民族が、すなわち多くを試みるものが集められる」（ib.）とも言われる。この「一つの民族」から超人が生まれるが、この「諸民族」も「一つの民族」も未来のこととして言われている。それゆえ「諸民族」も「一つの民族」も現存しない。通常の意味では、民族は緩やかに血や文化・歴史を共通にする（と少なくとも信じられている）。そして貴族は、この民族のうちの支配層なのであろう。しかし、未来の貴族は伝統の貴族から直接出てくるわけではない。よろしい、未来の貴族は血によるものではないとしよう。だからそれは比喩である。しかし基盤として貴族的体制は必要だとニーチェは考える。皆が平等な、一様な、ほどほど幸福な社会は、超人のよい土壌ではないだろう。支配すべきものがなければ貴族はないので、なんらかの貴族主義的国家があり、その基盤はとりあえずはやはり民族なのだろうと思う[12]。なぜなら多様性が失われてはならないからである。高貴な者たちは「多様」(ib.) と形容されている。自己超克は、優れて個別的な実存の、むしろ実存論的規定である。したがって形式的である。それ自体は民族性などにかかわらない。それに対して「超出には多様な道と仕方がある。君が自分でやってみることだ！」(ib., 4, 249) と言われる。実際にそれがどんな形を採るかは、自分が生まれ育った基盤への私の応答から決まる[13]。

「自己超克」と「権力意志」という言葉は実存論的な言葉である。さらに『ツァラトゥストラ』から「権力意志」について何が言われるのか、探究しよう。といっても『ツァラトゥストラ』は、理屈を理屈として差し出すような書ではないから、強化された形で再び超人を提示することによって権力意志をより鮮明にする。第二部は、最初に超人を教えてから、ツァラトゥストラはいったん山に帰り、孤独のなかで思索を深め、数年後再び人々のもとに戻って来て語るという展開になっている。かつて超人を教えたことに触れているのは、明らかにその続きであることを示す。ツァラトゥストラは、「超人を創造すること」(IV, Z, 2, 至福の島々で、109)、できなければせめて「超人の父祖に自分を造り変えること」(ib.) を訴える。ここでは神への対抗が軸となる。神を思考したり、神を創造したりせず (それは空想だ)、自ら創造者になることを説く。自らを超人に造り変える創造でもあるわけだが、創造とはこういう意味である。「君たちが世界と名づけるものが、まず君たちによって創造されるべきだ。君たちの理性、君たちの心像、君たちの意志、君たちの愛が世界そのものとなるべきなのだ！　そしてまことに、〔そのことが〕君たちの至福となるべきだ、君たち認識者よ！」(ib., 110)。創造はあくまでこの世界でのこと、あるいはこの世界の創造である。といっても、世界への定位は「一切の移ろわないもの」（神と神が支えるもの）の希求ではなく、「一切の移ろいやすいものの賛美と是認」（ib.）を含む。

超人を生み出そうとすることは、それは諸民族の間に、また諸個人の間に頂点を目指す権力の戦いを必然的とし、終わることがない。これは超人への愛ゆえに平等主義を撃破するという文脈で言われるのだが、「千の橋と小橋を渡って人間たちは未来へ突き進むべきである。そしてますます多くの戦争と不平等が彼らの間にもたらされるべきだ」（ib., タラントゥラどもについて、130）と、ツァラトゥストラは檄を飛ばす。しかもそれは、ここでもまた思考や認識の争いなのでもある。「人間たちは彼らの敵対関係のうちで諸々の像や幽霊の考案者となるべきであり、彼らの像や幽霊でもってなお相互に最高の戦いを戦うべきだ」（ib.）とされる。幽霊とは思想を意味する。「生自身が多くの柱と階段でもって高みへと自らを建てようとする。はるか遠方を見通し、至福の美を見ようとする。そのために高みが必要なのだ」（ib.）と言われる。「生自身が」と生を主語としていること、多くの柱や階段、すなわちその手段とみなされるべき人々の存在とその創造が注目される。しかし高みといっても、そこには平和と調和が実現されると思ってはならない。「戦いと不平等が美のうちにもなお存在し、権力と超権力をめぐる戦争がある」（ib., 131）とツァラトゥストラは付け加える。

さて、事物そのもののうちには価値・意味は存在しないとされていたのだから、自ら創造することという「この希望なしに、君たちはどのように生に耐えようとするのか」（ib., 110）と、ツァラトゥストラは問いかける。なぜなら「創造すること——それは苦痛からの大いなる救済であり、生を軽くすることだ」(ib.)。「意欲は解放する。それが意志と自由についての真の教義である――それをツァラトゥストラは君たちに教える。もはや意欲せず、もはや評価せず、もはや創造しない！　ああ、この大いなる疲労が私から常に遠く離れてあることを！」(ib., 111)。創造がキーワードである。ただここで（ここに限らず常にではあるが）、認識が強調されているのに気づくが、まず思考の改造が、自覚が、必要だからであろう。ツァラトゥストラは認識のうちに「意志の生殖欲と生成欲」(ib.) を認める。認識はそれ自体実践的でもあるのである。神が存在しないのだから、むしろ存在してはならないのだから、それゆえ意志が神を除いたのである。「もし神々が存在するとすれば、私が神でないことにどのようにして耐えられよう」(ib., 110)、「もし神が存在するとしたら、一体創造すべき何があろう？」(ib., 111)、とツァラトゥストラは反問する。[14] 自己超克は道徳的束縛を超出する意志の運動だったのに、意志はすでに神と競う創造的原理となっている。すなわち形而上学的な（といって超地上的ではないが）権力となっている。人間の個々の意志でなく、いや個々の意志であってよいのだが、それがそのような形而上学的意義を帯びてくるのである。ここではっきりしないとしても、人間の個別的意志が拡張されたというより、そのまま大文字の意志の方から規定されることが露わになるということなのである。本書第三章の最後の部分を振り返ってみても、それは驚くべきことではないであろう。

『ツァラトゥストラ』にも形而上学的な権力意志の立場がもっと鮮明に宣言されている箇所がある。「自己－超克について」という節である。ツァラトゥストラがここで語りかけている相手は、「最高の賢者たち」である。「君たちはすべての存在者をまずもって思考可能にしようと欲する。というのは、それがそもそも思考可能なものかどうか、当然の不信をもって疑うからである。しかし君たちはすべての存在者を君たちに順応させ、屈従させようとする！　君たちの意志がそう欲するのだ。君たちはそれが平らになり、精神の鏡、ないし映像として精神に従属させられることを欲する」（IV, Z, 2, 自己超克について, 146）。ツァラトゥストラは、このようなことをするのは、君たちの意志、権力意志なのだよ、と指摘しているのである。最高の賢者たちとは、懐疑主義を徹底的に克服したうえですべての存在者を思考可能にしようとする、プラトン主義の哲学者たちであろう。この記述はデカルトを思い起こさせるが、もちろんデカルトを含めて考えていい。すでに見たように、近代科学（哲学）の批判をするとき、ニーチェはまずプラトンの名を挙げたのだから、プラトン哲学ばかりでなく、プラトン哲学に規定されたすべての哲学者を射程においていると理解することができる。

その後で、ツァラトゥストラは「生成の流れ」を呼び出す。民衆は、さまざまな価値評価を載せた「小舟の漂流する川の流れ」だが、この生成の川の流れのうえに「君たちの意志と価値を置いた」（ib.）とツァラトゥストラは最高の賢者たちに語りかける（価値とは従来の価値、すなわち善悪のことである）。しかし実際は「この小舟のうえに」それらを置いたのである。そして川の流れが小舟を運んでいく。民衆は生の、すなわち川の流れの一部だが、民衆がそれを運んでいると言っているのではなく（いや、無意識的には運んでいるといってもいいわけだが）、「君たち」もまたそれであるところの「かの意志そのもの、権力意志が、――汲みつくされない、生産的な生命‐意志」（ib., 147）が運んでいるのである。しかしこのことに民衆はもちろんだが、賢者たちも気づいていないと、ツァラトゥストラは言いたいようである。

では、こんなことをツァラトゥストラはどんな資格で語るのかといえば、生の代弁者としてなのである。[15] 生あるものを追っていって、むろん生あるものは無言であるが、「その目が語った」(ib.) というのだ。散文的に翻訳してしまえば、ツァラトゥストラは生あるものをつぶさに観察して、察知したことを語っている。そう語らなければならない強制を感じているのである。そして生にとって本質的なことをここではかなり理論的に解き明かしている。生から聞いたことを伝えているという表現を執拗に繰り返すのだが、その中心は生における服従と命令の意味についてである。

それに関して三つのテーゼが提示される。第一に「すべての生あるものは服従するものである」(ib., 147)。第二に「自分自身に服従しえない者は、命令される」(ib.)。第三に「命令することは服従することよりも難しい」(ib.)。生きることは服従だということになるが、限定を欠いた第一の服従とは何に服従するのか。他人に、事柄に、自分にか？ 他人の命令に服従することが何を意味するかは誰でも知っている。事柄に服従するとは？ たとえば交通規則に、あるいは自然に、あるいは環境に、あるいは技術的連関等にか？ ただし、これらがある種の服従であるといえなくはなくても、私たちはこれらによって、自分が意志する何事かを成し遂げるのである。では、自分に服従するとは何を意味するのか。本書第四章の初めに「私たちは同時に命令者であり、かつ服従者である」(V, GB, 1, 1932) と言われていたのを思い出そう。自分の欲すること、自分の意志することを行おうとすれば、多くの部分を抱えた自分をそういう体制にもっていかなければならない。それを服従すると呼ぶことは、ニーチェの言葉遣いに沿っている。それができない者はいわば自治を欠くわけだから、他人に命令されて当然だろう。

ニーチェが力説するのは、第三である。なぜ命令の方が困難かといえば、「命令するものはあらゆる服従するものの重荷を背負うばかりでなく」、命令することには「試みと敢行」(IV, Z, 2, 147) があるから、それゆえに「命令の償い」(ib.) を引き受けなければならないからである。[16] では、なぜこのように生あるものに命令と服従が遍在するのかというと、およそ生あるもののうちには権力意志があるからである。したがって「奉仕する者の意志のなかにさえも」「主であろうとする意志」(ib., 148) が見いだされる。意志の「主であること」には快感が伴う。弱者さえもそのことを知っていて、より弱者の主となることによってそれを得ようとする。ただし快感を目指して意志は発動するという主張、すなわちニーチェは快楽主義を説いているわけではない。試みと敢行は、それによって快楽を得るためではない。敢行や危険、「死を賭してのさいころ遊び」(ib.) そのものが、もちろん強者にとってだが、快感なのでもあろう。しかし快感が目的だというのではなく、生とはそうせざるをえないものなのだ。生は (と自分で語ったというのだが)、「常に自らを超出しなければならないもの」(ib.) なのである。それゆえ停滞することはできない。したがって「現存在への意志」(ib.) といったものは存在しない。「というのは、存在しないものは意欲することはできない。しかし現存する者は現存するように意欲することなどがどうしてできよう!」(ib., 149) (医者が医者であろうと意欲することはできない)。とすれば、意志は権力意志として、「もっと」、「より高く」云々、すなわち生の上昇・増大を欲する以外はない。それゆえ絶えず超克しなければならない。「もちろん君たちはそれ〔自己超克〕を生殖への意志、あるいは目的・より高いもの・より遠いもの・より多様なものへの衝動と呼ぶ。しかしすべてこれらは一つのことであり、一つの秘密である」(ib., 148) とツァラトゥストラは喝破する。そして「移ろわない善悪などは存在しない」(ib., 149) のであるから、生は常に破壊、そして創造、そして破壊……という営みであることになろう。それがディオニュソスが象徴するものに他ならない。

キリスト教的神、したがって「〈永遠の意志〉」(IV, Z, 3, 日の出前, 209) は除かれている。それゆえ一切の事物は合理的目的のようなものを欠いている。「私は諸事物を目的への隷属から解放した」(ib.) とツァラトゥストラは言う。目的の排除から偶然が前面に出てくる。すなわち「それらはむしろ好んで偶然という足で——舞踏する」(ib.)、「偶然を私のところに来させよ。偶然は子供のように無邪気だ！」(IV, Z, 3, オリーブ山で, 221)。しかしそこでも「少々の理性」、「少々の知恵」(ib., 209) はあるというのは、どういう意味であろうか。世界の経過などについては何ほどか説明のようなものは成り立つが、偶然を含むので、汲みつくせないということであろう。その方が世界は神秘的でもあろう。しかしこれは趣味の問題か。あるいは世界が神学的・合理的・目的論的に整然としている方が神秘的と感じる感性もあるのかもしれない。私は、この点では断然ニーチェ派である。ただしニーチェは偶然に降伏するとか、頭を下げると言っているのではない。権力意志の至上主義はそんなことを許さない。ツァラトゥストラはこう言う。「私は神無き者、ツァラトゥストラである。私はどんな偶然をも私の鍋に入れて煮る。そしてそれがよく煮えてはじめて、私はそれを私の食べ物として歓迎する」(IV, Z, 3, 小さくする徳について, 215)。摂理といったものは存在しないのだから、世界は偶然的であるに違いない。しかし私の鍋に入れるとは、ツァラトゥストラは偶然を私が意志したのだという形で取り込む、という意味である。

さて、権力意志についてここまで考察してきたが、その遠近法的性格、価値評価、解釈などについては『ツァラトゥストラ』に踏みとどまっても（それらについて全然触れられていないということではないが）、『善悪の彼岸』等が与えてくれた洞察以上のものが得られるとは思われない。後は「遺稿」に足場を移さなければならない。ただしここで通り過ぎてしまえない問題、しかも最大の難問が残っている。いうまでもなく、「同じものの永遠回帰」のことである。

3　永遠回帰

この思想はニーチェ自身の証言によれば、『ツァラトゥストラ』の「根本概念」であって、よく知られているように、一八八一年八月、スールレイの近く「人間と時のかなた六〇〇〇フィート」の場所で「到来した」（VI, EH, Z, 1, 335）とされる。この年代に着想されているのだから、言及しなかったが、『悦ばしい知』にもすでにそれは記されている（III, FW, 4, 341, 最大の重し、570を見よ）。永遠回帰の思想の解明は、どこにその糸口が見いだされるのか。「過ぎ去ったものの救済」ということが、永遠回帰という思想の理解に導く鍵だと私は思っているのである。『ツァラトゥストラ』第二部「救済について」と、ほとんど同じ表現が繰り返されるが、より主題的な、第三部「新旧の板について」（『この人を見よ』で「あの決定的部分」（VI, EH, Z, 4, 341）と呼ばれた章）が手がかりになろう。

回帰思想、輪廻は古代から知られていたし、ニーチェはヘラクレイトスを自分の回帰思想の先行者として認めるが、[17] 近代ヨーロッパ人には異教的に違いないし、それを受け容れるにはなお理由が要る。意志の創造的行為、事物に価値を置き入れる行為が問題である。ところが、意志の創造性を歌い上げたツァラトゥストラは、ふと愕然としたように、「意志は後戻りして意欲することができない」(IV, Z, 2, 救済について、180) と語る。意志が創造的であるといっても、未来は意欲が決めることができるとしても、過ぎ去ったものは変更しようもなく、したがって意志は鎖に繋がれているように思われる。しかしこんなことは断じて許容できない。そこで「時間とその〈そうあった〉とにたいする意志の反対意志」(ib.) が目覚める。「過ぎ去ったものを救済し、一切の〈そうあった〉を〈そうあることを私が欲した〉に創りかえること——これこそを私は救済と呼ぶ」(ib., 179, また Z, 3, 新旧の板について、3, 249 も参照) ということが、ツァラトゥストラの見いだした答えなのである。[18]

ここにはニーチェのどんな時間了解が隠されているのか問わなければならない。しかしそれに立ち入らなくても、時間が「逆行せず」(IV, Z, 2, 180)、また過ぎ去ったものは変えられないという常識的でもある了解をふまえたうえでの発言であることが分かる。それゆえにこそ、創りかえると言っているのである。さてまた、この救済は過去にはかぎらない。過去の救済から翻って、創造する意志に「〈しかし私がそうあることを欲するのだ！　そうあることを私は欲するであろう〉」(ib., 181) と言わせる。しかしこの過ぎ去ったこと (現在のことも、未来のことも含めて) を「私がそう欲した」に創りかえることによって救済するとは何を意味するのか。ずいぶんと突飛な考えではないのか！　ツァラトゥストラ自身この思想におののいているようでもある。

これは『星の王子さま』の命令好きな王さまを思い起こさせる。[19] この王さまはすべてを支配しており、すべてが王さまの命令に従って生じなければならない。それゆえ王子さまがあくびをすれば、慌ててあくびを命令する。王子さまは夕日を見たいと思う。そこで太陽に沈むよう命令して欲しいと王さまに頼む。しかし王さまは心優しいひとでもあって、無理な命令はしないのである。「うん、夕日は見せてあげる。わしが命令してやる。だが、つごうがよくなるまで、待つとしよう。それが、わしの政治のこつじゃ」と言うのである。星の王子さまは、この王様は一体何を支配しているのかといぶかる。ここでは過去のことは話題になっていないが、それはかまわないだろう。「私がそう欲した」ということによる救済は、この王さまと同じことをやっているのではないのか。ニーチェの思想が王子さまを呆れさせるようなものであっては困るのである。

過去の創りかえではないが、ある意味で過去の救済は図られてもきた。一つは「悔い Reue」である。悔いといっても二通りあろう。ドジな泥棒が捕まってしまって、「まずかった、あの盗みはやめておけばよかった」と後悔する。彼は本質的には少しも変わらない。しかしより賢い犯罪者にはなるであろう。もう一つは「本当に悪かった」と自分の行為を悔いる場合。通常、私たちが過去の行為に責任を感じるとすれば、何か他のもののせいではなく、その時点で自分の意志で行ったと認めるからである。過去はこういう形で取り戻される（ただしこれでは自分が関与した、またはなしえたと想定される範囲の過去にしか及ばない）。しかしむろんその行為はなかったことにはできない。しかし、ある意味で消すことはできる。悔いることによって、償いによって、または許しによってである。彼はいわば新たな生を始める。こうした観念はとりわけキリスト教的なものだが、世俗的になった刑法でも、その精神は生きているのだと思う。ニーチェはむろん悔いを退ける。許しを与える神さまはいないのだ。その重要性のわりには悔いを論じることは少ないが、ニーチェの「過去の救済」にはこのキリスト教的な観念にたいする敵対も動機の一つになっているのだと思う。

もう一つ、過ぎ去ったものを無くするということがある。いうまでもなく忘れることである。しかし意志して忘却することは難しい。したがって、そのあり方が健忘そのものであるのでなければならない。それは刻々の現在に生き、それを享受し（苦しければ泣き叫び）、将来の予期もわずかしかない、そんなあり方である。これはむろん子供のあり方である。健忘の重要さにはすでに触れた。

しかしニーチェが『ツァラトゥストラ』で悔いと忘却についてここでこの連関で何かを論じたということではない。したがってこの指摘だけにしておこう。

永遠回帰の思想はツァラトゥストラの見た「幻影」としてまず提示される。一つの通用門とそれを挟んで逆方向に走る二本の道が描きだされる（IV, Z, 3, 幻影と謎について、2, 199）。最初は遠くから見ているようだが、通用門から一方は過ぎ去った方向にどこまでも無限に時間が続く。そこからもう一方は未来にどこまでも無限に時間が続いている。この説明として「これらの道は互いに矛盾する」（ib.）というのはいいが、「正面から頭をぶつけあう」（ib., 199f.）という記述は不可解である。なぜなら二つの道は反対の方向に顔を向けているのだから。しかしながら「ここ、この通用門はそれらが出会うところなのだ。通用門の名前は上に〈瞬間〉と標されている」（ib., 200）と続く。「瞬間」はこの不思議なことが生じるところのようだ。

さてしかし、ほんとうは時間を覚知する者は門のところに立って時間を覚知する。というのも振り返ってみる者にとってより近い過去からより遠い過去へ続く時間が存在するからである。しかし彼はまた未来の方向へ眼差しを向ける。すると、近い未来から遠い未来へ時間は続いている。この際、単に形式的な時間が意味されているのではなく、時間のうちに現れる一切の事物が含まれている。しかしここでは、日常の時間、私の履歴を書くときのような、あるいは地球に生物が誕生して進化の過程を経て現在に至ったというような、過去から未来へと一方向へ進む時間に言及されることはない。私たちは近い過去から遠い過去へと思い出を辿ることもあるが、しかしこちらの方が再構成なのかもしれないけれども、過去から未来へと一直線に進む時間に生きてもいる。現前を基準とする時間と出来事の生起にそくした客観的時間とはずいぶん違った時間把握なのだが、二つを重ねて生きている（図1）。ここまででは「正面から頭をぶつけあう」という事態を説明しない。まずともかく続く永遠回帰思想の核心的部分を引用する。ツァラトゥストラは明らかに両側を見る門に立っている。聞き手は自分自身と小びとである。

——「私は語り続けた。「見よ、この瞬間を！　瞬間というこの通用門から一本の長い永遠の小道が、後方へ走っている。私たちの背後には永遠が横たわる。一切の事物のうちで走りうるものは、以前に一度この小道を走ったにちがいないのではないか。一切の事物のうちで起こりうるものは、以前に一度起こり、なされ、走り過ぎたにちがいないのではないか。そして一切がすでに現存したとすれば、お前、小びとはこの瞬間をどう考えるのか。この通用門もすでに現存したにちがいないのではないか。そしてこの瞬間が一切の来る事物を引き起こすというような具合に、一切の事物は固く結ばれているのではな

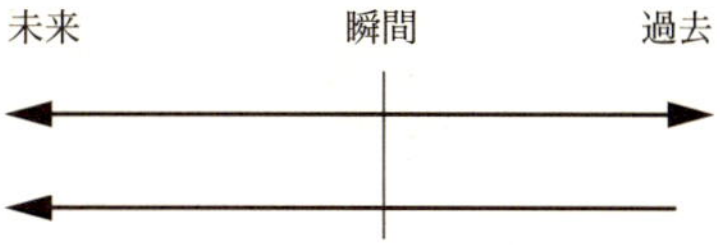

図 1

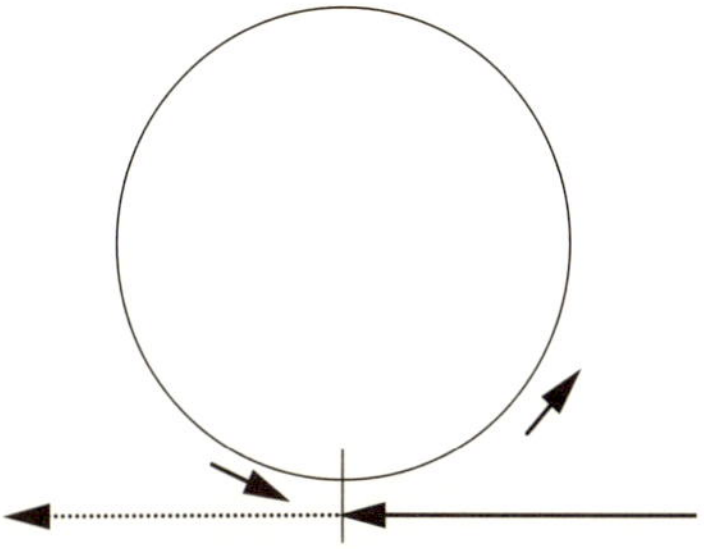

図 2

いか。したがって――瞬間は自分自身をも引き起こすのか。というのは、一切の事物のうちで走りうるものは、この長い小道を外へと――いつか走るにちがいないからである！――そして月光のなかを這うこの緩慢な蜘蛛と、この月光自身と、ともにささやきながら、永遠の事物についてささやきながら通用門に立つ私とお前、私たちもみなすでに現存したのではないのか。――そして回帰し、私たちの前のこの長い恐ろしい小道を通って外へと出て、あの別の小道を走り――私たちは永遠に回帰するにちがいないのではないか。――」(IV, Z, 3, 幻影と謎について、2, 200)。ニーチェはダッシュを多用するひとではあるが、特に多いダッシュはツァラトゥストラがこの思想に圧倒されているように、澱みがちに語っていることを表すようにみえる。

さて、ここには何が語られたのか。将来ありうるもの、起こりうるものは、すでにかつてあったもの、起こったものである。すなわち、すでにあったものが回帰している。いま問題になっているのは、一切の事物である。そして瞬間がその始まりなのである。事は瞬間において決せられるわけである。瞬間が引き起こしている。この事物（ないし行為）をこの瞬間に意欲するなら、それは意欲者に属するであろう。しかしどうして一切の事物になるのか。事物はすべて連関していると考えられるので、一つの事物の成立を欲するのは、それを成立させるために一切を意欲せねばならないということのようである（これだと自分が関与しえない過去も掬い取ることができる）。もう一つ前提がある。時間と時間のうちにある事物は、走ると幾度も言われているように、過ぎ去る、あるいは流れる。ニーチェの基本的考え方として、「〈一切は流れのうちにある〉」（ib., 8, 252）というヘラクレイトス主義が前提にある。さてそこで瞬間自身も一切の事物に含まれる。この瞬間は流れ去る。しかし瞬間がそれとして意欲されるなら、それは失われない。そしてどの瞬間も、その瞬間に起きることも意欲されるゆえに失われない。つまり瞬間の連なりになる。結局すべてがあるがままに肯定される。まだこれで回帰することが説明されたとは思えないし、なおこの文章からは回帰することの理由も見抜けない。実は引用文の少し前に、小びとの言葉として「時間自身が円環である」（ib., 2, 200）と述べられるので、時間の円環性が踏まえられている。それゆえ回帰は時間の円環性によって支持されるのである。ただしぐるりと回る軌道を何度回っても、そして環の大きさにかかわらず、同じ方向を向いていれば、頭をぶつけあうことにはならない。

逆方向に走る時間が「正面から頭をぶつける」という事態を思考するには、未来のところにハイデガーの「自己本来的将来」という考え方を持ち込む以外にはないと思う。『存在と時間』の時間論を私は非常に高く評価している。将来（Zukunft）の根源的現象は「自らを自らへと到来させること Sich-aufsich-zukommenlassen[20]」である。本来の過去、既在性（Gewesenheit）は在ったものへ「帰来することZurück-kommen」である。根源的時間性は、将来から時熟し（zeitigen）、既在性へと帰来し、「初めて現在を目覚ます[21]」。この現在は、「将来と既在性に包まれたまま[22]」、すなわち瞬間である。ハイデガーにおいて根源的時間はこのような到来－既在性－瞬間（現在）という統一的現象である。将来に優位が与えられている。将来（↓）が既在性を掬い取って現在に戻る（↑）ので、たしかに瞬間は尖端が合わさるところである。私はハイデガーのこの時間がニーチェの円環的時間と同じであるなどと主張しているのではない。ハイデガーの根源的時間は、有限であることが明言されているが、円環であるとは言われていないからである。しかしハイデガー自身は今は問題ではない。とりあえず、この「将来ないし到来である瞬間」をここに取り入れ、絶えざる時間の流れ（すでに二つの時間把握が重ねられている）と円環の時間を重ね合わせるならば、逆方向に走る二つの時間が瞬間において「正面から頭をぶつけあう」という事態をなんとか表象できるのではないだろうか（図2）。二つの線の間は本当は空いているのではなく、立体的に重ねて観ていただきたい。

　ツァラトゥストラは超人の教師であるが、超人は将来にやって来る者のように説いているようにみえる。「〈すべての神々は死んだ。いまや私たちは超人が生きることを欲する〉――これが、いつか大いなる正午に私たちの最後の意志であることを！」（4, Z, 1, 贈与する徳について、3, 102）。「いつか」に注意！

　しかしハイデガーを引き入れることによって、将来へと進む時間においてはそれは常にあるいつか将来の出来事であるが、到来する〔将来的〕瞬間という時間においてはそのつどありうる出来事だと解釈することになる。[23]

「永遠回帰」の提示は、ツァラトゥストラに代わりツァラトゥストラの動物たち（鷲と蛇）によってなされる。鷲と蛇はツァラトゥストラがまだ山に籠もっていたときからの従者であり、それぞれ「太陽[24]のもとでの最も誇り高い動物と、太陽のもとでの最も賢い動物」（IV, Z, Vorrede, 10, 27）を表している。ツァラトゥストラの属性の形象化に他ならない。「あなたは永遠回帰の教師だ」（IV, Z, 3, 快癒しつつある者、2, 275）と動物たちに言わせ、理論内容としてはツァラトゥストラの考えそのものであるのに、動物たちにその思想を語らせることにはむろん意味がある。教義として通り一遍に理解するのと（それが動物たちの立場）、本当に自分のものとしてその思想を体現することは非常に違うということなのである。ツァラトゥストラ自身それを主体的に受け容れることが大変困難だということをいやがうえにでも際立たせる仕掛けであろう（その困難は回帰思想そのものに含まれる）。「最も似たものの間でこそ、まさに仮象は最も美しく偽る。というのは、最も小さい裂け目は最も橋渡ししがたいからである」（ib., 272）とはツァラトゥストラ自身の言葉である（この洞察は一般論としても脱帽というところである）。そしてその思想がツァラトゥストラ（ニーチェ）の教義として流布するときの危険を仄めかしているのでもある。ツァラトゥストラは彼の動物たちに「お前たちおどけ者、手回しオルガンよ」（ib., 273）と呼びかけている。

それゆえその危険を承知のうえならば、永遠回帰の理論を動物たちの発言から抽出することができる。

「一切は行き、一切は帰ってくる。存在の車輪は永遠に回転する。一切は死滅し、一切は再び花開く。存在の年は永遠に経過する。一切は破れ、一切は新たに接合される。存在の同じ家は再び建てられる。

一切は別れ、一切は再び挨拶しあう。存在の円環は永遠に自らに忠実である。すべての刹那に存在は始まる。すべての〈ここ〉をめぐって、〈かしこ〉の球は回転する。中間点はいたるところにある。永遠の小道は曲がっている」(ib., 272f.)。これが永遠回帰である。すなわち「すべての刹那に存在は始まる」ので、始めたところにまでぐるりと戻れば環になる。どこから始めても、その点は中間点である、その点から直径を引くならば。しかし環を描くとすれば、どこから始めても、すなわち同じ秩序で帰ってくる。そして一切の事物が「固く結ばれて」(IV, Z, 3, 幻影と謎について、2, 200)、すなわち同じ秩序で帰ってくる。

ところが、そうであれば「卑小な人間が永遠に回帰する」(IV, Z, 3, 快癒しつつある者、2, 274) ということに当然なる。そうであれば、教師であるツァラトゥストラが何を説いても無駄であろう。またそうであれば「あの預言者が予言したこと、すなわち〈すべては同じだ、何事も甲斐がない、知は窒息させる〉」(ib.) ということがまさに真実となる。すべては空しいという思想、すなわちニヒリズムという蛇が喉に入り込んでツァラトゥストラを窒息させようとする。そこで危うく「その頭を嚙み切って、外へ吐き捨てた」(ib., 273)、と回顧される。それは若い牧人における出来事とされている (IV, Z, 3, 幻影と謎について、2, 201) が、事柄を変えない。彼はツァラトゥストラに他ならないから。それゆえツァラトゥストラはニヒリズムの頭を嚙み切ったが、それに力を使い尽くして、回復を待って横たわっているという場面で、動物たちのこの語りがあったのだった。

さて一切は行き、一切は回帰する。ところで各瞬間に (刹那 Nu に) 存在が始まると言われていた。ツァラトゥストラが自分を差し入れるのはここである。なるほど現存するものはかつてあったものだし、あったものはかつてのかつてあったものである。しかし、しっかり留意しておかなければならないが、分かっていることは、もし私が何かをいま行うならば、あるいは何かに遭遇するならば、それは回帰するだろうということだけで、この瞬間には相変わらず未来はオープンであるということなのである。一寸先が闇であることを変えるわけではない――私たちは歴史的存在なので、なすべきこと、なしうることの網が張り巡らされているとしても。それゆえ、この瞬間の私の態度に一切がかかっている。この瞬間をそのようなものとして生きること、永遠回帰思想の本来の受けとめとはこのようなことを意味するであろう。過去の一切も（私の関与が及ばない過去も、これを私が肯定するならば、芋づる式にすべてが連関するゆえ）このような瞬間によって受けとめられたとすれば、一切は私によって肯定されるものとなる。[25] これが頭を嚙み切ったということに他ならない。これはまた「運命愛 Amor fati」(III, FW, 4, 276, 521) と呼ばれるだろう。[26]

永遠回帰についてなお考えるべき問題は何であろうか。それは一方で有限性を強調する思想なのでもある。生は絶えず生成変化する。具体的には、生の過程は誕生・成長・生殖・老化・死である。まだ光を当てなかったので、ここで死の問題を考察したい。回帰するためには、生は終わらなければならないのだから。生にとっては生きていることが至上命令である。しかし、何が何でも生き延びればいいとはニーチェは考えない。生き生きした生でなければならない。それゆえ、自己保存を至上命題とする立場をニーチェは激しく糾弾する。

『ツァラトゥストラ』には「自由な死について」と題された章がある。そこでツァラトゥストラは言う。「私は君たちに向かって私の死を讃える。私が欲するゆえに私にやってくる自由な死を。そして私はいつ欲するであろうか――一つの目標と一人の継承者を持つ者は、目標と継承者にとって正しい時に死を欲する」(IV, Z, 1, 自由な死について、94)。正しい時に死ぬことはなかなか難しい。ある者は早く死にすぎる。たとえば「ヘブライ人イエス」(ib., 95)がそうだ。しかしまた死ぬときには「多くのひとは、自分の真理や勝利にとってふさわしくないほど年老いている」(ib., 94)。名指しではないが、後年キリスト教づいたワーグナーへの憤りが見える。学者・芸術家・政治家等々でも、遅すぎる死は、自らの事跡を裏切るばかりである。正しい時の死は、教師としてのツァラトゥストラにとっては「超人」という目標がはっきりし、弟子が育った時であろう。一般に生命としては子供が立派に成長し、子供を生み育てることができるようになったときでもあろう。正しい時に死ぬことの反対は、「ゆるやかな死と、あらゆる〈地上的なもの〉の忍耐を説くこと」(ib.)、すなわちキリスト教の教えるそれである。

第一部でもあり、ここでは永遠回帰がまだ表に出ていない。それで、「祝祭」としての死、生の「完成」としての死(ib., 93)の教えであるとされてはいるものの、ここで記述されたかぎりでの死は、永遠回帰なしにも成立しうるのではないのか。

『楢山節考』(深沢七郎)のおりんは進んで死を受容する。(27) 口減らしのため、七〇歳になった老人を山に遺棄するのが、貧しい村の掟である。そのクライマックスの場面である。息子に連れられて山に登った「楢山まいり」のその日、おりんの願いどおり、雪が降ってくる。禁を破って駆け戻って、「おっかあ、雪が降ってきたよう」と言う優しい息子。生の完成としての死でもあるし、祝祭性さえ欠けてはいない。

次に考察するのは、まさに永遠回帰とのかかわりでのなかで問題になる「死」である。繰り返されるためには、一旦生は終わらなければならない。「勇気が死を殺害する」(IV, Z, 3, 幻影と謎について、1, 199) と、すなわち勇気をもってという励ましに呼応して、「これが生であったのか? さあ、もう一度!」(ib.) と語られる。これは死に臨んで言う言葉である。その生は凄惨なことも含んでいるはずである。「死を殺害する」というのは面白い表現だが、このように死を積極的に受け止めることによって、なんらかに死を克服することであろう。さていよいよ死ぬべき正しい時だと判断されるとしよう。相変わらず動物たちの言葉として次のように語られる。その時には「あなたは次のように語るであろう。〈いまや私は死んで、消え去る。そして刹那に私は無になる。魂は肉体と同様に死すべきものである。しかし私がそのなかに結び合わされている結び目、諸原因の結び目は再び回帰する、――それは私を再び創造するであろう! 私自身が永遠回帰の諸原因に属する。この太陽とともに、この大地とともに、この鷲とともに、この蛇とともに、私は再び回帰する――新しい生やよりよい生や類似した生へ回帰するのではない。――私はこの同じ、自同的生に (zu diesem gleichen und selbigen Leben) 回帰する、最大のことにおいても、最小のことにおいても。私は一切の事物の永遠回帰を再び教える――」(IV, Z, 4, 快癒しつつある者、2, 276)。回帰するのは同じものだと言われていることはしっかり覚えておこう[28]。この文章で気になる箇所は、「私自身が永遠回帰の諸原因に属する」というところと、その「諸原因」(もう一カ所ある) の複数形である。諸々の原因が結び目を作ることによって、ツァラトゥストラの誕生もその教義を教える活動等々も生じ、自動的に回帰するように聞こえる。それが動物たちの発言だったのだが、それがニーチェが正確に意味させようとしたことだったのだろうか。しかし永遠回帰思想の問題性は私たちにまだ十分明らかになっていない。

さて、個としての生は誕生・成長・生殖・老化・死という過程を通り抜ける。生物は子供を生み、こうして命を継いでいく。新しい生は同じ過程を繰り返す。人間でもこれは同じである。人間集団（共同体）でも同じであると言ってよいであろう。権力意志がすべての生と生の現象の原動力である。超人（自己超克）や自由な死など単なる生命を超える存在仕方を積み込まれているとしても、ニーチェの哲学は生の基盤（肉体的・感性的それ）を離れることはできない。精神や認識といっても、この肉体的・感性的生から遊離することはできない。その意味で現実主義的な傾向をもつ。そこで基盤をめぐる諸問題が存在するのである。そしてこれらの基盤の扱いについて私たちに根本的な選択を迫る。現実主義といっても、ニーチェが馬鹿にする功利主義の哲学なら、始めから快を求める利己的個を認めたうえで、なんとか共存を図り（もちろんやさしくはない）、豊かで、自由・平等な社会を実現するような理論の構築に努める。形而上学的加圧が少ないので、この路線で済む。ニーチェも生を維持（単に維持では困るわけだが）する部分を無視することはできないが、『ツァラトゥストラ』はそれを可能にする社会制度などを組織する理論を期待できる著作ではない。なぜならツァラトゥストラはこう言うのである。「〈これが——まさに私の道である。君たちの道はどこにあるのか？〉私に〈道を〉尋ねた者たちに私はそう答えた。というのは道一般は存在しない！」（IV, Z, 3, 重力の精神について、2, 245）。ツァラトゥストラの言葉は、全く実存的である。

それにしても、生を維持し高揚させなければならないので、ニーチェは政治といった問題について発言しないわけにはいかず、実際、政治的見解はいたるところで吐露される。ニーチェは賤民支配にたいして「新しい貴族」(IV, Z, 3, 新旧の板について、11, 254) を希求する。それは「新しい板に新しく〈高貴〉という語を書く」(ib.) 者のことである。ただし貴族と貴族主義についてはこれまでに論じたので、これ以上は立ち入らない。

生という基盤に関して、子供の問題に一言だけ触れる。生物は存続するためには、子供を生むという形で、命をつないでいくことが必然的である。ニーチェは反近代的に結婚の目的を子供と考えるが、「君たちは生み殖やすだけでなく、生み高めること」(IV, Z, 1, 子供と結婚について、90) を説く。優生学的配慮を説いているのか。確かに、配偶者を選べば、肉体的・精神的資質のすぐれた子供が生まれる可能性は高い。そしてよい環境で、手塩にかけて育てれば、立派な、社会に有用な人間が育つかもしれない。しかし自己超克的人間は、親が生み、育てうるものなのか。ニーチェの大嫌いな自己満足的小市民になるかもしれない。子供を育てるということなら、教育の目標は強い「ラクダ」におかれる以外はないだろう。それゆえツァラトゥストラの言葉は、文字通りの意味では受け取れない。

「精神の三つの変態」としての幼い子供は実存の本来的あり方として理解できる。これは魂の故郷とでも言うべきものであって、それなしには生はまさしく救いがないだろう。それゆえ、それは確かに生の基盤における出来事であるが、生みつないでいくような生を超えるのである。ニーチェにとってただ生き延びるということでは仕方がないのであるが、人間や地上の生命(もちろん終わりはあろう)の存続をできるだけ図るように考えることがとりあえず私たちの責務なのでもあろう。なぜならそれは「生」が創造した稀有な冒険なのではないか！　私の図（一〇五頁）によれば、生み繋いでいく生は一方向に前進する時間に則るということである（これもむろん一つの時間観には違いない）。これはある種の基盤である。回帰する、あるいはたとえ回帰しなくても、「正面から頭をぶつけあう」時間に生きることは、この線をそのつど切断することを意味するのである。超人とはこのあり方に他ならない。

結局「永遠回帰」とは何なのか。権力意志の立場は、絶えざる生成・変化を認めるとともに、ある種の永遠性を確保しようとすること以外ではないであろう。この瞬間を、そのある種の永遠性を生きる教えであるが、それだけでなく、個々のものは生成・消滅するが生全体は永遠だということでもあるが、それだけでなく（ここまでは承認することに躊躇《ためら》いはない）、同じものの永遠回帰であると主張しなければならないのはなぜなのか。

永遠回帰はどこから生じてくるのか。答えは、「ツァラトゥストラはこのように歌った」（IV, Z, 3, オリーブ山で、221）と、歌ったとされる章に見いだされる。「歌」の意味は本書次章を見ていただきたいが、ツァラトゥストラは人々に教説を述べているのではなく、予感的に捉えたものを歌っているのである。「一切の事物の根源は千重である――一切のよい奔放な事物は快楽のあまり現存在のなかに飛び込む。どうしてこれらの事物はそれを一度だけしかしないはずがあろう！」（ib., 219）。つまり権力意志はこの一度かぎりの存在では満足しないのである。そして快楽が存在の回帰を出来させると言われているのである。なぜか。快楽（快）はそれ自身のうちに存在の肯定を含むものだからである。苦痛（苦、苦悩）

はその反対である。「苦痛は語る、過ぎ去れ！　と」（IV, Z, 3, 第二の舞踏歌、286）、「しかし一切の快楽は永遠を欲する」（ib.）。しかしツァラトゥストラ（ニーチェ）は苦痛を、諸々の悪をも排除しない。「快楽は一切の事物の永遠を欲する、深い、深い永遠を欲する」（IV, Z, 4, 夢遊病者の歌、11, 403）と言われるように、権力意志の存在の肯定は苦痛をも包容するほど強いのである。「――というのは、よいものを悪と結びつける塩が存在するからである。最も悪いものも薬味のため、最後の泡立ちのために価値があるのだ」（IV, Z, 3, 七つの封印、4, 289）。言うまでもなく「地の塩」（マタイ伝、5, 13）を踏まえているが、ツァラトゥストラは自分を塩に喩えている。塩は食物に味をつけたり、保存したりするばかりでなく、化学変化の触媒として用いられてきたのである。

　さて、ツァラトゥストラ（ニーチェ）は永遠を欲する。第三部最後の章、「七つの封印」は七つの節からなるが、すべての節の最後は次の繰り返しになっている。「おお、どうして私が永遠を求めて欲情しないことがあろうか。円環（指輪）のなかの円環（指輪）、結婚の指輪を――回帰の円環を求めて欲情しないことがあろうか。私はいまだ子供を得たいと思った女を見いだしたことはない、私が愛するこの女以外には。というのは、私はお前を愛するからだ、おお永遠よ！　というのは、私はお前を愛するからだ、おお永遠よ」（IV, Z, 3, 七つの封印、287, 288, 289, 290, 291）。なぜ「永遠」が女なのか説明はないけれども、単に女性名詞だからというわけでもないだろうが、欲情の激しさは何よりも性愛的なものだということなのか。しかも伝統の男性中心主義的思考においては（ニーチェはそれを公言するのをはばからない）、子供を生むのは本来男性、すなわち人間的形相（意味）を与えるのは男性であるから、永遠の地上的生、大地は女性としてイメージされなければならないのかもしれない。それはともかく、『ツァラトゥストラ』第四部は、執筆や出版ということでも、第三部までとの間に切れ目があるので、この言葉はある結論的言葉なのである。このリフレインはテンポをあげつつ興奮を高めていくようだが、この繰り返しの執拗さからみても、ニーチェがその言葉に置いた重みは察しうる。また永遠への渇望の激しさにも驚嘆する。

第四部では、それから数年が経って、ツァラトゥストラはすでに白髪になっている。確かに雰囲気も少し変わっている。永遠回帰思想は変わらないはずなのに、何が違うのか。つまり永遠回帰は「すべての瞬間に存在は始まる」のだから、私が自覚するどの瞬間であっても成就すると考えられる。理論内容としてはそうだ。しかしこれまでその理論は小びとや動物たちの口を通して与えられていたことを思い出さなければならない。まだツァラトゥストラが直接語ってはいない。また本当にはまだ弟子も獲得されてはいない。ツァラトゥストラへの共鳴者（高等な人間たち）はいたとしても。それゆえ第四部の最初に「私は事業を成就しようとする」（IV, Z, 4, 蜜の供儀、295）と改めて宣言しなければならない[29]。

さて第四部で「永遠回帰」が現れるのは、正午[30]にツァラトゥストラが眠っているとき[31]である。眠っているが、目を明けている、つまり白昼夢ということか。正午は太陽が真上にあって、静かで、一切が明るく、影がない。ツァラトゥストラは眠気に襲われて、「疲れた船が最も静かな入り江に憩うように、──いまや大地の近くで憩って」（IV, Z, 4, 正午に、343）、眠りつつ、「──なんとまあ、世界はまさに完成したのではないか？　丸くなり、熟したのではないか？」（ib., 344）と自分に語る。むろん永遠回帰が暗示されている。ツァラトゥストラはこのような状態に陥ったのだし、永遠回帰は自分の身に起きた出来事として与えられている。通常理解されるような意味で、ツァラトゥストラが意志した、命令したというのではない。永遠回帰は自覚のどの瞬間にも可能なものではあるが、勝手に呼び出せるものではない。[32]世界が丸くなり、熟すこととツァラトゥストラの魂が一体になる出来事なのである。「――いつ、永遠の泉よ！　お前、晴朗な、恐ろしい正午の深淵よ！　いつお前は私の魂をお前のうちに飲み戻すのか？」(ib., 345)、つまりそれは根源へ戻ることと理解されているのである。これが、私の意欲の側面を押し立てたこれまでとは違う雰囲気を作る。ところで眠りのなかでの告知のこの場面はほんの束の間だったことになっているが、まだ物語は続いて、本当の最後に、ツァラトゥストラはしっかり目覚めて「大いなる正午」を迎えることになる(IV, Z, 4, しるし、408)。――ツァラトゥストラが「正午」ないし「瞬間」のうちにあることは、永遠回帰の生を生きていることを意味するのである。本章で私は、権力意志思想から永遠回帰思想がどのようにして導き出されうるか解明に努めたが、それはとりわけ私自身のように永遠回帰を信じることができない者にも開かれた説明の試みにすぎないのである。

「夢遊病者」(IV, Z, 4) のなかに繰り返し現れる、「快楽は一切の事物の永遠を欲する」という言葉が、永遠回帰の鍵に違いない。一切の事物には、一切の苦痛、醜いもの、つまらないもの等々も当然含まれる。永遠回帰は徹底的な存在の肯定の極限の形なのである。キリスト教の教義はその天国と永遠の生をもっている。それは信仰の対象である。それゆえにこの世の生は軽んじられるとニーチェは解釈する。もちろんキリスト教もこの生をいかに生きるかの教えであるのではあるが。ニーチェの永遠回帰を含む生の哲学は、来世の信仰を含むキリスト教の代案に他ならないのだ。一切の地上的生に対して、[33]ツァラトゥストラ（ニーチェ）は「過ぎ去れ、しかし帰ってこい」（IV, Z, 4, 夢遊病者、10, 402、傍点筆者）と言うのだ。

『ツァラトゥストラ』では、自己超克が強調され、永遠回帰でも決断の契機が際立つが、この実存は宙に浮いてはいない。『悲劇の誕生』から『ツァラトゥストラ』までは約一〇年の間がある。『悲劇の誕生』のディオニュソス的なものは、個別化に先立つ生の直接的表出である。『ツァラトゥストラ』は個別的なものへ超出したが（アポロン的なものという意味ではなく、自己超克的実存＝超人へ）、ディオニュソス的なものから生い育ったのである。実際『ツァラトゥストラ』は詩的な作品だけに、他のより理論的な著作よりもディオニュソス的なものの血脈が透けて見える。それゆえ、ニーチェにおける主体性や能動性を生の根源から切り離して捉えるとしたら、全くの誤解なのである。サルトルの実存主義の標語、「あなたは自由だ。選びたまえ。つまり創りたまえ」（投企は常に状況においてではあるが）と同視することはできない。[34]そのことは念を押すまでもないであろう（なお「ディオニュソス的なもの」は本書第五章で扱う）。

第五章　『ツァラトゥストラ』と言葉の問題

一　言葉の問題・言葉への不信

論文、または論文調の理論的著作は、論理的に緊密な思想の構築を目指す。そこにはある正確さがある。ところが『ツァラトゥストラ』のような、主人公やその他の人物が登場して進行する一つの物語、あるいは詩劇のような作品は、思想の表現・伝達に関して全く別種の正確さを備えるのだと思う。思想はいわば肉体を具えているのである！　ニーチェは肉体を重視する哲学者である。

『ツァラトゥストラ』では哲学的思想が表現されているのではあるが、思想内容はその表現と切り離せない。表現の個別的背景を表示することが、独自の正確さと私が呼ぶものである。その思想が誰によって語られるのか（むろんツァラトゥストラが主な語り手であるが、常にというわけではない）、どのような場面で、どんな聴衆を相手に、どのように語られるのかが、そのつど特定されて与えられる。ツァラトゥストラは自分の教義を述べ伝える行脚の旅に出るのだが、自分の教義ばかりではなく、聞き手をも形成していくのである。ツァラトゥストラに耳を貸すかどうかは聞き手側の自由であるけれども、その過程に従って呼びかけの語も変わっていく。最初はたまたまその場に居合わせた聴衆なので、「君たち」と言うだけで、呼びかけがなく、だんだん「私の友たちよ」が比較的多くなる。「第三部」からは「私の兄弟たちよ」という呼びかけが多くなる。「新旧の板について」などは本当に多い。このことから、思想を述べるのではなく、生成の姿において示そうとする『ツァラトゥストラ』の意図が看取される。どのように語られるのかということには、語り手ツァラトゥストラの状態や気分の表明もあるし、それをも含めて、表現の形式の区別というようなことがある。これからの問題であるが、語りと歌、ないし詩という最も重要な区別が私の念頭にある（これは広く言葉の問題への省察を促す。なお、私は歌と詩を区別することはしない）。これらのことはすべて、当然のことながら、理論的著作では削ぎ落とされる。一般的に読者を想定して著述するとしても、一様な、完結した命題の集合を提供するばかりである。『ツァラトゥストラ』において思想は上演されるのである。ニーチェが言おうとしたことと、その表現形式の絡み——これからその点から追究していきたい。

『この人を見よ』のなかで、ニーチェは『ツァラトゥストラ』という作品について語っている。意志の立場、超人、永遠回帰がその中心的テーマであったことは告げられているが、その内容がいわゆる解説風に詳細に説明されているわけではない。『ツァラトゥストラ』の成立の経緯を自伝的に述べ、心理学的に分析して読者に披瀝しているが、その際その思想がどのようにして表現へやってきたか、またその表現そのものにニーチェはもっぱら重きを置いているように見えることが不思議な印象を与えた。そこに着目すると、このテキストは非常に興味深く、示唆に富んでいる。これから『ツァラトゥストラ』

に向かう私の関心は、主にその表現の側であるから。物語の形式をとった、この少しばかり異様な詩的な表現をなぜニーチェは必要としたのか。『ツァラトゥストラ』の表現は、言葉への不信・不満を乗り越えようとしたニーチェなりの対処だったのだし、肯定的思想の、可能な限りで肯定的な表現形式であったはずなのである。『この人を見よ』のテキストから問題をピックアップして、『ツァラトゥストラ』の叙述と突き合わせることにしよう。ニーチェにおける言葉の問題に踏み込む格好の拠り所となるものと思う。

そこで『この人を見よ』を省みなければならないのだが、その前に少し回り道をした方がよいであろう。ニーチェの「言葉への不信・不満」といま私は言ったが、その理由を質す必要がある。哲学者は思考し、それを言葉にしてひとに伝達する。それゆえ本来言葉の問題に無関心でいることはできない。ところがニーチェは自分の文体に相当な自負をもっていた一方で、言葉への不信を繰り返し表明している。「文法的習慣」によって主体をでっちあげるという批判には、すでに言及した（本書第三章）。その不信・不満の類を収集し、その底にあるものを見極めたいと思う。そうすることによって、ニーチェの言語観に迫る手始めとしたい。

ニーチェは、次のように言葉に対する不信をぶつける。「言葉〈語〉は私たちを妨害する！——太古の人々が一つの言葉を提示するところではいつも、彼らは一つの発見をしたと信じた。本当はなんと違っていたことだろうか。——彼らは問題に触れていた。しかしそれを解決したと思い違いすることによって、解決の障害をつくった。——現在どんな認識においてもひとは石のように硬く永遠化した言葉につまずかざるをえない。そしてその際、言葉を砕くより、脚を折るだろう」(III, MR, 47, 53)。確かに私たちは言葉の説明をえると満足してしまって、もう探求もしないし、それを乗り越えるのは困難だということがよくある。また出来上がった言葉が権威となる危険も大きい。

「思想と言葉――ひとは彼の思想を完全に再現することはできない」(III, FW, 3, 244, 514)。この文はこれだけ独立しており、説明も何もないが、次の文章はこれを敷衍し、ニーチェがそう言う理由を教えてくれる。「私たちが自分〔の思い〕を伝達するときには、私たちは自分をもはや十分に評価していない。私たちの固有の体験は徹頭徹尾饒舌ではない。それがそう欲しても、自分自身を伝達することはできなかったろう。体験には語が欠けているから、そうなのだ。私たちがそれに対して語をもっているようなものを、私たちはもうすでに脱してしまっている。あらゆる語ることには一粒の軽蔑がある。言葉は、思うに、平均的なもの、中位のもの、伝達可能なもののためだけに発明された。言葉とともに話者はすでに自らを通俗化している」(VI, GD, 或る反時代的人間の論点、26, 128)。

問題は、思想ないし体験とその表現である言葉との関係である（思想は普通は比較的知的なものを表し、たとえば恐怖の感情のようなものをそう呼ぶことはないとは思うが、今その区別はどうでもよいので、広く心が捉えたもの、体験されたものを一括して扱う）。それは表現なしに完成して心のうちに存在して、そのときにはそれを抱いたひとに固有であるが、それを言葉にすると平均的、中位なものとなってしまう、そんなものだけが伝達可能だ、という不満のようである。言葉は伝わらないという憤懣がそこにはある。思想と言葉の乖離という思いは、何かを言おうと（書こうと）するとき、思想（自分の考えたこと、感じたこと）と言葉を見比べたりできないにもかかわらず、ぴったりしないなあと、次々言葉を探していって、あるところで満足する、あるいは不満足感を残すといったありふれた経験から来るように思う。表現者としてのニーチェの苛立ちはわかるけれども、私秘的思想から公共的言葉へのこの移行が（それ自体かなり通俗的に思われるが）、きちんと突き詰められているようにも見えない。大いに問題がありそうである。

「道徳外の意味における真理と偽り」でニーチェは「言葉は一切の実在の十全的表現か」（I, NS, Ueber Wahrheit und Lüge im aussermoralischen Sinne, 1, 878）と問い、否定的に答える。ただし、言葉についてのこの批判は、もし言葉が実在に完全に客観的に合致するかと問うとすればそう評価されるということに他ならない。しかし芸術と同じようなものとしてはむしろ虚偽であることが肯定的に評価されるという二面性をもっていることに注意しなければならない。一八七三年のこの短いテキストは、ニーチェの言葉や真理についての把握を知るうえでもなかなか興味深い。

それでは、ニーチェは言葉（語）をどう捉えたのか。「語とは何か。神経刺激を音で模写したものである」（ib., 1, 878）という答えがまず与えられる。語がそのようなものであるとして、この規定のどこが問題なのか。「しかし神経刺激から私たちの外にある、ある原因へと推論を進めることは、すでに根拠の命題の誤った、不当な適用の結果なのである」（ib.）とニーチェは言う。「石は硬い」と言うとき、「〈硬い〉ということが、私たちにばかりでなく外でも知られているのであって、まったく主観的な刺激に過ぎないのではないかのように」（ib.）。神経刺激に対応する事物がそのまま存在することはないという議論はおなじみのものであるが、「硬い」という第二性質にあたる刺激だという点をニーチェは問題視していいるのではない。いわゆる実体でもかまわない。「私たちは蛇について語る。この名称はくねることをまさに言い当てるので、蛆虫にもあてはまりうるであろう」(ib.)。蛇(Schlange)とは語源的に「くねる」(schlingen)から来るのだそうである。ニーチェは言葉の「恣意的区画、一つの事物のあるいはこれ、あるいはあの特性の一面的な優遇」(ib., 879)を問題にしているのである。多様な分類の仕方、事物の性質の独自な特筆を伴う言葉がこんなにたくさん存在するのは、客観に対応していないからだと考えられる。それゆえ「語については真理が問題ではない」(ib.)とニーチェは断定する。

しかしどうしてこんな事態が生じるのか。「言葉を造るひとは、事物の人間にたいする関係を表示するだけで、その関係を表現するために極めて大胆な比喩を用いる。神経刺激がまず像のうちに移転される！　すなわち第一の比喩。像は再び音(音声)において模写される！　第二の比喩。そしてそのたびに、一つの全く別の、新しい領域へと、領域の完全な飛び越えが行われている」(ib.)。すなわち、神経刺激→像、そして像→音という二つの比喩によって言葉は成り立つ。実物の一本の木を見る＝目の刺激をえる→木の像を心がもつ、そしてその像に〈キ〉という音が結びつく(ソシュールの実例による充当は私による)。違った領域のものに移されている(というのか、結びつけられている)というのはどういう意味か。生理学的なもの→心的なもの、心的なもの→物理的なものへ、であろう(1)。比喩は類似によって働くものである。第一の比喩は、いわゆる模写説というものであろうが、それら神経刺激と像が類似するというのはむずかしいし、その困難は言い古されている。第二の比喩については、言語学者が言語の恣意性と呼んでいるように、木の像と〈キ〉という音が類似しているとは認められないだろう。

強いて比喩と言うとすれば換喩であって、「キ」という音が固く結びついた別のものを喚起するということになる。日本語には非常に豊富な擬声語や擬態語が存在して興味深いが、それらはおそらくものの心的像とは意識されてはいない（なぜなら素朴な意識が創造したものであろうから）。音や事物のありようの類似物を与えるのであろうが。この比喩説をどこまで真剣に受け取っていいかは分からないが、「樹木、色、雪、花などについて語るとき」(ib.)、「もの自体という謎のX」(ib.)（すなわち人間にたいする関係抜きの事物）を、人間は言葉によってでっち上げている、とニーチェは糾弾しているのである。

この二つの比喩とは異なるが、言葉はそもそも比喩に充ちているということを考えてみよう。「冷たい」はニーチェに従って第一の比喩である。ところが私たちは、壁の色が冷たい、心が冷たい、態度が冷たい、などと言うように、「冷たい」を別の感覚や感覚的ではない領域にも用いている。これは第二の比喩である。というのは、「冷たい」という語は、まず水や風の触感で鋳造され、なんらかの直観的類似性を認めて、別の領域に移しているのだと思われる。このような事例はあらゆる言語に無数に見いだされるだろう。言葉はまず生存の必要に対処するためにあるのだから、この順序は当然だろう。ハイデガーは、「諸意義がさしあたり大抵〈世界的〉である(2)」のはなぜかと問い、私たちは世界の事物のもとにまず存在する、すなわち「投げられた、〈世界〉へ差し向けられた世界内存在の存在仕方をもつ(3)」からなのだという説明を与える。ただしハイデガーは比喩について論じているわけではない。

次にニーチェは概念形成を吟味する。「語が概念になるのは、語が発生をそれに負っている、一回限りの、個別的な原体験にとって何か記憶として役立つべきものだというのではなく、それは無数の、多少とも類似した、しかし厳密にいえば決して同じではない、したがって全く不同な場合にも同時に適合しなければならないものである。すべての概念は、同じでないものを同視することによって成立する」(ib., 879f.)。「一枚の葉は他の葉と全く同じではないのは確実であるように、葉の概念はこの個別的な差異を任意に脱落させ、差異を忘れることによって形成される」(ib., 880)、つまり原体験に与えられる葉っぱは個別的であって、「葉」などというものは存在しない。したがって「自然は形式も概念も、したがって類も知らず、私たちには近づけず、定義できないXのみを知っている。個と類という私たちの対立も、擬人的なものであって、事実の本質から由来したものではない」(ib.)。ただしニーチェは、ここで語は本質に対応しないと断定しているのでなくて、とりあえず不可知だと言っているのである。

中原中也には最晩年にこんな詩がある。(4)

また来ん春……

また来ん春と人は云ふ
しかし私は辛いのだ
春が来たつて何になろ
あの子が返つて来るぢやない

おもへば今年の五月には
おまへを抱いて動物園
象を見せても猫《にやあ》といひ
鳥を見せても猫《にやあ》だつた

最後にみせた鹿だけは
角《つの》によつぽど惹かれてか
何とも云はず　眺めてた

ほんにおまへもあの時は
此の世の光のたゞ中に
立つて眺めてゐたつけが……

ニーチェ的に言えば、普遍詞はこの「にやあ」に等しいのであって、どんな動物にも素気なく「にやあ」と言い、鹿だけには黙って見とれる子供こそ、事柄に正確に適合した態度をとっているのかもしれない。ただし詩人はそれを洞察して、この詩を書いている。

さてそこで、「真理とは何か」とニーチェは問わなければならない。「それは、比喩（隠喩）、換喩、擬人観などの動的一群であり、つまり人間的諸関係の総体であるが、詩的、修辞的に高められ、転用され、飾られ、長い使用の後に、一民族にとって確固とした、基準的な、拘束的なものに思われるようになったのである。真理は錯覚であり、人々は錯覚であることを忘却したのであって、使い尽くされて感覚的な力のなくなった比喩なのである」（ib., 880f.）。比喩から概念は形成される。その根源の忘却によってのみ、概念形成は可能にされる。「あの原始的な比喩世界の忘却によってのみ、つまり人間的幻想の原能力から熱い流動体になって流れ出る根源的諸形象が硬化・凝固することによってのみ、つまりこの太陽、この窓、この机が真理そのものであるという打ち勝ちがたい信念によってのみ、要するに人間が主観であること、しかも芸術的に創造する主観であることを忘却することによってのみ、人間はいくぶんの安らぎ、安心感、首尾一貫性をもって生きることができるのである」（ib., 883）。ニーチェが何より許しがたく思うのは、言葉が無限に豊かな実在を固定してしまうということにある。[5] また何のために原始的な比喩世界を見捨てて概念形成に進まなければならないのかも、ここには言われている。それは結局、生存の必要のためである。とりわけ社会の存続のためである。人間は、「より確固としたもの、より普遍的なもの、より周知なもの、より人間的なもの、したがって規制的、命令的なものとして」（ib., 881f.）新しい世界を造りあげる。それはむろん虚偽である。しかし有効・有用なものである。

ところで、概念形成に先立つ直観の世界もすでに比喩と呼ばれている。それゆえ、それも虚偽なのである。ここで最初の「神経刺激→像、像→音〔音声〕」に返ろう。二度現れる「像」は同じものなのか。

別のものなのか。最初の像は直観的比喩に違いない。第一の像から第二の像の形成のようなことは全く示唆されてはいなかったし、二度言及されても同じもののつもりだったと思う。しかしよく考えてみれば、もし「音」が「ベッカム」や「ミヤケジマ」のようなものであれば、直観的なものに直接結びつくだろうが、「キ」のようなものであれば、二番目の像のところに概念が成立して音と結びついている。これはもはやニーチェが嫌う言語記号（一般名）である。直感的像から概念は形成されるのであるから、二度の像の間にはその転換がやはり含まれているのである。そして概念は直観ではないが、音が結びつく概念には事例として直観が与えられうるものと全く抽象的なものまでさまざまであろう。

語は一般名でも、固有名でも、伝達の道具として使用するかぎり、事物に対する支配を確立するものである。ニーチェがここでそう述べているわけではないが、そういう考えをニーチェから引き出すのは無理ではない。「西ナイル・ウイルス」という名を与えることが、その熱病を制圧する第一歩であろう。また、「ライ病患者」、「テロリスト」といった言葉でひとを名指すことのもつ暴力性を私たちはよく知っている。固有名は一般名のようにその対象の「何であるか」を示さない、つまり概念化を含まないが、客観化を全然含まないということはない。その個体は刻々変化しているに違いないのに——万物は流転するのに、同一と見るのだから。個別性が問題になるような対象、たとえば人物を掌握するには、名前を知ることが必要であろう。言葉は権力なのである。それゆえ名前のタブーということが知られている。グリムに「ルンペンシュティルヒェン」（ぶらぶら竹馬）というお話がある。粉引きの美しい娘が、小びとの力を借りて王さまと結婚する。一番初めの子供をあげるという約束で。子供が生まれたので、小びとは子供を受け取りに来る。ところが、自分の名前を言い当てることができれば、子供は置いていってやるというのだ。王妃はふとしたことで、彼の名前を知ってしまい、名前（ルンペンシュティルヒェン）を言い当てると、小びとは姿を消してしまうという話である。[6]

「概念の建物を建てるために働くのは、私たちが見たように、根源的には言葉であり、後の時期には科学である」(ib., 2, 886)。この建築は営々と推し進められる。しかしそれがすべてを蔽いつくすわけではない。「比喩形成へのあの衝動、人間のあの基礎的衝動」(ib., 887) が全く「強制され、制御されて」しまうことはない。科学へ向かう働きが理性と呼ばれるとすれば、それに対立する働きは直観である。後者からは芸術が生まれる。人間ならば、理性的人間と直観的人間の対立である。両方が人間の歴史を貫いて働いているが、どちらかが特定の人間、特定の民族、特定の時代に強く現れたりもする。ニーチェによれば、「両方とも生を支配しようと欲する」(ib., 889) のだ、すなわち「理性的人間は、慎重さ、賢さ、規則正しさによって重大な困難に対処することによって、また直観的人間は〈歓喜にあふれた英雄〉として困難を無視し、仮象や美へと偽装された生のみを現実的と受けとることによってである」(ib.)。ニーチェは古代ギリシア人を念頭に置いて述べている。どちらも虚偽であっても、芸術の側にニーチェの共感があるのは明瞭である。ニーチェはここで詩については論じてはいないが、語を用いるけれども、根源的比喩形成に関与するようなもの、すなわち詩が重要になるであろう。

二　「歌うこと」と「語ること」

ツァラトゥストラが詩人であること、また詩人の使命をどう捉えたのかについては本書第四章注18、第六章の冒頭を参照していただきたい。詩人を理解するためにも、いよいよ詩の問題に踏み込まなければならない。まず、予告したように、『この人を見よ』の『ツァラトゥストラ』の節を言葉の問題に的を絞って見ていこう。

『ツァラトゥストラ』の成立について、例の中心思想「永遠回帰」の到来（本書第四章一〇〇頁を見よ）を述べたあとに、非常に注目すべき発言が見いだされる。「前兆として、突然、最も深いところで決定的に私の趣味が変化した、とりわけ音楽においてそうであったことに私は気づいた。ひょっとして『ツァラトゥストラ』全体を音楽と考えていただいてもよい――たしかに、聞く技能が再生したことが、あの作品の前提条件であった」（VI, EH, Z, 1, 335）。詩は哲学に先立つが、さらには詩には音楽が先立つと考えられている。まさに音楽の精神から詩が、『ツァラトゥストラ』が誕生したのである。そしてとりわけ音楽は聞く技能にかかわるとされているのも見逃せない。実際にニーチェはこの時期に集中的に作曲をしたようだ。

『ツァラトゥストラ』第一部は一八八三年二月に公刊されるが、八一年八月ジェノア近くのラパロ湾で過ごして、海を見下ろす道を散歩したとき、「『ツァラトゥストラ』第一部の全体、とりわけツァラトゥストラ自身が典型として私の心に浮かんだ、より正確には彼が私を襲った……」(VI, EH, Z, 1, 337) とニーチェは回顧している。また、『ツァラトゥストラ』の「懐妊期間は一八カ月」(ib.) だったとも述べる。ツァラトゥストラという思想が「私を襲った」という証言、思想は訪れるものだというのは正鵠をえた理解だと思う。思考するとき、漠然とでも問題の領域が区切られていて、そのあたりを繰り返し徘徊することが必要だし、またそのことに大いに努力を払うかもしれないが、すでにニーチェが言っていたように、「思想は〈それ〉が欲するときにやってくるのであって、〈われ〉が欲するときにではない」(V, GB, 1, 17, 31) という事情にある。そしてそれが音楽として聞くことによって生起したことになる。この音楽→詩→哲学という連関はただちに『悲劇の誕生』を喚起させる。それゆえこのテキストをやがて参照する必要も生じよう。

「ツァラトゥストラが私を襲った」というのはどんな事態だったのだろうか。ニーチェは昔の詩人たちの言う霊感(インスピレイション)とか、啓示ということを持ち出し、次のように自分自身の体験の事実を披瀝している。少し長いが、圧巻と言うべきところなので、その箇所を訳出する。

「啓示という概念は、突然、言い表しようもない確かさと絶妙さで何かが、ひとを最も深いところで動揺させ感動させる何かが見えるようになる、聞こえるようになるという意味だが、それは単純に事実を記述しているのである。聞くだけで、探さない。受け取るだけであって、そこで誰が与えるのかと問いはしない。稲妻のように思想がきらめく、必然性をもって、躊躇《ためら》いを許さぬ形で——私は決して選択などしなかった。これは一つの恍惚そのものである。その巨大な緊張は時には涙の流れに溶解し、足の運びがひとりでに時には速く、時には遅くなる。完全な忘我のなかで爪先にまで無数の繊細な震えとぞくぞく感を明晰に意識している。これは一つの幸福の底であり、ここでは最大の苦痛や憂愁も妨げとして働くのではなく、必至なもの、招かれたものとして働き、そのような光の充溢のなかでの必然的な色として働く。これはリズム的諸関係を捉える本能だ。その本能はさまざまな形の散在する広大な空間を被う——いろいろな長さ、すなわち遠くまで張り渡されたリズムへの要求がいわば霊感の威力の尺度であり、霊感の圧力と緊張にたいする一種の調整である……すべてが最高度に非自発的に生起する、しかし自由‐感情の、無制約性の、力の、神性の嵐のなかでのように……像と比喩の非自発性は最も顕著なものである。像や比喩が何であるかという概念はもはやなく、すべては最も近い、最も正しい、最も単純な表現として提示される。ツァラトゥストラの言葉を思い出せば、本当に、事物自身がやってきて、比喩になって目のまえにあるというふうに見える。（——〈ここではすべての事物がお前の語りのほうに愛嬌よくやってきて、お前に媚びる。というのも、それらはお前の背にのって駆けたいからである。どんな比喩によっても、お前はここではどんな真理へも導くことができる。ここではすべての存在の言葉と語の宝庫がお前のために扉を開く。すべての存在がここでは語になろうとしている。すべての生成がお前から語ることを学ぼうとしている〉——）。これが私の霊感の経験である。〈それが私の経験でもある〉と私に言うことができる誰かを見いだすためには、数千年を遡らなければならないことを、私は疑わない」（VI, EH, Z, 3, 339f.）。

ここには根源的言葉（詩）の経験が語られている。「すべての存在がここでは語となろうとしている。

すべての生成がお前から語ることを学ぼうとしている」と。何かを直観的に形象化し、さらに言葉化するなどという過程は存在しない。またその際、言葉にすることを意志（恣意）が統括するなどということはない。ニーチェが先ほど否定的に述べた二つの比喩（神経刺激↓像、像↓音）の影もない。

まず啓示について、もう少し正確に検分しよう。何かが突然見えるようになるのだが、そして見えるのは形象なのだろうが、それがそこで聞くことと並べて言われている。というより、聞くことのほうが根源的のようである。気づくこと・気づかせることが音・声によってなされるのは（叫ぶ。場合によっては触れてもいい）、直に肉体に衝撃を与えるからであろう。そしてこのことは肉体が物理的環境に開かれているからである。目でも同じだと反論されるかもしれないが、目は開いていて、注意しなければ見ないものだし、見えているということ自体には目で見ているということは、聞くことや触れることの場合のようには現在していないように思う。もちろんここで五感の区別などが論じられているのではなく、肉体全体において全部の感覚がいっぺんに働くには違いない。

ここで、少し前に、ツァラトゥストラを理解するには、「彼の生理的前提」、すなわち「大いなる健康」(VI, EH, Z, 2, 337) を理解しなければならない、とニーチェが言っていたのを思い出す必要がある。健康とは生命のある状態であり、もともと肉体に属する。この肉体の状態はニーチェにとって創造力と非常に関係があるのである。思考の肉体性は単に机上の空論ではなく、個人的な経験なのでもあった。ニーチェは『ツァラトゥストラ』を猛スピードで書き上げたことを述べてから（第一部、第二部、第三部の構想にそれぞれ一〇日間、三部までを書き上げるのに一年以下、ib., 4, 341）、「〈新旧の板について〉という表題のあの決定的部分は、ニース駅から素晴らしいムーア人の岩城エーツァへの難儀な登坂の間に詩作された。——筋肉の軽快さは、私の場合、創造力が最も純粋に溢れ出るとき最大であった。肉体が霊感を受けているのだ。〈霊魂〉は度外視しよう……。私がしばしば踊っているのが見られただろう」(ib.)と告白している。これほど極端でなくても、肉体の爽快感と妙に思考が進むことが結びつくことはあるような気がする。ニーチェは病気がちで、始終さまざまな不快な症状に悩まされたので、そんな時にはものなど考えられないのは確かだし、それが拭い去られた時期に思想が一気に噴出するのかもしれない。それはともかく、ニーチェは肉体の状態は思考する(哲学する)と主張するのである。それは彼の哲学の重要な部分でもある。

さて、言葉の生成(それは思想のそれであり、物事の形象、比喩の生成である)は、肉体的出来事である。忘我において、ということは、統覚的意識はさしあたりスイッチをオフにされている。詩のリズムは、音の強弱や長短が周期的に繰り返されるとか、等時の音と休止が繰り返される(五・七・五などの日本の定型詩)ことでできているが、同じような仕方で、声を発し、何か打楽器となるものを敲《たた》き、体を揺さぶり、手や足を動かせば、音楽となり舞踊となるであろう。それは生(実在)のリズムに感応しているのだ。リズムは自然に遍在している。ニーチェはここではそんなことを述べていないが、肉体的には心臓の拍があり、呼吸に一呼吸があるということが詩や舞踊のリズムを作ることの基礎となっているのに違いないのである。(7) 生のリズムの感得とリズムによる象《かたど》りが音楽の最も基層にあるとニーチェは考えているのだと思われる。

それゆえ『ツァラトゥストラ』は詩作品である。ニーチェは「ここでは私の〈ディオニュソス的〉という概念が最高の行為となった」(VI, EH, Z, 6, 343) と述べている。では「ディオニュソス的」とは何を意味するのか。ツァラトゥストラを「一切の存在者のうちで最高の種」(ib.) と讃える性格づけにそれは看取される。それは『ツァラトゥストラ』第三部、新旧の板について、一九節（二六一）の再録である。

——最も長い梯子をもち、最も深く降りていくことのできる魂、
自らのうちで最も遠くまで走り、迷い、彷徨することのできる魂、
喜んで偶然のうちに突入する最も必然的な魂、
生成へと意志する存在する魂、意欲と願望のうちへと入って意志する所有する魂——
自分から逃げ去り、最も広大な輪を描いて自らに追いつく魂、
痴愚の言葉を最も甘美なものとして勧める最も賢明な魂、
自分自身を最も愛し、そのうちに万物の奔流と逆流、上げ潮と引き潮を内蔵する魂——
しかしこれこそ、ディオニュソスの概念そのものである (VI, EH, Z, 6, 344)
（ただし『ツァラトゥストラ』では、この箇所にこの最後の説明文はない）

いちいちその語句をあたるまでもなく、これまでの解明から意味は理解されよう。むろん権力意志も運命愛も永遠回帰も含まれている。その特徴は、正反対なもの、矛盾するものを排除せず、また均《なら》し

てしまうことなく包摂する精神と言えるだろう。最極端なものを容れる、この危うい二重性がニーチェ哲学の最大の魅力なのだと私は思う。直後に出てくる「最も重い運命」を担いつつも、「舞踏者」(ib., 345) であるとか、「一切に否《ナイン》」を言いつつ「一切の事物に永遠に然《ヤー》りを言う」(ib.) というのも、同じ性格を表す。私はすでに超人は自己超克というあり方そのものであり、実質的規定ではないと言ったが(本書第四章二の1)、これらの性格づけは実存論的である。つまり何をすることがこれらの諸規定を充たすのかは、たとえ表現は形象的で詩的に響くとしても、相変わらず全然言われてはいない。

その後でニーチェはツァラトゥストラの言葉の表現に触れる。『ツァラトゥストラ』は全体が詩であるとしても、そこには表現形式として本来の歌(詩)の部分とツァラトゥストラが教説を語る部分とがある。さて、「そのような精神は、彼が自分ひとりで語るとき、どんな言葉を語るのか。ディテュランボスの言葉だ。私はディテュランボス(酒神頌歌)の発明者だ」(VI, EH, Z, 7, 345) と言い[8]、その実例として『ツァラトゥストラ』第三部の「日の出前に」の彼の独白を挙げ、第二部の「夜の歌」全体を引用している。「自分ひとりで語る」という点に留意しなければならない。最も重要とみなされている歌は、基本的に孤独な魂の表白であるが、教義の伝達は通俗化を引きずり込むという考えがニーチェにはあるようだ。ニーチェの詩についての把握は、独白としての根源的な詩とそこからの頽廃という筋が貫かれている。重要な洞察を含みながら、もっぱらこの局面だけで考えるのはやはり偏狭さ、一面性を免れないと思う。しかしこうした問題はもうしばらく後回しにしたい。

ここでまず、歌うことが語ることと対照的に捉えられることを確認しておく[9]。「七つの封印」の七番目（IV, Z, 7, 291）に、「鳥の知恵」の言葉として次のように言われている。「見よ、上もなく、下もない。あちらこちらへとお前を投げよ、かなたへ、また後方へと、お前、軽い者よ。——あらゆる言葉は重いもののために造られたのではないのか？　軽い者にとってはあらゆる言葉は嘘をつくのだ！　歌え！もはや語るな！」(ib.)。ツァラトゥストラはいまや飛ぼうとしている（軽さを表すのは、踊りでもある）。「舞踏者ツァラトゥストラ、軽い者ツァラトゥストラ」（IV, Z, 4, 高等な人間について、18, 366 参照）。歌うこと（歌）は軽いものと、語ること（言葉）は重いものと結ばれている。重いものには日常の生の諸々の労苦や道徳の枷が含まれ、そのもとに生きるひとは重い者であろう。

では、ディテュランボスとはどのようなものか。「夜の歌」が、その実例である。ここではディオニュソス＝ツァラトゥストラが自分の悩みを歌っている。「光の充満ゆえに、彼の太陽の本性ゆえに、愛することができないように定められた、不死の嘆き」（VI, EH, Z, 7, 345）の歌なのだ。

歌はこんなふうに始まる。

> 夜だ。今すべての湧きいでる泉が声高く語る。そして私の魂も一つの湧きいでる泉。
> 夜だ。今愛する者のすべての歌が目覚める。そして私の魂もひとりの愛する者の歌。
> Nacht ist es: nun reden lauter alle springenden Brunnen. Und auch meine Seele ist ein springender Brunnen.
> Nacht ist es: nun erst erwachen alle Lieder der Liebenden. Und auch meine Seele ist das Lied eines Liebenden.

冒頭の「夜だ」という語句と同じ構造の詩節の繰り返しと、-n の脚韻は私の耳にも快く響く。しかしドイツ詩の韻律（押韻とリズム）を分析する訓練は欠けているので、火傷するといけないので、そのような分析に手出しするのは止めておく。

では、何が歌われているのか。彼は光である。太陽である。彼はいま燃え出ようとしている。彼は光を投げ与える。彼が愛を求めるものは、暗いもの、夜めいたものである。彼が光を投げ与えるとすれば、暗いもの以外にではないであろう。今は夜である。煌々とした太陽の光は夜を追い払ってしまうので、暗いものを暗いままに所有することはできない相談であろう。彼は贈与するものである。しかし、彼らは光を受け取りはするものの、その魂に届いているのか。受け取ることと、与えることの間には溝がある。贈与する者の渇望と飢え、孤独は募る——という歌である。ニーチェはいつも贈与することはその能動性ゆえに是として、受け取ることはその受動性ゆえに、ネガティブに考える。受け取る者が受け取ることをそう考えないとすれば、卑しいということなのだろう。したがって愛する者に卑しくあることを強要することになるから、相愛というのは無理な構造なのだと思われる。権力意志の立場を貫くということは、それを引き受けることであろう。

「夜の歌」は『ツァラトゥストラ』第二部にある。「夜の歌」の次の章には「舞踏歌」がある。それを見れば彼が愛し求めるものは、生に他ならないことが分かる。「心から私は生のみを愛する」（IV, Z, 2, 140）と訴え、生の「底知れなさ」が強調される。これまでツァラトゥストラは認識者として（もちろん詩人としてだが）振る舞ってきた。それゆえツァラトゥストラはやはり知恵も愛している。そこでこの歌は「生」

と「知恵」という二人の女との三角関係のような場面である。すでに触れた「七つの封印」の歌のリフレイン、「というのは、私はお前を愛する、おお永遠よ」は永遠回帰の自覚を歌っている。この時点まででくれば、「私」の生への愛、意志が相変わらず前面に出ているとしても、認識・知恵が生の機能として（しかし認識・知恵が生に敵対的になる危険も絶えずある）、全体が生の自己把握に他ならないことがはっきりする。それにもかかわらず自覚は常に個別的実存の問題であることには変わりない。個が、生が自らを明らめるところなのだ（本書第四章の最後に取り上げた「正午に」の章はそのことを教えている）。

ニーチェは「私はディテュランボスの発明者だ」と語っていた。ニーチェには「ディオニュソス頌歌 Dionysos-Dithyramben」と題された一群の詩がある（VI, 377-410）。しかし実際、ほとんどが『ツァラトゥストラ』のなかの歌である（詩句にわずかの変更があるものもある）。それゆえ、それらが「ディオニュソス頌歌」なのだということだけは知っておく必要がある。

ところで『悲劇の誕生』の時期に、音楽と言葉について論じた比較的まとまった遺稿がある。論述が錯綜していてかなり難解であるが、参考になるところを抽出してみたい。ニーチェは音声と形象（および概念）の結合の最初の場面を取り上げる。なんらかにその結合にかかわる、言葉、音楽、抒情詩が考察される。「絶対音楽が考えられうるずっと前に」、「あらゆる民族の音楽はあくまで抒情詩と結びついて始まる」（VII, NF, 360, 1871 初め）とニーチェは言う。この音楽と抒情詩の結合は、「自然によって模範を与えられた言葉の本質における二重性」（ib.）、すなわち、言葉における音声と形象の結合を模範として形成される。

では言葉とは何か。以前に述べられたことを思い出すなら、音声による事物の像的模写である。言葉は事物を表すのだが「語と事物はまた必然的に一致するのではなく、語は一つの象徴である」(ib.)。それゆえそれは「表象」にすぎないわけである。そうだとすれば「語－象徴は、世界もろとも、私たち自身がその模造であるあの最も内的本質にどのように対応するというのか。私たちは表象としてだけあの核を知っている、その像的表出においてのみそれを熟知している。その他には核そのものに私たちを導く直接的な橋はどこにもないのだ」(ib.)。それゆえそれ自体は「私たちに全く解明できないもの」の表象のみを私たちは知っているのだが、その表象の領域には「快と不快の感覚」が現れ、「決して欠けることのない基礎低音として他のあらゆる表象に伴う」(ib., 361)。ニーチェは「このあらゆる生成と意欲を私たちがそれから、またそのもののもとに理解するこの最も普遍的な現象形式は、それに〈意志〉という名を確保したいと考えているが、言葉のうちにもその固有の象徴的領野をもっている」(ib.)と言う。そして「すべての快・不快の度合い――私たちに透視できない一なる根源の表出――は話し手の音声に象徴化されるが、残りの表象全部は話し手の身振り象徴法によって表示される。あの根源がすべての人間に同一であるかぎり、音声という基底も普遍的であって、言語の相違を越えて了解可能なものである。

この基底からより恣意的で、その基礎には完全には対応しない身振り象徴法が発達する。それとともに言語の多様性が始まる。その多様性は比喩的には歌詞が快・不快言語のあの原旋律のうえにあるようなものとみなしてよいであろう」(ib.)。ニーチェがここで身振り象徴法と呼んでいるものは何だろうか。語が人間の口から出てくる場面を考えて、ニーチェは次のように言う。「子音的なものと母音的なものの全領域を私たちは身振り象徴法に他ならないとみなすことができると信じる――子音と母音は、とりわけ必要な基礎音声なしには言語器官の位置に他ならない、つまり身振りに他ならない」（ib.）と。ここで私は、言語学の教科書にあるような頭部と口腔の解剖図を思い起こす。各器官の部分の位置、その働かせ方によって母音と子音の区別が作られるが、すでにその用い方は言語によって違いがあり、たとえばどんな種類の子音や母音を用いるかは言語によって異なり、さらに生み出される象徴が何を象徴するのかはおよそ多様となる、といったことが考えられているのだと思う（通常の身振りについての言及はない）。

さて、この象徴法にそって音楽と抒情詩が考察される。音楽の発展はこの〈意志〉を「ますます十全な象徴的表現にもたらす」（ib., 362）が、抒情詩は「音楽を像に書き換えようと努める」（ib.）。その際「音楽は自らのうちから像をうみだすことができるが、それは像といっても常に図式にすぎない、つまりそれ本来の普遍的内容のいわば事例にすぎないであろう」（ib.）。十全な象徴的表現であるとしても、音楽の音というのはそのようなものであるというわけである。確かに視覚的像のような分節性を備えることはないだろうから。では音楽の根源はどこにあるのか。ニーチェは「あらゆる生成がそのもとに理解される最も根源的現象形式としての意志」（ib., 364）と生成そのもの（もちろんこれもやがては「意志」と呼ばれるであろうことは別として）を区別しているのである。それゆえ現象形式としての「意志はしたがって音楽の対象であって、その根源ではない」（ib., 364）ということになる。そうではなくて音楽の根源は「〈意志〉の形式のもとに幻想や世界自身を生み出すあの力の懐にある」、すなわち「音楽の根源はあらゆる個別化の彼岸に横たわる」(ib., 365)。つまり根源は生成そのものである。音楽はこの根源(いまだ不定形なもの、個別化されてないもの)からじかに生じる。それゆえディオニュソス的と言われるのである。〈意志〉が音楽の対象であるということは、音楽は「自然の模倣であるが、自然の最も普遍的な形式の模倣」(ib.)だという意味である(具体的には何を考えているのだろうか。メロディとリズムとして現れるようなものが、自然の動態には遍在しているということではなかろうか。たとえば高低、上昇・下降、休止、繰り返し等が音楽において出現するのは、自然の生成・運動の模倣なのであろう)。

ところで、この現象形式としての〈意志〉は諸々の表象と感情に満たされている。しかし感情は音楽の直接の対象ではない。音楽にはそんなことはできない。それは抒情詩の仕事である。したがって抒情詩が与えるのは像(イメージ)だけではなく、感情もそのエレメントであろう。「抒情詩人は概念的、像的には近づき得ない〈意志〉のあの領域を、すなわち音楽の本来の内容であり、対象であるものを感情の比喩世界へ翻訳するのである」(ib., 364)。抒情詩については、音楽の場合のように、あの根源との直接的紐帯が指摘されてはいない。ところで最初に述べられたように、最初の音楽は抒情詩と結びついている、つまり声楽なのであるが、音楽がもともとこのようなものであるから、「言葉の内容が聞きとれず、普遍的な音響の海に没する」(ib., 368) ということが起こっても、それは「抒情的歌の起源に唯一ふさわしい」(ib.) のである。したがって「ディオニュソス的芸術は聴衆への顧慮を知らない」(ib.) のである。「抒情詩人は〈小鳥が歌うように歌う〉、ただ一人で、最も内的な必要から〔……〕」(ib.)。それでは抒情詩人とは何者なのか。「音楽を像と情念の象徴法によって自らに解き明かさなければならないが、聴衆に伝える何ものももたない芸術的人間である。しかも完全な陶酔のなかで、誰が彼の近くで聞き入っているか忘れてさえもいる」(ib., 369)、そういう芸術的人間である。根源的意味での歌はこのようなものである。『ツァラトゥストラ』においてツァラトゥストラが自分ひとりで語るところ、または歌うところで、すなわち言葉の根源的場面で、ニーチェがなぜ伝達を拒否したのか、私たちははっきり理解する。抒情的歌、それは忘我の境地である。一人の詩人が歌っているとしても、個人としての詩人などは問題になってはいない。そしてやはり忘我で聞き入る、またはともに歌う人々がそこにいることを妨げない。それゆえ、ことさらに伝達など必要ないのである。

以上のように、ニーチェにとって詩人は特別な存在である。彼自身詩人でもあるが、詩人のあり方を見据えるニーチェは、ただの詩人ではありえない。「私がいまだ詩人であらねばならないのを恥じる」(IV, Z, 3, 新旧の板について、2, 247) とツァラトゥストラに言わせるニーチェなのでもある。詩人は「浅い海」だというが、深いものを浅いところにもたらすゆえにこそ、哲学者はそれを追思できるのである。しかし内に詩人と哲学者を抱える魂は平和であるとは言いがたいに違いない。

三 『悲劇の誕生』より

たったいま音楽と抒情詩の始まりから「忘我」と「陶酔」という言葉が浮かび上がるのを見たが、これらはニーチェ哲学のうちではおなじみの概念であろう。すなわち忘我と陶酔を含む「ディオニュソス的」ということは『悲劇の誕生』の根本主題であるので、この著作をここで省みないわけにはいかない。言葉の問題ないし、音楽・詩・哲学の連関に若干の洞察をえるためである。普通の意味では『悲劇の誕生』は言語論の書だとは言えないのであるが（取り上げた一八七一年の遺稿は『悲劇の誕生』と抒情詩と音楽の関係を全く同じに把握しているのかは判然としないが、追究しない）。

『悲劇の誕生』は、「ディオニュソス的」と「アポロン的」という有名な対立概念の鋳造によって、「アッチカ悲劇というディオニュソス的であるとともにアポロン的である芸術作品」（I, GT, 1, 26）の成立を説明する。悲劇そのものの解明が目的ではないので深入りはできないが、それは舞台芸術である一つの芸術のジャンルの成立であるばかりでなく、詩というものの成立とダブらせることができるのだと思われる。それどころか、人間的生の最も根源的経験を表現するものと理解される。これは私の特別な洞察などではなく、『悲劇の誕生』の大方の読者は、単に悲劇の成立を論じた著作だというのではなく、そう受け取ったし、受け取るのだろうと思う。それゆえ許しがたい逸脱として出版当時、古典学者たちの不興を買ったのでもある。

さて、「ディオニュソス的なもの」と「アポロン的なもの」は対立的な性格を示すが、両者とも自然ないし「根源的一者」から生まれ出ている。「ディオニュソス的なもの」と「アポロン的なもの」は、「二つの衝動」（ib.）と呼ばれているが、それぞれ「生理的現象」である「夢と陶酔」（ib.）から私たちには近づかれるという。アポロン的なものは、夢で代表されるように、仮象、形象を生み出すものである。それゆえアポロンは造形の神である。アポロンは「光明の神」（ib., 27）であって、「個別化の原理の壮麗な神々像」(ib., 28) を生み出す。それにたいして、ディオニュソス的なものは陶酔なので、「個別化の原理は破れ」(ib.)、「主観的なものは完全な自己忘却に消える」(ib., 29)。それゆえ「ディオニュソス的なものの魔力のもとでは、人間と人間の間の絆が再び結び合わされるばかりでない。疎外され、敵視され、抑圧された自然が、彼女の逃げ出した息子、人間と再び和解の祝祭を祝うのでもある」(ib.) とされる[10]。では、ディオニュソス的なものとアポロン的なものとの関係はどうなっているのか。対立的ではあるが、どちらか一方でも欠くことはできないように絡みあっているとすれば……。

ただちに気づくことだが、『ツァラトゥストラ』では、私たちは光明の神としてのディオニュソスに出会った。しかし『悲劇の誕生』ではアポロンが光なのである。ディオニュソス的なものは、個別性を欠き、むしろ暗い。『悲劇の誕生』は二元対立的な把握が強いが、その二元であるものは両者とも一つの根源から生え出ている。二つの著作の間には時間の隔たりがあるので、無理に整合させなくていいのだが、『ツァラトゥストラ』のディオニュソスは『悲劇の誕生』の自己忘却的なディオニュソス的性格をもっているのだけれども、アポロン的なものを含んで一元的な把握になっているのだと思われる。ディオニュソス的なものは根源的な創造的力であり、創造はなんらかに形象を生み出すはずなのだが、そこのところを特筆してアポロン的と呼ばないだけなのである。

『悲劇の誕生』ではニーチェはディオニュソス的なものとアポロン的なものの両者を「人間的な芸術家の媒介なしに、自然自身から迸り出る芸術的力として」(I, GT, 2, 30) まず提示する。すなわち「一方はその完全性が個人の知的高さや芸術的教養と関連しない、夢の形象世界として、他方はやはり個人を顧みず、個人を破壊さえし、神秘的な一体感によって救済しようとする、陶酔的現実として」(ib.) である。それゆえ、芸術家の方が自然の「〈模倣者〉」(ib.) である。そこで、すべての芸術家は「アポロン的夢の芸術家か、あるいはディオニュソス的陶酔芸術家か、あるいは――たとえばギリシアの悲劇のように――同時に陶酔と夢の芸術家である」(ib.)。アポロン的芸術は造形の芸術であり、ディオニュソス的芸術は、非造形的芸術、すなわち音楽である。

ディオニュソス的なものは芸術家の状態としては陶酔であるが、その根源としての根源的一者=生が人間的生にとって生きられるあり方なのである。もちろんアポロン的なものも生から生じたものであるには違いないが、ディオニュソス的なものは一層生に近い、というより一つである。根源というのは、日常の冷めた意識の二重の覆いを取り外したところに見いだされるという意味である。最初の覆いはアポロン的なものというベールであり、第二の覆いは形象的なものをさらに押し固めて強固らしいものを構築した理性と概念の世界である。『悲劇の誕生』はこの二つの段階を区別する。第一の覆いは、芸術の成立に他ならない、音楽、抒情詩、悲劇であり、第二の覆いは悲劇、といってもエウリピデスのそれ、平行してソクラテスの哲学ということになる。(11) 芸術と哲学は、均《なら》された日常的生ではない。根源からすれば、日常的生はアポロン的なものをさらに敷衍したところに成り立つ。

しかし、なぜアポロン的な覆いは生み出されなければならないのか。それはその覆いを剝がされた生がどのようなものであるかを思えばよい。ディオニュソスの従者・賢者シレノスが、人間にとって最善のことをと問われて、それを教える。「哀れな、一日の生を授かった者よ、偶然と辛苦の子供よ、聞かない方がお前にとって最も有益なことを私に言わせようとするのか？　最上のことはお前には全く叶わない。すなわち生まれなかったこと、存在しないこと、無であることだ。しかしお前にとって次善のことは――まもなく死ぬことだ」（I, GT, 3, 35）――周知のペシミズムの言葉である。ギリシア人は「生存の恐怖と戦慄を知り」、「そもそも生きることができるために、自らの前にオリュンポスの神々という耀かしい夢の産物を設けなければならなかった」（ib.）。ギリシア人は「オリュンポスの神々というあの芸術的中間世界」を創ることによって「原初的な、巨人的な、恐怖による神々の秩序から」（ib., 36）目をそらしたのである。芸術を生み出すアポロン的衝動が、オリュンポスの世界を創造したのである――感受性に恵まれたギリシア人が生存に耐えるために。アポロン的なものによって仮象による苦悩の世界の救済は一旦は達せられる。しかしディオニュソス的なものは消え去るのではなく、それゆえディオニュソス祭の乱痴気騒ぎに噴出する。そこでギリシア人は感じざるをえない、「彼の全生存は、あらゆる美と節度とともに、苦悩と認識の隠された根底のうえに安らっていたのであり、この根底が彼にディオニュソス的なものによって露呈されたのである。見よ、アポロンはディオニュソスなしには生きることができなかった！」（ib., 4, 40）。オリュンポスの神々の創設は、悲劇の成立と同じ基盤に立つ。ただしギリシア悲劇といっても、もとから演劇であったのではない。ニーチェは、「悲劇は悲劇合唱隊から発生したのであり、根本では合唱隊に他ならず、合唱隊以外の何ものでもなかった」（ib., 7, 52）と指摘する。[12] それは陶酔において踊り歌うサチュロスの合唱隊である。[13]

さてこれまで見てきたことは、言葉の問題という関心からは助走にすぎない。『悲劇の誕生』は、最初（一八七二年）は「音楽の精神からの悲劇の誕生」という表題をもっていた。言葉の問題に迫るには、それゆえ音楽と一つになった抒情詩の始まりをニーチェがどう説いたのかに注目しなければならない。焦点は抒情詩人における「私（われ）」、「主体」が何なのかという究明なのである。[14]「抒情詩人はまず、ディオニュソス的芸術家として、根源的一者とその苦悩、矛盾と全く一つになっており、この根源的一者の構造を音楽として生み出す。ただし音楽が世界の反復とその二次的流出と呼ばれたのが正当であるとしてだが。しかしいまや、この音楽がアポロン的夢の作用のもとにひとつの比喩的夢の形象であるように彼には見えるようになる」(ib., 5, 43f.)。すなわち、まず音楽が根源的一者から生まれる。ただ先ほどの「遺稿」が述べたように、音楽は抒情詩と結びついて始まっている。[15] 引用の羅列で恐縮だが、もう少し続けさせていただこう。

「抒情的天才は神秘的自己放棄と融合から形象と比喩世界が生まれ出るのを感じる〔……〕抒情詩人の形象は彼自身に他ならず、そして彼自身のいわば異なった客観化にすぎない。それゆえ彼は、あの世界を動かす中心点として〈私〉と言うことができる。ただしこの自我性は、目覚めた、経験的・実在的人間の自我性と同じではなく、唯一の、そもそも真に存在する、永遠の、事物の根底に安らう自我性であって、抒情的天才はこの自我性の模造を通して事物のあの根底まで洞観するのである」(ib., 5, 44f.)。この抒情詩人は、一方では造形美術家とそれと類縁の叙事詩人と他方ではディオニュソス的音楽家と対比してそう述べられている。造形美術家と叙事詩人は「形象の純粋な直観に没入している」(ib., 44)、すなわちただ単にその観賞に生きる。それゆえ形象はそれとして見えていなければならないので、抒情詩人のように形象に融合することはない。音楽家は「一切の形象なしに、完全にただもっぱら根源的苦痛であり、その苦痛の反響である」(ib.)。つまり形象以前である。それゆえ音楽にとって「旋律(メロディ)がしたがって第一のものであり、普遍的なものである」(ib., 6, 48) のである。

そこで詩と音楽の関係はどうなっているのか。ニーチェはそれが「詩と音楽の間、語と音声の間の唯一の可能な関係」(ib., 6, 49) だと言うが、「語、像、概念が音楽と類似の表現を求め、いまや音楽の暴力を自らに受ける。この意味において私たちはギリシア民族の言語史のうちに、言葉が現象世界と形象世界を模倣するか、あるいは音楽世界を模倣するかによって、二つの主流を区別することができる」(ib.) と言う。つまりホメロスとピンダロスがそれである。ニーチェはホメロスをアポロン的芸術家と考える。「ホメロスを夢見るギリシア人と呼ぶ」(ib., 2, 31) のも不当でないと。もちろん現象世界の模写といってもまだ詩の領分の話であるが(叙事詩)、さらに形象の間の整合性や起承転結を突き詰めれば、もはや詩とは言えない「物語」に至るのであろう。

ところで、この音楽の把握をニーチェはショウペンハウエルに負う。「音楽は意志として現象する」(ib., 6, 50) というのが、ショウペンハウエルの基本的主張である。しかしニーチェが注意を促がしているように、「音楽は意志だという意味ではなく、「音楽は、〔……〕他の芸術と違って、現象の模写でなくて、意志そのものの直接的模写であって、したがって世界のあらゆる自然的なものに対して形而上学的なものを、すなわちあらゆる現象に対してもの自体を表現する(ショウペンハウエル『意志と表象としての世界』1, p. 310)」(ib., 16, 104) と考えられる。ショウペンハウエルに従えば、「それゆえ音楽は、世界の表現とみなされるとき、最高度の一般的言葉であり、概念の一般性に対してすら、概念が個々の事物に対するのと同じ関係に立つ」(ib., 105)。すなわち概念は個々の事物の集合を表示するのに、音楽は世界を表示する。といっても「抽象のあの空虚な一般性」(ib.)ではない。なぜなら「音楽の象徴的力」は、「リュトミク、デイナミク、ハルモニー」(ib., 2, 34)として現れるのであるから。そして「ディオニュソス的酒神頌歌においては、人間はあらゆる彼の象徴的能力を最高にまで昂揚するように刺激される」(ib., 33)ので、そこにはまた別の「全身体的象徴法」(ib.)の出現、すなわち「あらゆる四肢を律動的に動かす舞踊の身振り」(ib., 33f.)への言及もある。したがってこのように、「音楽は根源的一者の心臓における根源矛盾と根源苦痛に象徴的にかかわるので、一切の現象を超え、一切の現象に先立つ領野を象徴化する」(ib., 6, 51)のに対して、「言葉は現象の器官と象徴として、音楽の最も深い内奥を呈示することは決してできず〔……〕」(ib.)という次第である。ニーチェの言葉に対する不信はここにまで遡るであろう。形のない力からの形象化、非個別的なものから個別化へという道筋をニーチェは見る。さらには形象的詩的言語からソクラテス主義における概念言語へという方向で考える。

ニーチェは、音楽のこの位置づけや最も根源的なものを意志と呼ぶことではショウペンハウエルに従うが、二人の相違にも気づいている。「歌う者は純粋な、意志なき認識の主体として自らを意識する」(ib., 5, 46)というような考え方に同調することはできないし、「意欲と衝動からの救済」(ib.)を説いたりしないのである。後にニーチェが『悲劇の誕生』を「自分の言葉を敢えて用いる勇気がなくて」、「ショウペンハウエルとカントの方式で」表現しようとした(I, GT, 自己批判の試み、6, 19)とか、「大いにギリシア的問題を」、「最も近代的事柄を混入することで台無しにした」(ib., 20) と反省しているのももっともである。それは「もの自体と現象」という枠組みのことを意味する。先ほど一八七三年のテキストから「もの自体という謎のX」という表現を抽出したし(本章一二六頁)、『悲劇の誕生』でも、一八七一年の「遺稿」でも、確かに「もの自体と現象」のごとき言説は存在する。しかしニーチェ本来の志向からは、意志の一元論であって、現れない何か、背後などという設定は克服されなければならない。『ツァラトゥストラ』でも(したがって『善悪の彼岸』などでも)此岸的生(意志)、絶えざる生成である生、そして生の機能としてその生を明らめる認識作用の存在以外は排除される(ここではショウペンハウエルについてはごくわずかしか触れないが、注で少し補いたい[16])。

ここで哲学の言葉の問題に一言触れたい。ソクラテス主義を否定した以上、生の動向に率直に従うものでなければならないから、詩との親しさを欠くことはできない。比喩を忌避しないことである。しかし批判はさんざん聞かされたけれども、哲学の言葉についてそれ以上積極的な規定は与えられない。ニーチェの実践が、著作の表現全体がその解答であろう。アフォリズム、詩や詩的作品、解明や批判のための論文調など、多様である。もじりやパロディの表現も見られる。とりわけアフォリズムがニーチェ的な哲学の表現である。アフォリズムは、詩的、すなわち抒情詩的ではおよそない。それは考察対象との距離を要求する。対象を突き放し、観察し、価値を測り、批判し、しばしば攻撃的である。それゆえ詩とは正反対な態度である。同じ主題を扱うアフォリズムの間に内容的なずれがあっても、矛盾があってすら、かまわない。思考が遠近法的な性格を免れず、絶えざる生成を相手にするのだから、そのほうがよほど事柄に忠実なのに違いない。そのつど考えて書いたのだから鮮度が失われないし、無理につじつまを合わせるよりもでっちあげ度が小さいということになろう。ニーチェは体系に不信を抱く(17)。またニーチェは思考に行為のもつ取り消し不可能な、きっぱりした性格を与えたかったのかもしれない。ニーチェの言うように、行為は多義的なものかもしれないが、少なくとも行ったことと行わなかったこととは絶対に違うのであって、一度行ったことは行わなかったことには決してできないのである。ところでいま思い出すのだが、ニーチェは将来の哲学者を誘惑者＝試みる者＝実験者と呼んでいた（本書第四章八七－八八頁）。それゆえ、言葉の誘惑者、他者への呼びかけの部分も哲学としては無視できないけれども、実験者としてはとにかくあれこれやってみることである。それゆえ何でもありが正解である。

『悲劇の誕生』を取り上げたところで、どうしてももう一度触れておかなければならない問題がある。それは「私」、「主体」という問題である。たったいま抒情詩における「私」に出会った。それは「目覚めた、経験的・実在的人間」の「私」とは区別された。したがって「私」は一つではない。特に主題化することはなかったが、私たちは日常的な意味で「私」が何者か熟知している（それが分からなくなったら問題である）。私は、氏名、性別、年齢、国籍、職業などをもち、さまざまな人間とさまざまな関係を取り結ぶ者である。そして常に「私は」と語る者である。抒情詩的私は、最高の個でもあるが、いまだ個別的でないものとの紐帯を生きる。それゆえ日常の観点からの個別的個ではない。それは、現実に詩を創らなくても、つまり詩人でなくても、日常の個を打ち破ったところに出現する、人間の根源相に他ならないであろう。

それからツァラトゥストラの「私」というものがある。もちろんこちらが本題なのである。ツァラトゥストラは詩人、正確には抒情詩人、そして哲学者である。ツァラトゥストラにはディオニュソス的性格が看取された。それゆえ詩人とみなされた。しかし同時に、ツァラトゥストラには自己超克的認識者の側面がある。それゆえ哲学者なのである。したがって、ツァラトゥストラはこの二重性に規定されている。いま哲学（者）は措いておく。ここで明らかにしたいのは、ツァラトゥストラの存在の二重性は、『悲劇の誕生』における悲劇の主人公のあり方を反照していると思われるということである。

ニーチェはギリシア悲劇のうちでも最も印象的な、しかも対照的な二人の主人公について論じている。「ギリシア的明朗性」は暗黒の生とペシミズムの背景なしにはありえないものであった。それをまず『オイディプス王』のオイディプスに見届けたあとの箇所である。「『コロノスのオイディプス』においても私たちはこの同じ明朗性に出会うが、無限の浄化に高められている。彼に出くわすすべてに純粋に苦悩する者として身を委ねる、この過度の悲運に襲われた老人には超自然的明朗性が立ち昇っている。それは神的領域から下って来たものであって、私たちに次のように暗示する。すなわち主人公は彼の純粋に受動的な態度において、彼の生を超えてはるかまで及ぶ彼の最高の能動性に達する。それに対して彼の以前の生における意識的な努力は彼を受動性に導いたにすぎないことを」（I, GT, 9, 66）。ニーチェによればオイディプスの真骨頂はその受動性にある。彼は知らずに父を殺害し、母と結婚する。それは人倫に悖《もと》る最も恐ろしい罪である。彼はそれを自分の罪であることを認めて苦悩する（現代哲学風に言えば、父の殺害と母との結婚は彼の意志行為ではないので、責任はない。老人を殺害し、女性と結婚することは意志行為であっても)。

それに対して、「この受動性の栄光にアイスキュロスのプロメテウスを限なく照らす能動性の栄光を私はいま対照させる」(ib., 9, 67)とニーチェは話を進める。プロメテウスは「巨人的なものへと自らを高め、その文化を自らに戦い取り、神々に人間と同盟するように強いる」(ib.)。これはむろん瀆神であって、「能動的な罪」、「傲慢」に他ならない。したがって「人間が与りうる最良のもの、最高のものを人間は傲慢によって獲得し、そこで再びその報いを、すなわち苦悩と苦難の洪水を受けなければならない。それでもって神々が、高貴な、上昇する人類を罰しているのである」(ib., 9, 69)。ギリシア的にはそれが正義の回復なのである(正義は別個に扱うべき大きな問題である)。プロメテウスにはディオニュソス的なものが現れ出ている。ニーチェによれば、ギリシア悲劇はもともと「ディオニュソスの苦悩を対象とし(ib., 10, 71)、「すべてのギリシアの舞台の有名な人物、プロメテウス、オイディプス等はあの本来の英雄ディオニュソスの仮面に他ならないのである」(ib.)とされる。

『悲劇の誕生』では、根源的一者は意志と呼ばれるが、「権力意志」という言葉は登場しない。悲劇の主人公たちは自らの意志を貫こうとして、というよりもそのような衝動に衝き動かされて行為し、それに敗れる。さて私たちは、これまで「権力意志」のどぎつい、能動性や創造性の強調に付き合ってきたが(本書第六章注5の能動・受動を参照のこと)、いま見た受動性=能動性は『悲劇の誕生』という初期作品だからであって、後期には放棄されたということなのだろうか。私はそうは考えない。『ツァラトゥストラ』の「正午に」の体験(本書第四章一一七-一一八頁)や認識者の最終的自己認識(本書第三章六八頁）に能動性＝受動性の境地を見届けたと信じている。批判を旨とする『善悪の彼岸』や遺稿の「権力意志の哲学」の前向きな思想を裏打ちする根源的に受動的な層を見損なっては、ニーチェの哲学は貧寒としたものになってしまうと思う。運命愛といったものは、この早期の根本経験抜きには考えることができない。

四　言葉との和解

『悲劇の誕生』から再び『ツァラトゥストラ』に戻る。言葉への不信に悩んだニーチェが、言葉との和解を示唆する稀有な場面がある。歌（詩）と語りは、もはや対立的ではない。それは第三部「快癒しつつある者」の節に見いだされるが、ツァラトゥストラが永遠回帰の思想の重さとその伝達の使命に耐えかねて倒れ臥して、ようやく目覚める場面である。ツァラトゥストラは心配して話しかける動物たちのおしゃべりに次のように言う。「おしゃべりがなされるところでは、世界はすでに私には花園のようだ。言葉（Wort）と音声（Ton）が現存することは、なんと好ましいことか。言葉と音声は永遠に分離されたものの間にかかる虹、仮象の橋なのではないか〔……〕事物に名前と音声が贈られているのは、人間が事物で元気になるためでないのか。語ることは一つの美しい愚行である。語ることで人間はいっさいの事物を越えて踊る。一切の語ることと音声の嘘はなんと好ましいことか！　それとともに私たちの愛は極彩色の虹のうえで踊る」（IV, Z, 3, 快癒しつつある者、2, 272）。ここでは、ツァラトゥストラは歌っているのではなく、言葉（語）と音声（語音）について語っているのである。しかし、ここで讃えられている言葉はもはや詩と語りに区別するのは不適当であって、全体として詩以外ではないであろう。積極的に仮象であり、遊びであってよいのである。語るとともに、事物とともにひとは踊っているのである。言葉はものを意のままにする手段であるという意味で、もはや権力的ではない。これが祭りでなくて何であろう。ただし繰り返せば、ツァラトゥストラはそれについて語っているのであって、実際に祭りのただなかにいるのではない。

その直後に動物たちによって永遠回帰思想が告げられるが、その部分はすでに引用した（第四章一〇八―一〇九頁、ただしそこでは最初の二行は除いてある）。それをもう一度見よう。語るのは動物たちである。「一切の事物自身が舞踏する。それらはやって来て握手し、笑い、逃げ去る――そして再び帰って来る。一切は行き、一切は帰って来る。存在の車輪は永遠に回転する。一切は死滅し、一切は再び花開く。存在の年は永遠に経過する。一切は破れ、一切は新たに接合される。存在の同じ家は再び建てられる。一切は別れ、一切は再び挨拶しあう。存在の円環は永遠に自らに忠実である。すべての刹那に存在は始まる。すべての〈ここ〉をめぐって、〈かしこ〉の球は回転する。中間点はいたるところにある。永遠の小道は曲がっている」（ib., 272f.）。この永遠回帰説が動物たちによって語られることの意味にはすでに触れたが、少し付け加える。動物たちはツァラトゥストラの分身なので、それは本当は独白なのである。しかしやがて現実にツァラトゥストラの同胞（Mitmensch、人間同士）とこの了解がともにされ、ともに歌い踊る局面は考えうる。

いま私は永遠回帰の理論内容を問題にしているのではない。それはすでにこれまでに考察している（本書第四章二の3を見よ）。さて、動物たちが永遠回帰を語った後で、ツァラトゥストラはその思想の否定的な面に愕然として、「卑小な人間が永遠に回帰する」（快癒しつつある者、2, 274）という言葉を吐くが、動物たちがツァラトゥストラを制止して、快癒しつつある者は語らずに歌うことを学べと言う。「外へ出て、バラや蜜蜂や鳩の群れのところに行け！　とりわけ歌う小鳥のところに行け。彼らから歌うことを習い覚えるために！　というのは、歌うことが快癒しつつある者にはふさわしいからだ。健康者は語るがよい。そして健康者は歌を欲するとしても、快癒しつつある者とは別の歌を欲するのだ」（ib., 275）。なぜなら、快癒というのはむろん病気からの快癒であるが、歌は生に身を委ねて一体化させ、生の疎外から回復させるからである。ここで述べられていることに従えば、快癒しつつある者なので、ツァラトゥストラは健康者の歌を歌っていない。これまでの歌はどれもまだ十分にはそうは呼べないのである（「夜の歌」がディオニュソスの悩みを歌い、ディテュランボスとされたことを、むろん私は忘れてはいないが）。この時点より後の第三部の最後にある「第二の舞踏歌」と次の「七つの封印（あるいは、しかりとアーメンの歌）」は、悩みや嘆きではなくて生を讃えているので、ようやく本来のディオニュソス頌歌というべきなのであろう。生は女性扱いで、ディオニュソスは名指されないが、この神は変幻自在なのでかまわない。

その「第二の舞踏歌」の最後のところに、数え歌のような、際立つ歌がある（ib., 3, 285f.）。

おお、人間よ！　心せよ！
深い真夜中は何を語るのか？
「私は眠っていた、私は眠っていた——
深い眠りから私は目覚めた——
世界は深い、
昼が考えたより深い。
世界の苦悩は深い——、
快楽は——心の悩みより深い。

い、ひとつ！
い、ふたつ！
い、みっつ！
い、よっつ！
い、いつつ！
い、むっつ！
い、ななつ！
い、やっつ！
い、ここのつ！

苦悩は語る、過ぎ去れ！　と。

とお！

しかし一切の快楽は永遠を欲する――、

じゅういち！

――深い、深い永遠を欲する！」

じゅうに！

真夜中が古い鐘に合わせてツァラトゥストラにこう告げている。夢現《ゆめうつつ》のなかでツァラトゥストラはそれを聞いているのであろう。「じゅうに」の後は夜の沈黙が支配しているのである。「夢遊病者の歌」の節（IV, Z, 4）でツァラトゥストラは、この数え歌のかなり詳しい解説のようなものを提供する。それを聞いているのは、高等な人間たちである。この節の最後にツァラトゥストラは彼らに次のように言う。「君たち、高等な人間たちよ。さあ、私のために私の輪唱歌を歌え！　さあ、自ら私にこの歌を歌ってくれ！　その名は〈もう一度〉、その心は〈永遠にまで〉だ。歌え、君たち、高等な人間たちよ、ツァラトゥストラの輪唱歌を！」（ib., 4, 11, 403）。名と心はむろん、永遠回帰の歌であることを意味している。この輪唱歌は、ツァラトゥストラの口から出た最も明瞭な永遠回帰の告知である。そして数えるところを除いて、最後にこの歌を採録している（ib., 4, 12, 404）。しかし、こう促されて、彼らがこの歌を歌ったと書かれてはいない。もし本当に彼らがそれを歌ったなら、ディオニュソスの祭りが成立したのだろうが。彼らはその参加資格者ではなかったのだと思う。

さて、ツァラトゥストラは快癒しつつある者なので、健康者として語ることもなしえているわけではない。それはむろん永遠回帰の思想を伝達することである。『ツァラトゥストラ』の最後で、ツァラトゥストラは事業を成就するために、力強い足取りで再び洞窟を出て行く。ツァラトゥストラは教師として教説を語るはずであるが、やがてどんな歌を歌うことになるのかは不明である。ただこの事業がまだ完成しないというかたちで終わることや、永遠回帰思想が教説としては動物の口をとおして語られることは、ニーチェの仕掛けに属する。(18) その完遂を一人一人の読者に委ねるために……

五　付・「連句」について

『ツァラトゥストラ』やその補完として検討した『悲劇の誕生』の省察は、詩を生まれ出る相において捉えており、詩的言語の一つの根源的次元を掘り起こしたと思うが、詩、まして言葉の問題全般を考察するような類のものではない。言語論の著作を標榜しているわけではないから仕方がない。その意味では、一応理論的な先ほどの一八七三年の「遺作」(本章一、一二四頁以下)よりも多面的な言語現象のうちでカバーしている部分はむしろ狭いぐらいである。しかし私としては、詩的言葉の問題をここで終えるのはあまりに心残りである。それゆえ以下は付録である。ニーチェに触発されて、私の想像力が沸き立ち、ついにさまよいいでて、私に既存の関心と融合して形をとったというようなものである。それゆえ、その内容はニーチェに責任を負わせることはできないが、この試みは「造形的、治癒的、模造的、再製的」という標語に適うとは思う。

これから取り上げようとするものは、ひょっとして唐突に聞こえるかもしれないが、日本固有のものに属する。詩に関しては外国語ではなく母国語でなければならない事情がどうしてもあると思う。私の日本語の能力がどんなに乏しくても、そのうちに生まれ、幼少から個の形成の過程と一体のものとして学んだ言葉は、言葉の肉体的・生理的側面をなし、後から学んだ言葉と同等にならないのは当然である。さて、それは日本の伝統の「連句」である。連句は、遠近法が生かされた、詩的共同体の営為であって、しかも表現された言葉そのものにもっと重きをおく詩の形式がそこに見いだされるように思う。ただ私は、連句には全くの門外漢であり、実作の現場に臨んだこともない。正直なところ、このような前言葉も大げさで、宮脇真彦『芭蕉の方法――連句というコミュニケーション』（角川選書三三八、平成一四年）を読んで啓発されたので、その報告をしようということなのである。以下は本当に小さな示唆以外ではありえないが、将来のために道標を一つ置いておこうと思ったのである。

私は独白的な詩を愛好する者なので、それを連句で置き換えようと主張しているのでは全くないが、その共同的営みにはある別種の豊かさが感じられる。連句を詩作の問題としてばかりではなく、一つの理想的コミュニケーションのモデルとして考えたい。さて、そもそも俳諧は共同的芸術であった。「芭蕉の頃の発句というのは、大体今日の俳句にあたる。原則として十七音で、五・七・五のリズムを基調とし、季題をふくむなど、今日のいわゆる伝統俳句と似たところが多い。ただし相違するところのあるのも当然のことである。まず発句は、名のごとく最初の句であって、連句の運びのはじまる第一の句である。もっとも芭蕉の発句の全部が連句を伴うものではなく、当時も発句だけを単独につくることもあったわけである。が、芭蕉の頃は連句がさかんに行われていたわけであるから、単独につくられた場合でも、今日のように連句がほとんど行われなくなった時代の、連句を全く予想しない俳句とは質的にちがうのである。たとえば、連句では発句・脇句は挨拶の意を含むを常とする。芭蕉の発句には挨拶の意を寓するものが多い。たとえそれが属目の叙景句であっても、その場の景を賞することが即ち主人への挨拶となるわけである」（『芭蕉句集』、日本古典文学大系45、岩波書店、昭和三七年、大谷篤蔵、発句篇解説、九―一〇頁）。

この注釈と連句篇の注釈（中村俊定）に導かれて、同書連句篇を読んでみる。それぞれの句は短く、時代も隔たり、私の教養も乏しいので、注釈なしにはその意味を取るのは容易ではない。実際の句を引用する余裕はあまりないが、せめて「冬の日」の「こがらしの巻」の最初（二九六頁以下）を挙げてみよう。

(1)　狂句こがらしの身は竹齋《ちくさい》に似たる哉　芭蕉
(2)　たそやとばしるかさの山茶花《さんざくわ》　野水《やすい》
(3)　有明の主水《もんど》に酒屋つくらせて　荷兮《かけい》
(4)　かしらの露をふるふあかむま　重五
(5)　朝鮮のほそりすゝきのにほひなき　杜國《とこく》

(6)　日のちり〳〵に野に米を苅《かる》　　正平

それぞれの句の後には注解が与えられている。(1)は、長旅をしてきた芭蕉だが、木枯らしに吹きさらされながら風狂して歩く自分の姿は仮名草子『竹斎』の主人公竹斎に似ているという意味だそうだ。(2)は、山茶花のちりかかる笠を着た風流な方はどなたかという意味。客人に対する挨拶の気持ちがこもる。さて、連句は前句に「付ける」ということで成り立つ。付けることとは、「と見る」とか、「と見立てる」という連想で動いていくようである。それゆえ詠むひとによって、またそのときどきによって全く違った「付」が行われるであろう。どこに転がっていくかは分からない。付けることは、発句の詠み手の意図を推し量ることではなく、ひたすら前句が呼び起こすものに応えることのようだ。その箇所では何を詠み込まなければならないかというような歌仙の規則はあるが、自分の経験でも、風物でも、和歌や謡曲の伝統を踏まえてもよいのだし、連想は何が飛びだすか分からない。複数のひと（連衆）が参加するので、めいめいがさまざまな発想を加えうる。むろん伝統の共有や馴れ合いは存在する。連句会の席という共同の場は強力な磁場として働き、そこにおいて魂は活性化され、言葉をそこに吐き出す。しかしそれぞれのひとは、日常の冷めた個人意識は破られても、一つの遠近法的視点であることでは変わらない。それゆえ連句が共同的文芸であるといっても、「付」によって寄与するものはなお個性的である。ちなみに(3)の注解は「有明の主水に酒店をひらかせての意。前句の山茶花ちりかかる笠の主は誰ぞというところを、風流のしれものと見て、主水を居酒屋に仕立てる風狂ぶりを思いよせたのである」となっている。主水とは、禁中の水を司る官名である。以下、連句と注解は続いていく。専門家にとっても注釈は難しいもののようである。『芭蕉連句私解』(角川書店、平成六年)を著した大谷篤蔵はそう述べる。この書は芭蕉の連句集では標準的な『俳諧七部集』から洩れた連句を扱っている。芭蕉や連衆の伝記、交友関係、教養、時代背景、歌仙の巻かれる日時や状況等、あらゆることを調べてもなお推測を語ることを余儀なくされる。哲学的注解のように理屈・論理を押し通すわけにもいかない。この事実が連句には本質的な意味をもつのはなぜか、が解明されなければならない。

連句は一つのストーリーを構成しようとするものではない。一句はむろんそれとして面白さがなくてはならないけれども、むしろ「付」によって、場面が全く転換することや意外性などに興じる。前句に対して付けて、それらは乱反射して、全体としてまるで万華鏡のような遊びの世界を創り、その風雅の世界に遊ぶ模様である。芭蕉のもとに集まる人々は、実業では大抵有能でかなり裕福な人々であるが(僧侶もいる)、ひととき日常を離れて神聖な空間に参加する。巧者が揃っていれば、読者もまた歌仙を作品として鑑賞しうるであろう。しかし参加することが一層楽しいであろうと推察する。

さて、「連句がほとんど行われなくなった」と言われた時代から時が経ち、宮脇によれば、現在連句は「俳句とは一種特別の文芸として」結構盛んなのだそうだ。『芭蕉の方法——連句というコミュニケーション』は、原点に返って連句の本質を見極めようとした、珍しく理論派の考察なので、私には興味深かった。それでは、連句を成立させている特徴はどのようなものか。まず、「言葉が立ち現れる時」がどんな時かということから説き起こされる。「妙《たえ》なる屍《かばね》」(カタヴール・エクスキ)という言葉の遊び(一枚の紙を回して順々に言葉を書き連ねていく遊び）が示唆するように、「そこには、発話者の意図がまずあり、言葉は常にその発話者の意図を伝達するための道具にすぎない、という認識がある」（一〇頁）という通常の了解は捨てられている（ニーチェにおいても、このような通常の前提があったと思う）。「言葉が言葉同士連結して、連結にふさわしい意味を持つ」、したがって「発話者の言おうとしていることをもとに言葉を理解するのではなく、言葉自体において生成するメッセージを発話者の意図として理解すべきなのだ」（一五頁）という逆転が生じる。

そこで芭蕉が登場する。門弟去来が報告した、句ができあがる過程を示した逸話がある（一七頁）。それは有名な一句である。

下京や雪つむ上の夜の雨　凡兆《ぼんてう》

最初これには冠の五文字がなかったそうである。芭蕉たちがいろいろの言葉を置いたが、芭蕉が「下京や」を置いてそれ以外にはないと断言したというのである。宮脇によれば、そこには芭蕉の「言葉が含意する伝統的な詩的イメージを聞き取り、言葉と言葉との関わり合いを吟味して、一句が詩として成立しうる言葉の結びつき方を探し出そうとする詩の方法」（二四頁）があるのだと指摘する。その方法とはなにか。「言いたいことを表すのにどのような言葉がふさわしいかというあらかじめの意図に基づいた詩作の方法なのではなく、むしろ紡ぎ出された言葉の響き合いに耳傾け、その言葉にどのような詩が表出しうるか、という批評精神に支えられた詩の方法が存していたことを確認しておきたいのだ」（三一―三二頁）と言う。

とすれば、俳諧にとって作者の意図は存在しないのかとあらためて問わなければならないだろう。作品は生まれ出れば自立するものであるので、作者の意図ということから、読者の解釈、読むことの優位が生じるのである。「それでは作者はどこにいるのか、と問われるかもしれない。作者は、むしろそうした魅力的な解釈に支えられて存在する句の中にいる、と言うべきだろう。読むということは、作者の意識し得なかったかもしれない、作品世界に達成されている心を、〈作者〉の〈心〉として読むことにほかならないのだ。つまり、作品が達成している世界のすべては常に読者によって読み解かれるものなのであって、その読み解かれる作品の意図を、〈作者〉の意図としてすり替えてゆく秘密の作業が、作者を作者たらしめるのである」（三八―三九頁）。連句は前句に「付ける」ことで成り立つ。付けることには読むことが介在する。「こうして連句は、他者による読みによって、作者の意図から言葉を解放し、その解放された言葉がまた別な言葉と組み合わせられることで新しい世界を現出させるための言葉となるという、読むことと書くこととのダイナミックな変換を制度として持ちつつ、言葉と言葉との結びつきの上にいかなる詩的時空が切り開かれるかを味わう文芸だといっていい」（五五頁）、これが連句である。

付合には新しい世界を創出し、面白く仕上げるための、付けの方法、転じの方法が工夫されている。つまり歌仙のルールが定められているが、それは省略する。さて宮脇は、『猿蓑』に収められている、「市中は」歌仙を実例にして、そのコミュニケーションの実際を分析する（一六七頁以下）。それは芭蕉・去来・凡兆による連句で、古来評価が高いそうである。

（発句）　市中《いちなか》は物のにほひや夏の月　　凡兆

ここから始まって、連句の展開はなかなかスリリングであるが、不案内者が紹介するのも具合がわるいので、興味のある読者はご自分で読んでみることをお勧めする。ところで一句は大変短いので、宮脇が指摘するように、大変余白が多いものだが、主語を明示しないという（というか主語が牽引するという形ではない）日本語の特性が最大限に生かされているのが分かる。付けるとき、場面を積極的に転換することを要求されるが、指示対象が固定されている必要もない。前句で主人公であったはずの人物が次では別人に変わったりすることを当然とする。主体が固いヨーロッパの哲学に慣れた哲学者は目を剝くであろう。さらにこの歌仙に限らないが、芭蕉の指導のあり方が注目される。歌仙は即興的な遊びであって、全体のストーリーも、一貫した主題もないのではあるが、後で少し訂正することもあり、芭蕉の手が入ることもある。連句は前句に付けていくだけだが、全体の流れへの眼差しが決して欠けているわけではない。芭蕉の推敲は、付句の価値はそれ自体で決まるのではなく、前句を直すことによって、一句の価値を高めようとしたので、連句の詩の在処がどこにあるのか、知り尽くしていたことを物語る、と宮脇は指摘する。確かに芭蕉の推敲によって句はがぜん生き生きとするのである。

さて、この連句としてのコミュニケーションは、ある部分では詩の領域を超えて拡張できよう。普段の伝達の場合にも成立する。「私たちがこうして使っている言葉によるコミュニケーションにしても、実は連句の付合において起こっているのと同じことが起きているはずなのである。伝わったといううことは、伝わるように発話したということを示しているのではない。伝わった時点で、言葉・表現がある意図をもって発話されたかのように必然化されているのである。あらかじめ伝えようとする内容などない、と言っているのではない。伝えようとする内容は、伝わった瞬間に、伝わった形に即してすり替わり、発話者は、その伝わったかたちでの伝達をもった人物としての自らを生き始める、と言いたいのだ」（一三三―一三四頁）。その結果、その発話者に対して怒声を発するなどということも起きるのであるというのは、私の補足である。真実を衝いた洞察であると思うが、日常の場合よりも、全体としては学界の営為は一層連句の世界に類似すると思う。たとえば、原子物理学や遺伝学のシンポジウムにおいて、研究者の発言はこの「付」に似ている活動なのだろうか。しかし自分が全く無知な学会を例に持ち出すのもよくないので、哲学のシンポジウムということにしよう。科学研究のように世界の（ないしある対象領域の）統一的な描像を共同して求めるという目標は弱いのかもしれないが、とりあえず一つのテーマが掲げられ、修業時代に身に着けたある程度の共通の知識と現在の学界に流通する話題を前提として、パネリストや会員はある見解を提示し、付合を行う。もっと舞台は広いが、論文の発表や著書の公刊も同じであろう。シンポジウムではさまざまな立場の見解が披瀝されるので全体として一つの物語を構成するとは信じられないだろうし、その「付」が連想であってはならず、また他者の見解が意味するものを正確に把握しているつもりであり、哲学者たちが寄与するものは理論であって、詩であるとは思っていない等ということがあろうが、高みからそして遠くから眺めるならば、「付」によって乱反射する、詩に酷似した万華鏡の世界が見えるであろう。ここまで言ってしまうと叱られそうだが（ニーチェには叱られないと信じる）、それでなぜいけなかろう。そのなかで踊りを踊るがよい！

長谷川櫂『俳句の宇宙』（花神社、二〇〇一年）は、連句が主題ではないが、際立って示唆に富む俳論である。宮脇の前書は俳諧の共同性の側面に光を当てたが、発句ないし一句は詩でなければならないのだから、俳句の詩としての特性を掘り起こした長谷川の俳論と連結すれば、俳諧の一つのまとまった表象をえることができる。ところで、私がニーチェ哲学の考察に着手したとき、ニーチェによる近代性の批判にまず突き当たった。『俳句の宇宙』は、まさに俳句における近代という問題を論じているのである。最初に長谷川は、芭蕉の有名な句の分からなさを糸口に探求を開始する（七頁）。

古池や蛙飛《かわづとび》こむ水の音

一通りの意味は分かる。しかし何が面白いのかと思った、というのである[19]。長谷川は「古池の句は、和歌やそれ以前の俳諧に対する芭蕉の創造的批判の句なのだ」（九頁）と言う。つまり、芭蕉は最初に七五を作り、其角《きかく》が「山吹や」を置くことを提案したのに、芭蕉が「古池や」に決めたということがそれを示すのである。俳諧には、伝統の和歌よりも、卑俗な生活の場所に詩を求める傾向がある。しかし芭蕉は、やがて見るように、伝統への批判はあっても、伝統の場で句を詠む。その焦点は、俳句が根ざす「共通の場」というものである。そこに子規によるこの句の批評が登場させられる。子規は古池の句の「場」として自然しか認めない。つまり古い池にカエルがいる自然だけを残す。では、子規の俳句の改新とは何だったのか。「誰にもわかる文学にすること」、すなわち俳句の場から古典（『新古今集』や『源氏物語』など）を排除し、「そのかわりに、〈日常平凡の〉〈ありふれた〉純粋な自然をもってきたのだ」（一八頁）と主張する。それゆえ俳諧の座や連衆を排除した。しかし俳句は短詩なので、場に依存することは変わらない。しかも子規のこの自然も絶対的に普遍ではなく、日本語で書かれた日本の自然だし、都市化などでその自然がありふれたものでなくなれば、誰にでも分かるとはいかない（一九頁）という事情にある。「自然は俳句が抱えこんだ近代の矛盾だ」（二〇頁）と、長谷川は指摘する。

俳句は場の文芸であるが、俳句を成立させる核心的な契機は何か。俳句は「短いだけの現代詩、一行詩」なのではない。「日本という〈場〉に埋もれた俳句の根の部分、西洋の詩や日本の現代詩にない俳句のオリジナルな部分」、「それが〈季語〉と〈切れ〉だ」（五四頁）と切り込む（季と切れが俳句に特徴的なものであるという認識は、目新しいものではないであろう）。それを欠くときには「俳句の痕跡、俳句のような顔をした一行の散文があるだけだろう」（五五頁）と。さて、長谷川は俳句における「場」を強調し、俳句はホログラムに似ていると言う。俳句は「切れ」を命とするが、「切れ」とは「間」（三六頁）なのである。「間」は強い「場」のうえでしか成り立たない。ホログラフィーは、被写体の三次元映像を浮かび上がらせるものである。俳句の言葉はこれだ、と言うのである。特に季語は公認のホログラムに他ならない。「季語と同じように俳句自体もホログラムである。俳句の作り手や読み手は、経験のすべてをかけて俳句というホログラムを作り、そのホログラムから宇宙をよみがえらせることになる。その力がつくり手の側になければ俳句は説明文の一行になり、読み手の側になければ俳句は通じなくなる。作り手と読み手、このどちらの側のホログラフィーが欠けても俳句は成立しない。そういう危うい詩として俳句がある」（三九頁）ということになる。

そこで近代化であるが、それはこの「間」、あるいは「切れ」の喪失と考えられる。「これは、近代の俳句が写生という方法をとりいれたことと関係がある」（九九頁）と長谷川は分析する。写生からは「無」である「間」は見えない。「虚子や子規の立場からは、芭蕉や去来の〈間〉も、凡兆の感覚的な〈間〉も見えにくい。なぜなら、〈写生〉も〈客観写生〉も俳句で何を書くかと言う点についての方法であるからだ。それはイメージについてのひとつの方法なのである。書かれる言葉と言葉のすき間や背後には積極的な注意を払わない」（一〇五頁）。

写生ということから再び自然の問題が前面にでる。芭蕉は『笈の小文』の冒頭で「造化」ということを強調した（一六一頁）。「造化」とは何なのか。ところで芭蕉は、『おくのほそ道』の日光のくだりで、次の句を詠んだ。

あらたうと青葉若葉の日の光

長谷川は、「あらたうと」を怪しむ。「近代の自然詠では決してつかわない言葉である」（一六八頁）と言う。結局、芭蕉は「造化」という場で句を詠んだことを意味するのである。「それは単に〈宇宙〉や〈自然〉というのとは違う。神仏や精霊の棲かとしての宇宙、古典にいろどられた自然のことなのだ」（一六七頁）ということになる。『おくのほそ道』は、「精霊たちを尋ね歩く巡礼の旅だったといってもいい」（一六七頁）と結論される。そこには西行や能因のような古人の霊もいる。ところで、蕪村にはもうこの造化はない。長谷川は、芭蕉と蕪村の間に、子規による俳句改革よりも大きな変動を見る。では長谷川によれば、自然とは何なのか。「〈造化〉との比較でいえば、精霊たちの死に絶えた造化、古典のにおいを洗い落とした造化であるということができる。しかし〈自然〉のいちばん大きな特色は何かというと、人間の外部に、人間を取り囲むものとしてあるということであろう。それは観察し、分析し、解剖し、最後には利用する対象としてある。〈自然〉は冷ややかに眺められた宇宙、風景としての宇宙なのだ。〈自然〉というとらえ方自体のなかに、主体としての人間と客体としての自然という考え方がすでに隠れている」（一七〇頁）。私は、蕪村の句は分かりやすく、親しみやすいけれども、芭蕉に比べて何か魔のようなものがなくて物足りないという印象をもっていたが、その理由を納得させられた。

さて、私はニーチェにおける自然の問題を主題化できなかったが、ニーチェがディオニュソスで表そうとしたものは、芭蕉の「造化」と類縁と思われる。ニーチェの多神教への共感はそれを語ると思う（本書第七章三参照）。ニーチェの近代批判とその隔世遺伝《アタヴイスムス》には、蕪村を越えて芭蕉につながるものを感じる。

第六章　意志、そして権力意志の哲学（二）

――『遺稿』を中心に

ニーチェは『ツァラトゥストラ』を公開した後に、権力意志の哲学をもっと理論的な形で仕上げようと試みた。周知のように、この計画は実現されず、多くの遺稿が遺された。しかし『ツァラトゥストラ』という作品にたいする絶対的な自信にもかかわらず、なぜニーチェは理論的著作を望んだのか。答えは『ツァラトゥストラ』のうちに見いだせる。ニーチェは詩人でもある哲学者である。それはニーチェの詩と哲学についての考え方に起因する。

ニーチェの根本思想、超人と永遠回帰を含む権力意志の思想は、『ツァラトゥストラ』に形象的な表現で与えられた。しかしそれが問題なのである。ツァラトゥストラ（ニーチェ）は、「――私はつまり比喩で話し、詩人たちのように足を引きずり、どもる。そしてまことに私は私がいまだ詩人であらねばならないのを恥じる」（IV, Z, 3, 新旧の板について, 2, 247）と告白しているのである。『ツァラトゥストラ』が詩人としての仕事であったことをツァラトゥストラ（ニーチェ）は認める。もちろん、そう告白するのはもはや単なる詩人ではなく、哲学者であるが。ニーチェが終始認識と認識者を強調するのを私たちは見てきた。ツァラトゥストラもまた本来一人の認識者である。「おお、ツァラトゥストラよ。お前は一切の事物の根底と背景を見ようと欲した」（IV, Z, 3, さすらい人, 194）と自分自身に語りかけさせている。それゆえ認識ないし認識者をめぐるせめぎあいがここにはある。

詩人とは何者なのか。「将来の断片としての、すなわち私が直観するあの将来の断片としての人間たちの間を、私はさまよう。断片であり、謎であり、恐ろしい偶然であるものを一つに圧縮し（dichten）、収集すること、これがおよそ私の詩作（圧縮）であり、努力である」（IV, Z, 2, 救済について, 179）。この引用はニーチェが詩人と詩の使命をどう捉えているのか教えてくれる。詩人は来るべきものを――それは過ぎ去ったものであり、大いに古いものでもあろう――直接的に、直感的に摑んで詩を書く(1)。それが詩というものの偉大さである。それが詩の哲学にたいする優位である。しかしニーチェにとっては、あるいは認識者にとってはそれでは十分ではない。詩人は「私にとってはみな表面的な者であり、浅い海だ」（IV, Z, 2, 詩人について, 165）とツァラトゥストラは言う。しかし浅い海だからこそ、物事が手に取るように見えるのだ。それにもかかわらず、根拠を欠いているなどという言葉は使いたくないが（なぜならプラトン・キリスト教的に根拠から基礎づけを企てるのではないので）、事柄は確かに摑まれているとはいえ、十分洞察的ではない。しかし、詩人（知者ではない）と哲学者の間のこの線引きはなお古典的であると言えよう(2)。

これから主としてニーチェの晩年の遺稿(3)に基づいて、その理論的な「権力意志」の哲学について探究を開始したい。『ツァラトゥストラ』とは異なり、歌わずに語ろうとした部分に何が見いだせるのかにこれから目を向けようというわけである。遺稿には、公刊された著書以上に、遠近法、解釈、価値・価値評価その他が理論的により明晰に表現されている部分があるのは確かである。それを解明することが、さしあたりの課題である。ところで、ニーチェは遺稿で一つの著作の計画らしきものをいくつも遺しているが、[4] それらはむろんニーチェの意図を理解する参考にはなる。その著作はかなりの確かさで「権力意志――あらゆる価値の価値転換の試み」であると考えられる。とりあえずこれは、権力意志の哲学をもう少し問い深めるように促すだけだが、やがてハイデガーのニーチェ解釈とのからみで重要な意味をもつことを予告しておこう。

さて、「生」とは勝義には生物であるが、ニーチェにおいては命のないものもそれに準じて考えられるので、それゆえ実在は一般に生と呼ぶことができる。そしてその生は権力意志である。これからの解明は、「権力意志――一切の価値の価値転換の試み」に照準される。まずこの表題について予備的に触れる。表題と副題の関係は、権力意志の立場は、すなわち一切の価値の価値転換なのだということを意味する。これまでの本書の解明から明らかなように、権力意志の立場はそれと敵対する生のあり方を批判して提出されている。価値転換もむろん従来の価値（評価）への対決を含む。これからまずその内実を見極める。この生のあり方の分析は仮に存在論的と性格づけられよう。

しかしこれで話が終わりではない。「権力意志」を打ち出し、価値転換を説くのは、今がその時だというニーチェの歴史的把握を含意する。一方でこの生のあり方ととりわけその衰退・退廃現象は生そのもののうちに内在する傾向から成立するので、そのつど常に可能なのではある。しかし他方、転換を不可避とするまでの状態に至ったのは、これもこれまでの解明から了解されるはずであるが、プラトン・キリスト教的生の把握（道徳）とその近代までの展開の歴史的過程抜きには考えられない。そうでなければ、転換の不可避性の自覚さえ生じなかったにちがいない。転換は単に記述ではなくて、ニーチェの呼びかけなのでもある――読者めいめいへの……。それゆえ「権力意志の哲学」の解明は、存在論的・歴史的という二重性によって規定される。つまり生の諸現象は現象的に捉えられる構造をもつとともに、歴史的に生きられる姿をもつ、あるいは歴史的な出来事そのものである。

一　存在論的構造（生、権力意志、解釈、遠近法、価値、真理、存在）

次の断片はニーチェが意志説の立場に向かわなければならない思考の動きを洞察させる。「〈私はこれこれを欲する〉、〈これこれであったら、私は嬉しいのですが〉、〈私はこれこれがそうであると知っている〉――力の度合いである。すなわち、意志の人間、要望の人間、信念の人間」(XII, NF, 394, 1887 秋)。これがどうして力の度合いなのか（ここの「力」は権力でもかまわないと思う）。私は世界に向き合っている。三番目は認識の態度である。これこれであることは、私とは無関係に世界の側で決まっているので、私はただそれを受け容れるだけである。知るといっても信念でしかないという意味でも、私は無力である。二番目では私は世界のあり方に注文があるが、その実現はあなた任せである。現にあることと要望の間には裂け目がある。しかし要望があるだけ、まだ受動的でない。一番目は意志の態度である。「私はこれこれであることを欲する」は、ニーチェにおいては命令なのである。世界の側に私が欲することを強要して実現させる。認識の態度ではないから、私は「知っている」とは主張しないが、自分がそうさせたゆえに、これこれであることは確かである。ところで命令は通常、服従しないかもしれないが、服従しうる者（部下や犬など）にしか命令しない。世界に対してこのような態度を取りうるのは、実在が生であり、発現しようとする力であるがゆえに、服従可能なものであるという前提に立っている。自分の方も力である。もし服従させられないとすれば、自分が命令者であることに値しないのである。権力が弱いからである。

さらに意志の立場へ赴く必然性が明確に述べられる。それは矛盾律を論じている箇所である。正反対の述語を付け加えることができないとすれば、矛盾律はどこからそのことを正当化するのか。「論理学は命令なのであって、真なるものの認識のためではなく、私たちにとって真と呼ぶべき世界の定立と整備のためなのである。要するに、次の問いが未決着である。論理学の公理は現実に十全に対応するのか、あるいはそれは現実に対して私たちにとっての〈現実性〉という概念をはじめて創造する尺度なのか、という問いである〔……〕前者を肯定しうるためには、当然、存在者を知っているのでなければならないだろう。しかし決してそんな事情にはない。したがってその命題は真理の基準ではなくて、何が真として妥当すべきかについての命令なのである」（XII, NF, 389, 1887 秋）。現実（実在）は不可知なのであるから、こちらで決めなければならない。ニーチェはそれを仕方がないと言っているのではなく、積極的にそれを是認しているのである。これは主観主義（主体主義）か。ニーチェは自らそれを認める。「簡単に言えば、〈事物を定立する〉者のみがリアルでないのか。そして〈外的世界の私たちへの作用〉もまたそのような意欲する主体の結果に過ぎないのではないのか……」(ib., 396) と言うのである。これがニーチェの基本姿勢である。

以下ではその立場を浮かび上がらせるため、生、権力意志、解釈、遠近法、価値・価値評価・価値創造、真理、存在という基本タームを改めて検討する。まずは存在論的な分析であろうと努める。切り離しがたく結ばれたこれらの諸現象は画布にどんな光景を示すのであろうか。

まず生の定義にふさわしい断想を挙げよう。「共通の栄養の営みによって結ばれた一つの諸力の多数体を私たちは〈生〉と呼ぶ。この栄養の営みにはそれを可能にする手段として、一切のいわゆる感じること、表象すること、思考することが属する。すなわち、①一切の他の諸力に対して抵抗すること、②それらを形態とリズムに従って調整すること、③摂取と排除に関して評価することが属する」(X, NF, 650f. 1883 冬-1884)(ここの力は権力と同じと考えてよいだろう)。栄養ということを旨とした(目的とも意図とも言わないのは、故意だと思う)一つの力の集まりが生である。これはどんな生物にも妥当しよう。この直後には少しの説明らしきものが続いていて、人間が例にとられているが、そこで人間は形とリズムを形成する生物だと言われているのが注目される。「人間は形とリズムを形成する生物であるがゆえに、人間は〈存在〉と〈事物〉を信じる」(ib., 651)。形(主として視覚的のようだ)とリズム(運動的なもの)は一応分けられている。「私たちが見、そのうちに事物をもつと信じる形態と形は、すべて実在しない。私たちは自らを単純にし、なんらかの〈印象〉を私たちの創る図をとおして結合する」(ib.)。リズムについては、「人間はすべての生起をこのリズムのうちに置き入れる。それは〈印象〉を自分のものとする仕方である」（ib.）。人間は印象というもやもやをもつのではなくて、このようにして取り扱い可能にしているのである。

ニーチェは形のないものを——このように素材的なものに還元されているが、本来他の生・力なのだと思う——さしあたりは肉体的図式と律動に取り入れつつ形成することを考える。「自らを養い、事物を自分に取り込む彼の手段は、事物を〈形〉と〈リズム〉のうちにもたらすことである。把握作用はさしあたり〈事物〉の創造に他ならない。認識は栄養の手段である」（ib.）。一つの生物が力の集まりであることも、生の多数性もしっかり心に刻みつけておかなければならない。力対力は、取り込むか、そうされまいと抵抗するかである。最も広い意味での認識（感じること、表象すること、思考すること）もプラグマティズム風に、まずはこのような生物の栄養のための手段と考えられている。しかしその働きの創造性が強調される。存在や事物もこうした創造作用から成立する。生はそもそも創造的であることになる。人間の創造作用と相関的な存在や事物はとりあえず信じられるのであって、その真理性などが問われることはない。

しかし、これは重要なことであるが、「有機的世界に誤謬が始まる」（XII, NF, 16, 1885 秋 -1886 初め）とニーチェは主張する。それは次のような理由からである。「遠近法的領域と誤謬はいかに成立するのか。有機的本質体によって、一つの有機体がではなく、闘争自身が自らを保存しようと欲し、成長しようと欲し、自らを意識しようと欲するかぎりにおいてである」（ib., 40）。非有機的現象においては作用には反作用が一義的に想定されるであろう。しかし多である有機的存在体はそれぞれが固有の視点であり、そこから他を眺め、評価し、自らの成長のために他に挑みかかるので、闘争を不可避とする。しかももはや何者かが闘争を行うというより、むしろ闘争が遊動していると言い表さなければならないほど、それは全般的であるだろう。もはやあの一義性は失われている。

「抵抗すること」については、別の断片から補強しておく。「〈受動的〉とは？ 抵抗し、反応すること。前方へと摑みかかる運動において阻止されていること。したがって抵抗と反応の行為。〈能動的〉とは？ 権力を摑みかかること」(XII, NF, 209, 1886 夏 -1887 秋)。この「受動」の規定は注目される[5]。阻止されているのだから受動的なのだけれども、通常の意味では大変能動的なのである。ニーチェにおいて生はあくまで力を発現させてやまないものである。この受動＝能動はルサンチマンの成立でも重要な働きをしている。しかしこれが能動・受動の唯一の把握ではない。現在の文脈からは逸れるが、純粋に受動的な受動＝能動を積極的なものとしてニーチェにおいて確認したと私は信じる（本書第五章三の終わりあたりを参照されたい）。

栄養のため他を取り込み、他に抵抗するのは、権力の争いに他ならない。生は権力意志である。そして権力意志は私たち人間の生のいわゆる高度の営みばかりでなく、その衝動的な部分から、さらに一切の有機的世界、無機的世界までを覆っている。「無制約的権力意志の性格が、生の全領域に存在する」(XII, NF, 23f. 1885 秋 -1886 初め)。しかしまず、それが心理学的出発点をもつことが注目される。「心理学的な出発点。――私たちの思考と価値評価は背後に支配する欲望の表現にすぎない。――欲望は常にますます特殊化する。その統一は権力意志である（その表現を一切の有機的発展を今まで指揮してきたあらゆる衝動のうち最強の欲望から取ってくれば）（XII, NF, 17, 1885 秋 -1886）。心理学的ということは、出発点は「欲望」といったものが直に確認されるところであるということを含意する。ニーチェにおいて生は多である。しかしそれを宙に浮いたところから眺めることはできない。必ず一つの視点から見る。それは権力意志である一つの個（とりわけ私）の視点である（私については、本書第四章の冒頭、第五章一五四－一五五頁を参照）。このことの重要性はほどなくはっきりする。つまり権力意志である生は解釈作用というものなしにはありえないが、それが必ず特定の「位置」からなされるということを含むのである。

「権力意志は解釈する。器官の形成に際して問題なのは解釈である。権力意志は度合いを、権力の差異を限定し、規定する。単なる権力の差異はいまだそれとして知覚されえないかもしれない。成長しようと欲する何かがそこに存在して、それぞれの他の成長しようと欲する何かを自らの価値に基づいて解釈するのでなければならない。実際、解釈は何かに対して主人となるための手段である（有機的過程は継続的な解釈作用を前提する）」（XII, NF, 139f., 1885 夏 -1886 秋）。人間を含む生の〈本質〉は権力意志である。それぞれの生は、器官を形成し、成長しようとする。人間のような生物の場合には文字通りの生物学的な器官ばかりでなくてもいいし、広く文化的形成体をも意味できよう。成長するには他を摂取しなければならない。そこに解釈の働きが出てくる。権力の大きさを量らなければならないからである。相手の抵抗する力と自らの圧倒する力が問題である。相手の権力が小さければ従わせることができ、取り込むことができるが、相手の権力が大きければ回避しなければ、逆に取り込まれてしまうかもしれない。相手の権力の大小は、自分の権力の大きさに基づいて決まる。それゆえ自分の権力に基づいて権力に関して他者を解釈する。「自分の価値に基づいて」ということは動かせない。「〈自由な〉人間、長い、砕かれない意志の所有者は、この意志の所有のうちにまた自分の価値尺度をもつ。自分から他者を見やりつつ、彼は尊敬し、軽蔑する」(V, GM, 2, 2, 294) とすでに言われていたようにである。

ただしすでに述べたように、解釈作用は優れた意味で「私」が問題になるような次元ばかりでなく、広く生に属する。したがって「〈一体誰が解釈するのか〉と問うてはならない。そうではなくて、解釈作用そのものが権力意志の形式として情動という現存在をもつ（しかし一つの〈存在〉としてではなく、過程として、生成としてだが）」(XII, NF, 140, 1885 秋 -1886 秋)。ニーチェは非常に低次元のほとんど意識的でない解釈作用をも射程に収める。私たちの事物についての、たとえば食物の好悪がすでにそれだと考えられる。しかし解釈をするのは誰かとは問われなくても、解釈は「どこで」、あるいは「どこから」なされているのかという基点を欠くことはできない。それゆえ「遠近法」が含まれていることになる。「有機的存在者において本質的なものは、生起の新しい解釈であり、それ自体一つの生起である遠近法的な、内的多数性である」(XII, NF, 41, 1885 秋 -1886 初め)。解釈と一体である「遠近法主義」は理論的に権力意志思想の中心を形づくっている。

さて「解釈」という非常に重要な概念をこれから検討していかなければならない。すべての認識作用、把握作用（感じること、表象すること、思考すること）は解釈を含んでいるのであり、それは同時に価値評価作用であり、創造作用でもあるとされている。ということは、解釈なしに何かが現れることはないということでもある（いわゆる認知と価値評価を全く等しく扱えるのかは、むろんこれから問わなければならない）。ところで解釈は、常に別の解釈の可能性を前提する。当然別の解釈では別の何かが現れる。すると、解釈の正しさをどこに求めればいいのか、またそれ以前に、そもそも解釈において「真理」とは何を意味するのかという問題が生じる。

次の文は、生物による遠近法と、世界（実在）のそれ自体性の否定・現象性を簡潔に述べる。「世界はかくかくであって、生物が彼らに現れるようにそれを見るというのではない。そうではなくて、世界はそのような生物から成立し、そしてそれぞれの生物には、そこから彼らが測り、気づき、見、あるいは見ない小さな片隅が存在する。〈本質〉は欠けている。〈生成するもの〉、〈現象的なもの〉が唯一の種類の存在である」（XII, NF, 誤謬の心理学、249, 1886 終わり-1887 初め）。「出来事それ自体は存在しない。生起するものは、解釈する者によって解釈され、総括された一団の現象である」（XII, NF, 38, 1885 秋-1886 初め）。かくかくである世界がまずあって……という語り方を、はっきりニーチェは拒否している。

人間も人間という生であるかぎり、その解釈は必ずしも個人的なものではない。自覚されなかったとしても、人間的生の保存のために世界は解釈されてしまっている、解釈に貫かれている。「有機的生が解釈のこの遠近法のもとで自らを保持するようにかくかくに見られ、知覚され、解釈された世界。人間は、個人にすぎないのではなく、一つの特定の線において存続する全有機体である。彼が存続するということでもって、ある類の解釈が（常にさらに形成されるとしても）存続したのでもあったし、解釈の体系が変化はしなかったということを証明している」（XII, NF, 価値と誤審の価値、251）。遠近法と解釈はとりあえずは生のうちに埋め込まれている。生が人間という種であれば人間的な解釈が存在するわけだし、さらに人間のあり方が分化すれば、異なった解釈が営まれることになる。保存を求めるとしても、保存の条件は同じではないのだから。それゆえ解釈の正しさは、その種の生物の存続によって決められる。しかしやがて明らかにしなければならないが、この分化は生物学的生の次元を超えて遠くまで——個別的個へまで及ぶ。そのときには、もはや分化という言葉も不適切になろう。

当然ニーチェは、事物・意味・価値の自体的存在を否定する（これはこれまでにも触れられたのであって、遺稿で初めて出会う思想ではない）。「〈もの自体〉は、〈意味自体〉、〈意義自体〉と同様に馬鹿げている。〈事実自体〉があるのではなく、一つの事実が存在しうるためには、意味がまず初めに置き入れられるのでなければならない。／〈何であるか〉は、何か別のものの価値定立から見られている。〈エッセンス〉、〈本質性〉はある遠近法的なものであり、多数性をすでに前提する。根底には〈それは私にとって何か〉が横たわる（私たちにとって、すべてにとって、生きるものにとって等が横たわる）」（XII, NF, 140, 1885 秋 -1886 秋）。また価値についても「私たちの諸価値は事物のうちに解釈によって置き入れられている hineininterpretiert」（XII, NF, 97, 1885 秋 -1886 秋）。事物（もの）・意味・価値は置き入れられるものであること、遠近法的なものであること、そしてそれが権力意志的な性格であることを考慮するとき、一体「価値」はどのように捉えられるのか。

ニーチェは次のように言い放つ。「権力の度合いの他には生には価値をもつものは存在しない——生自身が権力意志であるとすれば」（XII, NF, 215, 1886 夏 -1887 秋）。そもそも『善悪の彼岸』も『道徳の系譜学』も（むろん『ツァラトゥストラ』もだが）価値の立場に立つ。ニーチェは『善悪の彼岸』で探求を開始したとき、探求は当然真理を探究するものと考えられるが、「真理への意志」に対して「この意志の価値」、ないし「真理の価値の問題」（V, GB, 1, 1, 15）をまず明らかにしなければならないと主張した。「よい・わるい」と「善・悪」が「二つの対立する価値」（V, GM, 1, 16, 285）と呼ばれるのをはじめとして、生の現象一切合財が価値と価値評価の問題の見地から吟味されたのである。「すべての科学はいまや哲学者の将来の任務を準備しなければならない。その任務とは、哲学者は価値の問題を解かなければならない、彼は価値の位階秩序を決定しなければならないということである」（V, GM, 1 の注 289）とニーチェは宣言したのである。ニーチェの哲学は明白に価値論の性格をもっている。

　次の断章は、価値について正面切った次のような規定を与える。「〈価値〉の観点は、生成の内部での生の相対的に持続的な複合形成体に関する保存と上昇の条件という観点である。持続する最終的単一体、アトム、モナドといったものはない。ここでも〈存在者〉は私たちによってはじめて置き入れられている（実践的な、有用な、遠近法的な根拠から）。／〈支配形成体〉、支配するものの領域は、不断に成長しつつある、あるいは環境（栄養）の有利・不利によって周期的に減少したり、増加したりしている。／〈価値〉は本質的にこの支配する中心の増加・減少に対する観点である（いずれにしても〈多数〉であって、〈単一体〉は生成の本性には全く存在しない）」（XIII, NF, 36, 1887. 11-1888. 3）。まずここで、ニーチェが意志について論じたところで、「多くの〈魂〉の社会構造」ということが述べられたのを思い出す必要がある（本書第四章一）。一個の生物が「生の相対的に持続的な複合形成体」に当たるが、それは、人間ばかりでなく、さらには国家や企業・大学等に、さらに文化などに援用できる。それは力の集まり・多様体であるが、とりあえずは一つのものとして働くには、支配的部分が統括しているのでなければならない。さてそこで「価値」の出番である。

では、価値が「観点 Gesichtspunkt」であるとは何を意味するのか。価値の観点とは、このような複合体の「保存と上昇の条件」という観点であると言われている。「条件」とは保存と上昇を可能にすることである。すると、保存と上昇を可能にするものが、価値である。一般的に考えると、「観点」は物事をそこから捉える基点の側と思われる。たとえば一本の道路を経済的観点から評価すれば、「よい」・「わるい」という価値は道路に帰属するので、基点の「先」に見いだされる。したがって、基点である観点に価値を帰属させているのではない（経済的観点を採ることが再び評価される場合は、別である）。ニーチェにおいてもさまざまな物事の価値を評価する場合は、同じ仕方をする。では「何で価値は客観的に測られるのか。ただもっぱら上昇し、組織化された権力の量で」（XIII, NF, 40, 1887. 11-1883. 3）とニーチェは述べる。したがって、この権力量が観点＝基点である。たとえば従来高く評価された道徳的諸価値は、そのような観点からネガティブに評価される。すなわち権力量の上昇の条件にならないからである。この権力量は当然主観の側のものである。ここではまだ、この権力量に価値を帰属させてはいない。しかしニーチェは自らの権力量を価値と呼ばないわけにはいかない。というのも、他の生との権力の闘争において自らの価値、すなわち権力量が尺度になるからである（一八三頁の引用、XII, NF, 139f. によって）。

しかし権力量の上昇・減少自体が権力量の上昇・減少という観点から価値があるとされることは、了解可能なことだろうか。どう考えればいいのか。たとえば空間的事物を見る場合にそれを見る自分という観点は非表明的にともに意識されているし、自分が動くときそれは明瞭に自覚される。同様に、上昇し、組織化された権力量という観点は力の発現のうちで他を摂取し、支配していくときに快とともに感得されていないだろうか。そこには自らの生の肯定や充実があるのであるから、それを価値と呼ぶなら、観点に価値が帰属する。そこには多くの肯定的な価値性質が備わっているはずである。したがって自らの価値（の充実）によって権力量は測られる。権力量によって価値は測られるという見方から、そこにいま辿り着いたのである。二つの方向は一見逆のように見えるが、どちらも「価値の観点」という言い方を満たす。それらは排除しあうのではなく、共属する。権力量によって価値が測られるのは、価値によって権力量が測られるからである。そして「私たちの諸価値は事物のうちに解釈によって置き入れられている」(XII, NF, 97, 1885 秋-1886 秋) というのであるから、事物・世界が価値に満ち満ちているとすれば、自らの権力量が溢れるほど充溢してそれだけの価値を置き入れているからである。価値は評価する側からのものとなる。ツァラトゥストラが価値創造を強調したのはこのような意味ではなかったのか。ツァラトゥストラならば「贈与」と語るであろう。しかし主観主義的と一応言えるとしても、主観の思い通りになるという意味ではむろんない。権力を自発的に発揮できるあり方をしていなければならないのだから。

　価値は「保存と上昇の条件という観点」だとされたが[6]、このような原理的なレベルばかりではなく、それを充実するもう少し具体的な規定も見いだされる（本書第一章で考察した高貴道徳は主としてこのような水準のものであったことがわかる。全く形式的な自己超克というだけではない）。その断片では観点は明らかに価値評価する側（ここでは人間）のあり方であり、その肯定的なあり方は肯定的価値を、否定的あり方は否定的価値をその人間が体現していることを表す。ニーチェがそれらを対照して数え上げている箇所なので、見通しよくするために、肯定的なものには⊕を、否定的なものには⊖をつけて提示する。「私の価値にとっての諸観点。⊕充実からなのか、⊖あるいは要望からなのか……、⊖傍観しているのか、⊕あるいは手を下すのか……、⊖目をそらし、脇へ退くのか……、⊕蓄積した力から〈自発的に〉か、⊖あるいは単に反動的に刺激され、仕向けられたのか、⊖諸要素の少なさから単純なのか、⊕あるいは必要ならそれらを使役するほど圧倒的に多くの要素を支配するからなのか……、⊖問題なのか、⊕あるいは解決なのか、⊖課題が小さいゆえ完全なのか、⊕あるいは目標が途方もないゆえ不完全なのか……、⊕真正なのか、⊖あるいは単に俳優なのか、⊕俳優として行為するのか、⊖あるいは模倣的俳優にすぎないのか……、⊕〈代表者〉なのか、⊖あるいは代表されるものそのものなのか——、⊕〈人物〉なのか、⊖あるいは単に人物の落ち合う場所なのか——、⊖病気から病んでいるのか、⊕あるいは有り余る健康から病気なのか……、⊖牧人として先行するのか、⊕あるいは〈例外〉として先行するのか（第三の種、逃亡者としてか）……、⊕品位を必要とするのか、⊖——あるいは〈道化役者〉なのか、⊕抵抗を求めるのか、⊖あるいは抵抗を避けるのか、⊕〈早すぎ〉として不完全なのか、⊖あるいは〈遅すぎ〉として不完全なのか……、⊕本性からイエス・ノーを言うのか、⊖あるいは多彩な事物の孔雀の尾なのか、⊕自分の自惚れを恥じないほど誇り高いのか、⊕良心の呵責をなおも知るのか（この類の者は稀になった。

かつて良心は噛みつきすぎた。いまや良心は噛みつくための歯をもっていないように見える）、㊉なお〈義務〉を果たす能力があるのか――（㊀〈義務〉を奪われると、残りの生から生の喜びを奪われる人々がいる……とくに女々しい者、生まれつき従属的な者……）」（XII, NF, 537f. 1887 秋）。自らそれを生きていること、身を挺することが求められている。「要望」はまだ所有していない状態である。ほとんどは意味をただちに了解しうるが、「孔雀の尾」とは何なのか。孔雀は自惚れや華麗の象徴なので、物事にイエス・ノーを言わずに、評論家的な派手な言説を広げていることなのか。良心や義務は内発的なものに限る。指導者性といっても、どちらの型なのかの違いがある（キリスト教のそれとニーチェのそれ）。肯定的な側には、充実、能動、自発性、支配力の大きさ、志の大きさ、誠実性、健康、単独性、指導者性、決然、剛毅、先駆性、誇り高さ、良心的、義務を果たすといった性格が列挙されている（否定的な側はこれと反対の性格であろう）。ここには第一章で見た強者の徳が体現されている。つまり価値が備わっている。

そしてこれらのあり方は「私の価値にとっての諸観点」である。したがってこれらの肯定的なあり方は、保存と上昇の条件だとされているが、即、その生の支配中心が力を保存ないし上昇させていることをニーチェが認めることを意味する。それらは個別的な充実の仕方である――まさしく実存的な。それゆえ、ニーチェが人間の高貴さをどこに見たのかよくわかる。またこれらは私たちの世界のうちでのあり方なので、当然世界の側に同時に価値が置き入れられる。すなわち、人間のあり方を形づくるのと相関的に世界には、諸々の力のせめぎあいの力学が許せば、見合った事跡が創造されよう。ニーチェはここで直接そう述べてはいないが、そう結論できると思う。ただこれらの肯定的なあり方は畜群的なものでは全くないのであって、畜群のなかで権勢を誇るといった類のものではないだろう。

考察をもう一度、基本的なレベルに戻そう。通常の意味での価値は価値評価の相関者である。価値は何かに具わる価値なのであるが、その価値については一般に二つの方向で考えられる。価値が自体的な存立をもつか、主観が付与するか（どんな主観かは措く）である。ニーチェはむろん後者の陣営にいる。振り返ってみると、ニーチェにおいてはいわゆる認知のところと価値（や意味）のところにまたがって解釈が言われているように思われる。むろん日常的には事実判断と価値判断が分離できないこと、それゆえ「すべての感覚知覚は全く価値判断によって貫かれていることは疑いない」（XII, NF, 108）ということは正しい。つまり何かを感覚するとき、たいていはたとえば好ましさや危険を同時に感じるであろう。しかしこのことを承認するとしても、区別は全然ないのだろうか。常識に従って事物（事実）と価値が一応区別できるとすると、これがバラの花であることと、それが美しいことを区別する。前者については客観的に考え、後者は主観的とみなすのが常識の立場であろう。美しさは時代、場所、ひとによって異なり、議論の余地があると。最も広くは、あるものを何として見る（捉える）ことを解釈と呼ぶことができる。犬として見る（犬を見る）、猫として見る（猫を見る）のは解釈であるが、走り過ぎたものをとっさに犬だと思って、猫だったと気づくとき、間違いと呼ばれよう。これは日常において価値ではなく、事実が問題となる場面であるが、猫と解釈するのも、犬と解釈するのも勝手とはいかない。事物の美しさについてなら、普通ひとは同じ態度はとらない。そしてそれが日常生活の営みの一部となっているかぎり、ニーチェもそれを否定できないし、否定する必要もない。しかし価値抜きに事物の何であるかがことさらに問われることはあるが、そのときにはすでに特殊的な理論的関心を前提にするのである。それはそのような関心にとって現れるものなので、自体ではありえないとニーチェからは主張されるはずだと思う。価値が主観的なら、これも主観的に違いない。ニーチェにおいては一般に価値と事実の区別はされないというか、あるいはむしろ事実は価値のうちに包含される。生の条件という遠近法から考えれば、当然そうなる。

ニーチェは解釈の命令性と創造性を強調する。すなわち「〈それはかくかくである〉という信念は、〈それはかくかくとならねばならない〉に変化させられるべきこと」（XII, NF, 40, 1885 秋 -1886 初め）だ、というように。発見と発明は通常は区別される。すでにあるものを発見するのと、これまでなかった新しいものを創り出すことは、言葉の用法としては区別がある。それとしてはないものをそれとしてあるものにするとき、解釈＝創造の場所がある。この最も広い規定では、事物の単純な認知（犬として）も、価値を捉えることも、このような解釈作用とみなすことができる。ニーチェの場合には、発見と発明のあいだが怪しくなるようだ。[7] 価値については、何かに新たな価値を見いだすことは価値の創造とほとんど同義だということは受け容れやすいと思われるが、理論的な解釈についてもそう主張されている。解釈の創造性をどう理解したらいいのか。権力意志を十全に発揮するとすれば、解釈はどんな性格を帯びるのか。

解釈の暴力性を、ニーチェは積極的に擁護する。「真理」を歌った詩がある（XIII, NF, 557f. 1888 夏）。

真理――

女であって、それ以上のものではない

羞恥《はじらい》のなかでも悪賢い。

己が最も好むものを

彼女は知ろうとせず、

指を前にかざす……

彼女は誰に屈するのか? 暴力にのみ!――

それゆえ暴力を用いよ、

過酷であれ、君たち最も賢い者たちよ!

君たちは彼女を強いねばならない

恥らう真理を……

その至福には

強制が必要――

――真理は女であって、それ以上のものではない……

(口語訳にしたので、詩らしくないのは悪しからず! 三人称の人称代名詞の「彼」はともかく、「彼女」と訳した先人を私は恨む。「かれ」に合わせて「され」とすればよかったと誰だったか言語学者が言っていたのはもっともである。「彼女」は字面も音も醜い。本来とても詩には使用できない）。

ニーチェが真理を女に譬えるのは、ここに始まったことではない。本書第三章で、私は認識の問題を扱い、ニーチェの批判の対象が「独断論」であることをまず論じた。実は、ニーチェは『善悪の彼岸』で「真理が女であるとしたら」（V, GB, Vorrede, 11）と仮定して、独断論者である哲学者は女（真理）を理解できないのも当然と、議論を開始したのである。ごくステレオタイプだと思うが、女は不正直で、媚を売り、変わりやすく、気まぐれ――とても一本調子の生真面目さでは捕えることができない相手だというような意味だったろう。解釈問題はまだ表立ってはいなかったので、その暴力性に触れているわけでもなく、解釈の問題に踏み込む場所でもなかった。そのときには私は「女」を省略した。それで以下は本題から外れるが、言い添える。この詩が「真理」の話である限りはかまわない（かまわなくはないか！）。ただし「女」の話であるとすれば、強姦男の台詞そのものであって、フェミニストの端くれとしては少々気に障る。しかし現代ではこの詩で歌われたような女など存在しないし、昔もニーチェのような男の願望のなかにしかいなかったのだとも思える。

解釈の暴力性については（女の問題は忘れよう）、真理はやすやすとは露わにされるものではなく、露わにされるときには暴力が必要であっても、真理が自らを与えなければならないという了解があるように思われる。単に擬人的語り方だからというばかりではなかろう。至福は当人の思い以外にはないのだから。とはいえ、創造性強調のもとではこれは微妙なことになる。

ただしここの「真理」は括弧つきである。(8) 遠近法主義を含む解釈の創造性をとるとき、そもそも「真理」がどんな事態になるのかは、予想のつくことである。暴力的な解釈によって露わにされるのは何か。真理＝仮象であって、それ以外の何ものでもない。むろんニーチェはそれを敢然と引き受ける。「世界の価値が私たちの解釈のうちに横たわること（――おそらくどこかで単なる人間的解釈とは別の解釈が可能であること――）、従来の解釈は遠近法的評価であって、それによって私たちが生において、すなわち権力意志・権力の成長の意志において自分を保存していること、あらゆる人間の向上はより狭い解釈の克服を伴うこと、あらゆる強化や権力拡大の達成は新たな遠近法を開き、新たな地平を信じることを意味すること――これが私の著作を貫いている。私たちになんらかにかかわる世界は偽である、すなわち決して事実ではなく、乏しい総量の観察のうえの創作・彫琢なのである。それは、何か生成するものとして、〈流れのうちに〉ある、決して真理に近づかないところの（というのも真理は存在しないから）、絶えず新たに自らを変えていく虚偽として〈流れのうちに〉ある」（XII, NF, 114, 1885 秋 -1886 秋）。ニーチェの立場は非常に鮮明だと思う。

このように価値の遠近法からは、世界の仮象性が帰結する。しかし真の世界に対する仮象という枠を取り払うので、ついには仮象について語ることができなくなる。ニーチェはその事態を明確に意識している。「仮象の世界とは、価値に従って眺められた世界のことである。価値に従って秩序づけられ、選択された世界のことである。すなわち、この場合には特定種の動物の保存と権力上昇に関する有用性の観点からということである。／それゆえ遠近法が〈仮象性〉という性格を与える！／遠近法を除去するとき、一つの世界がなお残っているかのようだ！　このことでもって、相対性を除去したかのようだ！

／あらゆる力の中心は〔自分を引いた〕残余全体に対して自らの遠近法をもつ。すなわち自らの全く特定の価値評価、自らの作用の仕方、自らの作用の仕方をもつ。／〈仮象の世界〉は、一つの中心から発する、世界への特殊な作用の仕方に還元される。／ところで他の作用仕方はない。そして〈世界〉とはこれらの作用の全体遊動をいう言葉にすぎない。／実在性は、全体に対する個々の者の特殊作用と反作用のうちにまさしく存立する……／ここには仮象について語る一片の権利も残っていない……」（XIII, NF, 370f., 1888 初め）。したがって、自体・本体・真理に対立する仮象は否定されるが、現れるままの現象＝仮象という世界はむろん消失はしない。

ニーチェは、絶えざる生成の世界のみを残し、そこに棹をさす。感性的なものを大切にするので、それは彩り豊かな原初的な仮象の世界である。むろん特定の人間のあり方と相関する。引用のような仕方で眺められるゆえに成立するのであるが、この生成と「真理＝仮象」の立場が個々の解釈と並ぶ解釈の一つであるとニーチェは考えてはいない。それは解釈の「として」以前なのである。生がそのつど諸々の仮象・形象を見る（創造する）とき、「として」が働く。この仮象のみの認識や立言を追い込む原理的な困難はあるが、今は付け加えることはない。それに対して「真の世界」と呼ばれるが、ニーチェ的には二次的な、貧しい世界が捏造される。それがプラトン（ないしソクラテス）とキリスト教の哲学と道徳が創始したものに他ならない。この批判については、前章までの解明で明らかになっていると思うので、繰り返さない。この哲学（プラトニズム）の方は歴然とした、しかしニーチェにとってむろん好ましくない解釈である。ただし哲学体系は、解釈といっても高次の理論的解釈《インテルプレタチオン》である。この意味では、外側からみれば、ニーチェの生の哲学も従来の哲学に抗する一つの解釈に他ならない。

そこで、生成と仮象が強調された後で、「存在」はどう考えられるのか吟味しなければならない。「存在するものはそもそも許容されてはならない——というのは、さもないと生成はその価値を失い、まさしく無意味で余計に思われるからである」(XIII, NF, 35, 1887. 11-1888. 3) というのが基本的考え方である。いうまでもなく、「存在」は伝統的に哲学の中心概念であるが、すでに推察されるように、「存在」は一、固定、不変、不動を含意するので、ニーチェにとっては虚構に他ならず、打破されねばならない。「存在」が担ぎ出されるのは、「生成に苦悩する者の虚構としての〈存在〉」(XII, NF, 115, 1885 秋-1886 秋) として以外ではない。生成・変化に耐えられなくて、存在を虚構するという意味である。イデアの世界や神はそうして創造された。それゆえニーチェは「存在」を「生」に取り替えねばならなかった。「〈存在〉——私たちはそれについて〈生きること〉以外の表象をもたない。したがってどのようにして何か死んだものが〈存在〉しうるであろうか」(XII, NF, 153, 1885 秋-1886 秋)、あるいは「〈生きること〉(呼吸すること)、〈魂を吹き込まれていること〉、〈意欲し、働くこと〉、〈生成すること〉という概念の一般化としての〈存在〉」(XII, NF, 369, 1887 秋) と言われている。生は生きていることであり、力であり、絶えざる生成である。

しかし存在問題がそれで終わったということではない。生成しかないのであって、しかもそのことを否定しないで、「存在」をなお思考しうるだろうか。存在について別の語り方があるのである。注目すべき発言がある。「生成に存在の性格を刻印すること——それが最高の権力意志である」(XII, NF, 312,

1886終わり-1887初め)。しかし「生成に存在の性格を刻印すること」はどのようにして可能なのか。二つのやり方があろう。一つは芸術、もう一つは哲学である。「生成の克服としての、〈永遠化〉としての芸術。しかしそのつどの遠近法に従って近視的である。いわば小さいもののうちに全体の傾向を繰り返しながら」(ib., 313)。たとえば一つの絵画や詩作品の創作はそんな永遠性を宿す。もちろんそれらはほどなく消滅するとしても、次々創り続けることによって、生成に存在の性格を刻印するのであろう(ニーチェは自然を芸術家的に考えるので、自然の活動も射程に入れていいのかもしれない。ただしここでは明らかに人間的活動が問題になっている)。次に哲学。「すべてが回帰するということは、生成の世界の存在の世界への最も極限の接近である。すなわち考察の絶頂」(ib., 312)。これはむろん永遠回帰の教説を意味している。これは芸術の場合のように個々の遠近法に拘束されるのではなく、生全体を視野に納める把握である。生成の世界をそのまま肯定しながら、その回帰を意欲する。これが生・権力意志の哲学の到達点だということになる(永遠回帰については私に可能なかぎり、本書第四章で論じた[9])。

権力意志説について、ここで最後的に再確認する。「生はまさしく権力意志である」(V, GB, 9, 259, 208)、これをニーチェが「歴史の原-事実」とみなしていること(本書第一章五頁、また注8参照)、「生はまさしく権力意志である」(V, GB, 1, 13, 27)、これを私が「ニーチェの根本直観」と呼んだこと(本書第四章八〇頁)については、その問題性を指摘しただけで、それ以上追求しなかった。いま結論として言うが、それを性格づけるのに、仮説や要請では生ぬるいのだと思う。生全体を視野において、本章で先ほど登場したように、「〈それはかくかくである〉という信念は、〈それはかくかくとならねばならない〉に変化させせられるべきこと」（XII, NF, 40, 1885 秋 -1886 初め）、すなわち解釈の命令性と創造性に帰着させられるのである。このことはすでに本章でも論じたとおりである。これはむろん極限の主観主義（主体主義）である。それは「生はまさしく権力意志である」ということを貫徹することに他ならない。とはいえ、主観ないし私は、権力の上昇に努めるが、それ自身全体的生の一つの仮そめの結び目なのである（本書第三章三のAを見よ）。

二　歴史的展望（ニヒリズムの歴史）

権力意志説を歴史的に展望すれば、これまでは主題的に扱うことはしてないが、ニヒリズム問題が焦点になる。まずニヒリズムの規定と、その二つの形式を省みる。それからその歴史的成立と展開を跡づける。

その最も定義にふさわしい規定。「ニヒリズム。目標が欠けている。〈何のために〉への答えが欠けている。ニヒリズムとは何を意味するのか。至高の諸価値がその価値を剝奪されるということ」（XII, NF, 350, 1887 秋）。これがニヒリズム現象であるとして、現在間違いなく私たちのまじかに出現している。ニーチェはいちはやくそれを察知した。すなわち、「ニヒリズムが戸口に立っている。あらゆる客のうちで最も不気味なこの客は、どこから私たちにやって来るのか」（XII, NF, 125, 1885 秋 -1886 秋）。まず先にその二つの形式を提示しよう。「能動的ニヒリズム」とは？「それは強さの標でありうる。精神の力がそれほど増大したので、これまでの目標（確信、信仰箇条）が不適合になった」（XII, NF, 350, 1887秋）というものである。そこで「破壊の暴力的力」となる。では「受動的ニヒリズム」とは？　精神の力の低下・後退を表す。「精神の力が疲労し、汲みつくされるので、従来の目標や価値が不適合になり、どんな信仰ももはや見いだせない」（ib.）、そして「諸価値と目標の統合（あらゆる強い文化がそれに基づくような）が解消するので、個々の価値が戦争を行うようになる、すなわち崩壊」（ib.）というものである。受動的ニヒリズムの「最も有名な形式」（ib., 351）が仏教である。

仏教もそれなりに無常の生を生き抜く教えであったし、教義としての体系性を具えているはずである。しかし仏教そのものやニーチェの仏教理解を論じる能力は私にはない。仏教はショウペンハウエルを通じて若いときから親しいものであったとしても、仏教を持ち出すのはキリスト教批判の戦略という匂いもするし、立ち入らない。それで、受動的ニヒリズムと呼ぶのが正当かどうかは別として、話が仏教までいってしまえば、ニヒリズムは生が高度の精神性を獲得したところではどこでも生じえたということではないのか。若いニーチェが『悲劇の誕生』で向き合った「シレノスの知恵」（本書第五章、一四八－四九頁参照）も、それに他ならなかったのではないのか。ただしこれはニヒリズムというより、ペシミズムと呼ぶべきなのであろう。[10] すでに見たように、ギリシア人はそれへの対抗手段をもった。その芸術である。ニーチェはこの時代のギリシア人に力の衰弱を認めることはなかったし、それはいまだプラトニズム以前である。さしあたり仏教やソクラテス以前のギリシアは措いておこう。[11] いまニーチェは、ヨーロッパのニヒリズムの歴史を明らかにしようとしている。

さて、ニヒリズムの二つの形式からはニヒリズムの歴史の道筋が透けて見える。すなわち、(1)受動的ニヒリズムへの道、(2)能動的ニヒリズムへの道、(3)転換、すなわちニヒリズムの超克、あるいは肯定の立場。この過程にはすべてキリスト教が関与している。そこでニーチェ自身の立場はどうなるのか。予め大摑みに述べてしまえば、ニーチェはむろんこの過程を見渡し、分析している。そして、彼自身(2)の能動的ニヒリズムを潜り抜けて、(3)に立つ、ないし足をかけようとしている。

では、このニヒリズムの成立をニーチェはどのように跡づけたのか。ニーチェは、まず①「〈社会的困窮〉や〈生理学的変質〉や、まして腐敗をニヒリズムの原因とするのは誤解である」(XII, NF, 125, 1885 秋 -1886 秋)と指摘する。そうではなく「全く特定の解釈のうちに、キリスト教的・道徳的解釈のうちにニヒリズムは隠れている」(ib.)。②「キリスト教の没落、キリスト教から解き離すことができないその道徳における没落、キリスト教の道徳がキリスト教の神に反抗する。すなわちその真実性の感覚がキリスト教によって高度に発達して、すべてのキリスト教的世界解釈と歴史解釈の虚偽や欺瞞に対して吐き気を催す」(ib., 125f.)。これはほとんどニーチェの告白であろう。キリスト教の真実性が誰よりも自分のところで先鋭的に働いていることを意識している。③「道徳への懐疑が決定的である。道徳的世界解釈の没落。それは彼岸へ逃避することを試みたので、もはや裁可されず、ニヒリズムへ至る。すなわち〈すべては何の意味もない〉」(ib., 126)。この「すべては何の意味もない」というこの状態は、もう一度先ほどのニヒリズムの定義を思い起こせば、以上のように、プラトニズム・キリスト教という支柱が取り去られてしまった結果である。[12] ニーチェの診断によれば、発端はあるがままの生に耐えられない人間が対処を求めたことにある。ニーチェは「心理学的状態としてのニヒリズム」(XIII, NF, 46-48, 1887. 11-1888. 3) を論じている。それゆえニヒリズムは心理学的基底があってこそ生じたのであり[13]、それなしにはキリスト教も成立しなかったのだし、キリスト教が最もうまく人々の要求を汲みとったことになる。その分析によれば、「第一に、私たちがすべての生起にありもしない〈意味〉を求めたときに」、あるいは「生成の目的についての幻滅」によって、第二に「あらゆる生起のうちに全体性を、体系化を、組織化すらを」設立した、すなわち「全体的なものを構想する」ことによって――しかし第三に生成にそのようなものが見いだせないので、「逃げ道として生成の全世界を迷妄と判決して、その彼方に横たわる世界を真の世界として捏造する」に至る。

一旦キリスト教道徳のもとに立つとすれば、真の世界の側に一切の価値は帰属し、人間の側には価値は帰属しない。ニーチェが批判した、卑小な、無力な、畜群的人間、奴隷的人間が今や生きる。しかし彼らは生きるために、その生のあり方の自己正当化を図る。それこそが善、道徳的なのだ、と。「奴隷一揆と奴隷の嘘つき症としての道徳的・キリスト教的価値判断(古代世界の貴族的価値に対して)」(XII, NF, 127) というのがニーチェの判定である。その道徳は整備されていく。ここで転換が不可避となる。キリスト教に育成された誠実性が、その道徳の嘘っぽさと人間の惨めさを見抜く。道徳は力ずくでも打破されねばならない。能動的ニヒリズムが成立する。ニーチェ自身の批判的思考もそれである。このニヒリズムは生の赤裸々な実相に帰ったということを意味する。それゆえ、その超克とはそこから脱出するということではない。それこそがそのまま価値創造の場だということになる。神の支配も、予めの目標や予定もないがゆえにこそ、新たな価値創造に開かれているということである。それは「あらゆる価値の価値転換」を意味するのである。

ところで、ニーチェ自身がはっきり語っているように、ニーチェの永遠回帰の思想自身が極限のニヒリズムである。「私たちがこの思想〔すべてが徒労 Umsonst〕をその最も恐ろしい形式において考えれば、こうなる。あるがままの、意味も目標もないが、不可避的に回帰しつつ、終局なく無へいたる存在、すなわち〈永遠回帰〉。／これがニヒリズムの極限の形式である。すなわち無（無意味なもの）が永遠に！」(XII, NF, 613, 1886 夏 -1887 秋)、「ニヒリズムの完成、危機としての永遠回帰の教説」(XII, NF, 339, 1887 秋)、とニーチェは自ら呼ぶのである。しかしニヒリズムの克服とは、この永遠回帰を否定することではない。ここにもニーチェの逆転の思考が発揮されるのであって、ニヒリズムの徹底を通じてしかその克服はない。それを肯定し、ある仕方でそこに身を挿入することである。ツァラトゥストラ的に言えば、「蛇の頭を噛み切る」ことである。

私はこれまで「権力意志」を中心にして遺稿におけるニーチェの哲学を解明してきた。ニーチェの哲学を「権力意志の哲学」と総括することは、穏当すぎるほど穏当に違いない。ところで『全集』一三巻にはジョルジョ・コリーが興味深い「あとがき」を書いている。コリーはある断片に注目する。「公教的 exoterisch - 秘教的 esoterisch ／(1)すべての意志は意志に抗する／(2)意志は全く存在しない／(1)因果説／(2)原因結果といったものは存在しない」(XII, NF, 187, 1886 夏 -1887 秋、XIII, NF, Nachwort, 651)。ニーチェはそこで自分の思考を振り返って見据えている。コリーは、「実際、公教的な、一般に理解されることに留意する叙述と、ニーチェにおける特有な思考の、秘教的な、秘密の、全く個人的な深化の並存が、遺稿の巻には他のどこよりも明瞭に認められる」(ib., 651f.) と言う。そして「ニーチェは彼の意志の理論を、すなわち権力意志を――大衆的な叙述の平面に押し下げた」(ib., 651)、すなわち「彼の思考の公教的表現」(ib., 653) とみなしたと主張する。コリーによれば、「権力意志の体系の全く最初の開陳は――この時代〔1885秋-1887秋〕の断片に表現されているものもまさしく――ショウペンハウエルの思考の仮装以外の何ものでもない」(ib.)、すなわち「〈生きようとする意志〉が〈権力意志〉へ変化していること」、遠近法主義は「ショウペンハウエルの表象理論の新たな、より大胆な提示」であり、私たちの生存のあらゆる所与がショウペンハウエルの表象よりその「抽象的側面、判断」に連れ戻されたこと、したがって全体として「ここではショウペンハウエルの克服のためにショウペンハウエルの変奏が成立する」(ib., 654) と結論する。権力意志によるその克服には、主観（主体）概念の再考が、すなわち「抵抗や抑止」を包摂することが（排除するのではなく）重要であった。ニーチェは認識論を批判するが、「新しい認識論を展開している」(ib.) と指摘する。その際『悲劇の誕生』の問題性が再燃している、すなわち「形而上学は美学と仲間になっている」(ib., 654)。

次に一八八七―八八秋冬の時期についてである。主として『権力意志』書のための材料が集められており、ニーチェはそれを体系的に叙述しようとしている。ということは、意味も何もない実在の一貫した解釈を与えようということである。しかしそれは何を意味するのだろうか。たくさんある「権力意志」という表題をもつ断片の一つであるが、それによれば、それはつまり嘘をつくことに他ならない。「形而上学、道徳、宗教、科学——それらはこの書では嘘のさまざまな形式としてのみ考察される。嘘の助けによって生が信じられる」(XIII, 193 & NW, 661)。それは嘘であるが、「嘘は権力である」(ib., 194 & NW, 661)と明言される。そこでコリーはこう結論する。「このようにして権力意志の哲学は嘘の哲学に移行する。別の名前のもとでもう一度『悲劇の誕生』の芸術の形而上学が回帰する。ニーチェの思弁的冒険の環は閉じられる」(ib., 661)。コリーによれば、嘘の哲学[14]は理論の敗北から展開するので、ニーチェが認めるように、世界の暗い、不愉快な思想であるが、「この理論的ペシミズムから生命的オプティズムが立ち上がる」(ib.)。すなわち、「私たちが現実や想像の事物に付与した一切の美と崇高を私は人間の所有物・産物として取り戻そうと欲する。すなわち彼の最も美しい弁明として。詩人としての、思想家としての、神としての、愛としての、権力としての人間——人間が事物に贈り、その結果、自分を貧困にし、自分を惨めに感じるほどの、ああなんという彼の王者的な気前のよさよ!」(XIII, NF, 41 & NW, 661)。権力意志の創造性を歌い上げる、ニーチェの典型的な言説である。これが権力意志の哲学の帰趨である。以上はなかなか説得的な議論だと思う。強権的な権力意志よりも子供や遊び、そして詩を際立てる私の立場ときわめて近いと思う。

　秘教的なものは、(2)「意志は全く存在しない」、(2)「原因結果といったものは存在しない」と考える立場である。コリーは秘教的なものについてはそれ以上説明していない。秘教的なものは、その語義からしても、ニーチェがそれとして論じて読者に提供したりしては可笑しいわけであるが、因果性を否定する考えはニーチェのテキストのところどころに散見された[15]。他方、ニーチェは常に意志について、権力意志について語り、またときには強い意志と弱い意志について語るひとなので、「意志は全く存在しない」とは何を意味するのか。[16] 意志の存在を否定する(2)の命題は、(1)「すべての意志は意志に抗する」と反対のことを主張していなければならない。「すべての意志は意志に抗する」というのは、生は多であり、それぞれが権力意志であるからに違いない。そのようなものを突き抜けるものは、もしあるとすれば、一つには子供と遊びのところにあると思われる。幼い子供には意欲することの率直な発露があるように思われるので（実際、子供は欲求が満たされなければ泣き叫び、欲しければ他の子供の玩具を取り上げるであろう。それゆえ無邪気ゆえの残酷さなどは排除していない）、この意味での意志を否定することはできないが、無心な子供のあり方は、他の意志に抗し、攻撃的・搾取的に振る舞うことによって自己を貫徹する、すなわち権力意志という意味での意志に収まるものだとは思えない。忘れっぽい、遊びを旨とする子供の無邪気な精神は、権力意志＝主権的な、長い意志を超えたところに成立するものである。

あるいは、ニーチェには「生成の無垢」(Unschuld des Werdens) という思想がある。ちらりと顔を出したが、今まで取り上げなかったが、「意志は全く存在しない」、「原因結果といったものは存在しない」ということはこのことを意味するのだろうか。生成の無垢とは、生成に目的や神の意志を否定することである。生成には一義的な意志は存在しないし、予めの意味もないし、神を背景にするような因果性も見いだすことはできない。それゆえ残るのは、「すべての生起、すべての運動、すべての生成を、度合いや力関係の確定と、闘争とみなすこと……」(XII, NF, 385, 1887 秋) だけである。それはすべての生成について述べるのであるが、同時にそれによって人間の生に生成の無垢を返し与えることでもある。「私たちがこれこれであるといったこと等について、責任ある誰か（神、自然）を想像するやいなや、したがって私たちの実存・幸福・悲惨を誰かの意図に帰するやいなや、私たちは生成の無垢を台無しにする。そのときには私たちは、私たちを通じて、私たちとともに何かを達成しようと意志する誰かをもつのである」(ib., 385f.) とニーチェは言う。しかし前後を読んでみれば、このことはむしろ人間が権力意志を全開させるべく鼓舞するようなのである。ニーチェは権力意志的意志を破棄することはできないし、実際ニーチェは晩年にいたるまで権力意志を強調することを止めていない(17)。したがって、意志が存在しないということは、その全くの不在というより、ニーチェの言う「肩の力を抜いた権力意志」以外ではないであろう。やはり表に張り出した公教的なものは権力意志であり、秘教的なものはそれを支える神の意志の不在による生成の無垢ということになるであろう。子供や遊びの精神は生成の無垢の顕現にほかならなかったのだ。ただし秘教的といっても、『悲劇の誕生』から遺稿にまで、それはときには浮上して、ときには影に退きながら、切り離しがたく織り込まれているのである（子供と遊びについては、次章「結び」三でもう一度立ち戻りたい）。

三　ハイデガーのニーチェ解釈

ハイデガーの『ニーチェ』は大部な著作（もともとは講義）なので、その解釈の細部に立ち入ることはできないが、ここではハイデガーのニーチェ解釈について目を通しておきたい。というのも、私はハイデガー研究を専門にしてきた者であるから、哲学的に考えることの多くをハイデガーに負っている。本書にもその痕跡はいたるところに見いだせるはずである。ハイデガーの『ニーチェ』は、権力意志がより露わに表現されている晩年の遺稿を解釈の手引きとして、権力意志の哲学を構築する、あるいはむしろ追形成・再形成する。

『ニーチェ』の第一巻は、(1)「芸術としての権力意志」(一九三六/三七年)、(2)「同じものの永遠回帰」(一九三七年)、(3)「認識としての権力意志」(一九三九年)という構成になっている。

(a) ハイデガーによれば、「権力意志は、すべての存在者の根本性格、存在者の何であるかに答える」ゆえに、「ニーチェは西欧の哲学の問いの軌道に立つ」(N I, 1, 12)。それゆえ自らのニーチェ講義の課題は、「ニーチェが西欧の思考の主導の問い(Leitfrage)をそのなかで展開し、答えた根本の位置を明らかにすることである」(ib., 13) ——ニーチェとの対決を用意するためにも。この対決こそハイデガーの狙いである(ちなみに主導の問いを超えて、もっと根本的な、決定的な問い(Grundfrage)がある。「存在そのものは何であるか」(ib., 26)がそれである)。その根本位置とは「西欧の形而上学の終わりとしてのニーチェ」(ib., 19)ということになる。一言で言えば、西欧の形而上学の歴史に他ならない存在の歴史とは、人間が主体(主観)として自己確立し、同じ一つのことであるが、一切を対象化的に支配してきた道である(近代形而上学については本書第七章注6に簡単にまとめてある)。そこから私たち現代人を取り囲む諸々の問題も生じているわけだが、このようなハイデガーの根本的洞察に私は大まかには同意している。ただしニーチェ解釈ということになると、いくらか留保がいる。もしいま私が「ハイデガーのニーチェ論」

を主題としているならば、何を措いてもこの枠組、「存在の歴史」を問題にしなければならない。そのためには独立の一書が必要であろうが、私にはその用意はない。それゆえハイデガーの存在の歴史とそこからのニーチェの位置づけという枠組については、本書ではこれまで極力それを持ち込まないように努めた。しかしながらここでは最小限ながらそれに言及しないわけにはいかない。

さて、ハイデガーのこの存在論的筋書きを背景に置いて理解されなければならないが、ハイデガーによれば、計画された「権力意志」書と『ツァラトゥストラ』の関係は、後者が「玄関」、前者が「主建築」の関係になる（ib., 21）。「玄関」と「主建築」という言葉はニーチェ自身のものである。それがニーチェの計画であったことを、ハイデガーは一八八四年四月七日の友人オーヴァーベックへの手紙や一八八四年六月の妹への手紙等々を引いて証拠だてる（ib., 20-23）。ニーチェが理論的な主著を望んだことは確かである。ハイデガーは、主著のための遺稿が書かれた一八八七―八八年初めをニーチェの思考の頂点とみなしている（N I, 1, 419）。

しかし「玄関」と「主建築」というほどの差が両者の間に認められるのか、見極めなければならない。ハイデガーと同様、私も権力意志をニーチェ哲学の中心として論じたのではあるが、主として公開の著作に依拠した。『ツァラトゥストラ』や『善悪の彼岸』にも権力意志の思想は十分読み取れると思っている。しかし私は、『ツァラトゥストラ』の「子供」と「遊び」、『悦ばしい知』の核心部分により共感し、強調もした。それゆえ本書は全体的にずっと実存的なものになっていよう。[18] ただし本章では、私は遺稿を補強として用い、もっぱら理論的側面（権力意志、解釈、遠近法、価値、真理、存在）に光を当てている。

しかしニーチェの最晩年にはこの理論的側面のみが追究されていて、芸術、遊び、仮象は重要ではないということではない。というより、この理論的側面なるものは、後者の類を呼び込まざるをえないものなのである（この点はこれまでの論述からすでに明らかであろう）。ハイデガーもむろん芸術や仮象性を軽視しているわけではない。しかしながら、ハイデガーが遺稿を重んじたことが、ニーチェの主意的な形而上学を構築することを容易にしたことは疑えない。しかもそうしたうえで、ニーチェを含めて近代形而上学の超克を主張するのだ。しかし、ニーチェ哲学には近代主観主義といった議論には収まらないところがあって、私にはそこが魅力的に感じられる。(19) 結論を急ぎすぎたようだ。この議論の続きは直接的にはつぎの(c)に引き継がれる。先に芸術の解釈に触れる。

(b) 詩と少しばかり音楽は論じたけれども、私はニーチェの芸術論については主題的に論じなかった。本書第三章注3でニーチェの「芸術にたいする私たちの究極の感謝」についてわずかに触れただけである。それでハイデガーを借りて芸術問題を一望するのは有益だと思うので、ハイデガーによる「芸術についてのニーチェの主要命題」を少しだけ省みたい。「(一)芸術は権力意志の最も透明な、そして最も熟知された形態である。(二)芸術は芸術家から把握されなければならない。(三)芸術は、芸術家の拡張された概念に従って、一切の存在者の根本生起である。存在者は、存在者であるかぎり、自らを創造するもの、創造されたものである。(四)芸術はニヒリズムに抗する際立った反対運動である。(五)芸術は、〈真理〉よりも価値がある」(N I, 1, 90)。(一)のように言われるのは、芸術は感性的であって、人間の肉体的状態〈陶酔〉において近づかれるからである。この把握は、超感性的なものこそ自体的存在者であるというプラトニズムの逆転として、感性的なものが本来の存在者であるということからくる。㈡は芸術家の創造する態度、創造力からという意味である（決して芸術論の常道というわけではない）。ここから直ちに㈢につながるが、芸術が産出すること、産出されたものから理解されるとすると（ギリシア以来の考え方）、一般に物の製作、自然の産出まで視野に入る。ここでまたプラトンがかかわるが、製作者としての神・職人・画家（芸術家）という位階は真なるものを作る、つまり真理を基準に決められる（『国家』）。芸術は仮象を創るゆえに低位である。

しかしプラトンではなく、プラトンには別の規定がある（『パイドロス』）ことを指摘するのをハイデガーは忘れない。「美は最も輝き出るもの」というのがそれである。存在は非感性的なものであるが、美は感性的なもののもとにあることによって、「美は感性的なものを超え去り、真なるものへ運び戻す」(ib., 230) とされる。どちらの把握でも、プラトンにおいて芸術と真理は対立的ではあるが、位階が定まっているので、相克的ではない。ニーチェは感性的なものと超感性的なものの位置を逆転させるというが、ニーチェが存在者の本質を権力意志から考えるとき、単に上を下に、下を上にしたということを意味するのではなく、超感性的なものを本来の存在と考えるプラトニズムこそがこの現実の生を虚しいものにしたニヒリズムの源なのだから、この超感性的なものを取り払ってしまうしかない。この上を除去すればもう下も存立しえない。するとその構図がなくなってしまう（「あらゆる価値の価値転換」という表現は十分それを言い表していない）。そしてニーチェは、仮象（誤謬）を必要とする遠近法的生の立場に立つ。そこで創造的に生きていく。したがって当然、㈤の主張となるし、㈣もおのずから理解される。

論証の部分は省略しているが、改めてハイデガーの解釈の目配り、鋭利さに感嘆する。ハイデガーは強引な枠組だけの哲学者ではないのである。

(c) ハイデガーは「同じものの永遠回帰の教義はニーチェ哲学の根本教義である」(N I, 2, 256) と挑戦的に宣言する。一見して奇怪な説なので、それを削除しようと考えるひとも多いということに言及しながら。ハイデガーは永遠回帰説の第一の伝達、第二の伝達、第三の伝達を提示する (この呼び方に従えば、私が取り上げたのは第二だけである)。

回帰説の第一の伝達は『悦ばしい知』の第四巻三四一節にある。その告知がそこで行われたのは承知していたが、私はその事実に触れただけで済ませた (本書第四章一〇〇頁)。仄めかしという感じで、まだ明瞭な形をとっていないように思われたからである。第一の伝達に関して私が注目するのは、次の点である。ハイデガーは次のように断言する。「同じものの永遠回帰は、〈悦ばしい知〉が本来的な知であるために、最初にかつ最終的に知らなければならないものである。〈悦ばしい知〉とは、ニーチェにとって、〈哲学〉の名前、すなわちその根本教義において同じものの永遠回帰を教える哲学の名前である」(N I, 2, 272)。さらにこの節の標題は「最大の重し」であるが、ハイデガーによると、重しとは次のような意味である。「重しは動揺を防ぎ、休息と確かさをもたらし、一切の力を自らへと引き寄せ、それらを集め、それらに規定性を与える」(ib.)。それゆえ「永遠回帰思想は〈重し〉、すなわち規定的」(ib., 273) だというのである。恐ろしいものであるその思想がなぜ悦ばしいのかとハイデガーは問うが、重しのこの規定そのものがすでにその答えを含んでいよう。私は永遠回帰と悦ばしい知との関連をそこまで緊密に考えることはできなかった。もっとも『悦ばしい知』の付録に発表された詩、「ゲーテに寄せて」を引用しているが（本書第七章三をみよ）、そこには永遠回帰が現れているので、全く意識に上らなかったわけではない。

第二の伝達は『ツァラトゥストラ』をテキストにしている。私は『ツァラトゥストラ』のような書物では、どのように語られるか（誰が、誰に、いつ、どんな状況で）が大切であると口にしていた。ところで永遠回帰思想の核心的提示の場面、例の瞬間という通用門が出てくるところで、ツァラトゥストラがその場所へ登るとき、小びとという同伴者がいたのである。ツァラトゥストラは、引き摺り下ろそうとする小びとに逆らいながら登る。「私か、あるいはおまえか！」という対決がそこにはある。私にも彼の姿は目に入っていた。しかしハイデガーの解釈を見ると、小びととのやりとりの意味を十分捉えなかったのだと反省する。ハイデガーの分析の冴えは凄い。引用するには長すぎるこの箇所をそのまま引用するよりその内容を再現するすべを私は知らないので、むしろ省略する（N I, 幻影と謎について、292 以下、IV, Z, 3, 幻影と謎について、197-202 を参照されたい）。永遠回帰の思想内容を理論的に把握しようと性急だったのは、私である。私はハイデガーの『存在と時間』の時間論を投入して（ハイデガー自身は明示的にはそんなことはしていない）、永遠回帰の解明を試みた(20)（本書第四章二の3）。それはそのまま手を触れないでおく。構造としては、それで持ちこたえられるであろうと信じる。

第三の伝達は、『善悪の彼岸』の第三章五六節「宗教的なもの」である。ハイデガーはその箇所から、永遠回帰思想がもはや道徳的なものではなく、形而上学的なもの（世界にかかわるもの）であることを

強調している (N I, 2, 320)。それが一般にハイデガーのニーチェ解釈の基調でもある。これらの伝達はなおハイデガーの永遠回帰思想の解釈の入口である。ただハイデガーは、そこに段階や変化を見ているのではなく、その思想は一八八一年以来変わっていないのであって、「最初の発生から一切の本質的なものは現存するが、展開されないままである」(ib., 337) と主張するのである。ここまでは予備的言及である。

さて、ハイデガーは『ツァラトゥストラ』と同時期の遺稿からある箇所を抽出する。「私は君たちに永遠の流転からの救済を教える。河の流れは常にすでに自らへと流れ戻り、そして君たちは常に再び同じものとして同じ流れに入る」(グロースオクターフ版、第一二巻七二三、N I, 2, 407)。つまりニーチェにとっては若いときから親しんだヘラクレイトス主義、つまりそのニヒリズム、ないしペシミズムの克服として永遠回帰説はまず存在するのだ、とハイデガーは考える。これは権力意志説と永遠回帰思想の関係という問いに直結する。そこでハイデガーは次のように言う。「一八八四年と一八八五年の計画を吟味すると、次のことが示される。ニーチェが全体として叙述しようと計画した哲学は永遠回帰の哲学である。それを形成するために、すべての生起を権力意志として解釈することが必要だった」(ib., 418)。すなわち永遠回帰説から権力意志説へ進む。遺稿を見れば、確かに永遠回帰思想の構想の方が先立つ[21]。この事実は、永遠回帰を軽く考える、あるいは除去しようとするひとへの反論にはなろう。

すでに触れたように、永遠回帰の思想がニーチェに到来したのは一八八一年八月であり、「懐妊期間一八カ月」で『ツァラトゥストラ』第一部が八三年二月成立した。『ツァラトゥストラ』には権力意志は第一部から登場するが、回帰思想が主題になるのは第三部である。ところで、すでに論じたが、一切の卑小なものも回帰するゆえに、永遠回帰説は極限のニヒリズムでもあった。したがって永遠の流転からの救済といっても、回帰すること自体はニヒリズムの克服にはならない。ニヒリズムの克服は、意志が強化され、それ自身を十全に発揮している場合にかぎられる。そのような権力意志は永遠回帰を要求する。それゆえに、理論的な主著では、「永遠回帰」より「権力意志」をそれとしてまず仕上げなければと考えるようになったのだと、ハイデガーは解釈している。

ハイデガーはニーチェの言葉に基づいてだが、権力意志は「最終的事実」、それに対して同じものの永遠回帰は「思想のなかの思想」、あるいは「最も重い思想」(ib., 417) であると言う。すでに論じたように、回帰は「瞬間」ぬきには成立しない。したがって永遠回帰、すなわち「思想のなかの思想は存在者のうちに各瞬間に最高の鋭さと決断力を持ち込む」(ib., 408f.)。事実と思想のこの区別は重要である。人間を含むあらゆる生の営みのいたるところに権力意志を見いだす(と解釈できると、言い換えてもかまわない)と述べることは奇異ではないが、永遠回帰にはそんなことは不可能である。結局、永遠回帰は、私がそう確信するということ以外には支えがないわけである。

ハイデガーの永遠回帰思想の解釈は、それを西欧の哲学における「ニーチェの形而上学的根本位置」から思考する。それによると、すでに触れたように、ヨーロッパの哲学の主導的問いは、存在者とは何かである。この問いに答えるためには、その問いを展開するためには何がなければならないのか問う必要がある。この問いは存在者全体を問うので、存在者を越えて、存在者でないものに赴く。それは存在者ではないので無でもあるが、「存在者を存在者とするもの」、「存在者の存在」(N I, 2, 459) である。あるいは「存在者の存在者性」である。さてニーチェは「存在者全体は権力意志である。そして存在者全体は同じものの永遠回帰である」という二つの答えを与えた (ib., 463)。前者は存在者の体制 (Verfassung) を規定したのであり、後者はそのあり方 (seine Weise zu sein) を規定した (ib., 464)。両者は「共属」する。両者は存在者性のモメントである (この区別は、術語とともに、全くハイデガー哲学のものである)。「したがって、ニーチェの哲学において権力意志と永遠回帰も共属する。それゆえ同じものの永遠回帰に対して権力意志を勝たせ、まして永遠回帰を存在者の形而上学的規定として排除することが試みられるとすれば、そもそも形而上学的誤解、むしろ無理解なのである」(N I, 2, 464) とハイデガーは断言する。しかしこんなに共属を強調すると、先ほどの「事実」と「思想」の区別と、とりわけ後者の「各瞬間に最高の鋭さと決断力を持ち込む」という契機の余地がなくなってしまうのではないのか。なぜなら、一方は存在者全体の「体制」、他方はその「あり方」と言われているのだから。権力意志である生は、自動的に永遠回帰するかのようである。いや、そうではない。私の説明の言葉で補えば、全体がそうなっているとしても、その顕現の場が必要なのである。永遠回帰が思想であるということは、すなわち「この思想は私たちの真理であるときにのみ、真理である」(N I, 2, 431) のだし、「しかし思想そのものは、思考者が存在するときにのみ、存在する」(ib.) ということなのである。しかも思考者はどこにでもいる任意の人間ではないと、ハイデガーは念を押す。まずはツァラトゥストラ (ニーチェ) のような者でなければならない。

結局、ハイデガーはニーチェの形而上学的根本位置をどう捉えるのか。「ニーチェの哲学は形而上学の終わりである。それはギリシアの思考の始まりに帰り、その始まりを自分なりの仕方で受け取り、そうすることによって全体としての存在者そのものを問う歩みが形づくる円環を閉じる。しかしニーチェの思考はどの範囲で始まりへ帰るのか」(ib.)。一方では、パルメニデスの答え、「存在者はある」(恒常性、現前性、永遠の現在)へであり、他方ではヘラクレイトスの答え、「存在者は生成する」(絶えざる生成)へである(ib., 465)。ニーチェの思考はこの両方に遡源する。両方――すなわち「存在者は外的並存において両者であるのではなく、存在者は根本において絶えざる創造(生成)であり、そして創造として、一方でそれを克服するために固定されたものを必要とし、他方で固定されるべきものを必要とする。創造者が自らを超え出、自らを変容するために」(ib.)。ニーチェ自身は(一度引用したことがあるが)、「生成に存在の性格を刻印すること――それが最高の権力意志である」(『権力意志』六一七番)とそれを表現した。ただしハイデガーによると、ニーチェが「始まりとしての始まり」[22]に帰ったかといえば、「否」(N I, 2, 469)という答えになる。というのは、ニーチェ自ら認めるように、ニーチェの哲学はプラトン哲学の逆転であるが(ニーチェは「あらゆる価値の価値転換の試み」と名づけている)、ハイデガーにとってプラトン哲学が「すでに始まりからの離脱、始まりの停止」(ib., 469)だからである。ハイデガーによれば、ニーチェの思想は「近代の完成」であり、したがって「権力意志思想の思想家ニーチェは、西欧の最後の形而上学者である」(N I, 3, 480)。ハイデガーの狙いは、そのニーチェとの対決にある。ハイデガーは、近代形而上学を越えてその先に「新たな始まり」を考える。

　では、ニーチェの権力意志と同じものの永遠回帰についてのハイデガーの解釈を私はどう考えるのか。

この問いに答えるためには、ハイデガーの『ニーチェ』を改めて視野に置く以前に私がそれをどう扱ったのかを振り返らなければならない。私は、権力意志と永遠回帰の関係については、もっぱら『ツァラトゥストラ』に依拠した。遺稿は権力意志の思想の検討に用い、遺稿における永遠回帰は省みなかった。

私ももちろん権力意志と永遠回帰の思想をニーチェによるニヒリズムとペシミズムの克服の試みと捉えたのである。権力意志の思想が永遠回帰の思想によって呼び出され、権力意志の思想が形をはっきりさせるのが回帰思想よりも後だったのが事実だとしても、確かなことは、「権力意志」から「永遠回帰」へ理解の筋道は立つが、逆にはいかないのである（私が『ツァラトゥストラ』のテキストにもとづいて試みたように）。それゆえ、ニーチェにおける権力意志思想の基盤性、優位は揺らがないのだと、私は考えている。私は単純にニーチェ思想の中心を権力意志と見据え、権力意志は永遠回帰を要求するという筋で理解したのである。権力意志を貫徹しようとする場合に、障壁は変えることのできない過去であり、したがって過去の救済のために永遠回帰が考えられたという展開になる。結局私は永遠回帰を権力意志の思想から出てこなければならないものとして考えはしたが、永遠回帰にはハイデガーほどの重要性を与えなかったのである。この瞬間をそれとして受け止めるには（これこそが最重要）、必ずしも永遠回帰は不可欠ではないと考えた。この瞬間が永遠回帰することを欲しうるならこの瞬間には大変な重みが加わるという考えは理解できるけれども。したがって私は時間の円環性にもコミットしていない（それはハイデガーも同じことであろう）。ニーチェ解釈としてはあくまでニーチェに忠実にそれを丸ごと受けとめようとしたし、近代形而上学にニーチェを包摂するためにも永遠回帰説は不可欠であるのは確かであるが、しかし自分自身の見解としては円環の時間には同意していないはずである)。それゆえ私は、ニーチェ自身の意向に反して、たとえこの瞬間が永遠に回帰しようと、そうでなかろうと、という形で受け取ったのである。ただしそれはあくまで私自身にとってという意味である。ツァラトゥストラ(ニーチェ)が永遠回帰を真剣に思考したことを無視したつもりはない。

『ツァラトゥストラ』のテキストに即して権力意志と永遠回帰を理解しようと試みた私と、『ツァラトゥストラ』やその他の著作を十分考慮に入れたとしても、遺稿を頂点とみなしたハイデガーの解釈を最後にもう一度吟味しよう。私はツァラトゥストラが権力意志の側から永遠回帰を要求するのを追究した。むろんツァラトゥストラがやみくもに命令しても、永遠回帰が実現するわけでなく、生の全体がそれを実現する体制になっているのでなければならない。『ツァラトゥストラ』は世界が丸くなる出来事と永遠を意欲するツァラトゥストラを描いたが、その過程はすべてがツァラトゥストラの直感として生きられている。それが権力意志と永遠回帰の思想の全体を実存的にする。それは形象的表現であった。それゆえ、それでは飽き足らないとニーチェは考えたのであったが。しかし、永遠回帰といったものは、詩的に語られるのこそふさわしいのではないのか!

遺稿においてニーチェは、権力意志と同じものの永遠回帰を理論的に仕上げようと意図した。権力意志の思考には分節性が増しているところが認められる。ハイデガーの解釈はそれをより鮮明にする。もともと高められた権力意志は永遠回帰を要求するということは理解しやすい。永遠回帰の方は、その可能性を理論的に思考しようとニーチェが努めて、得られたのが例の自然科学的(?)証明(本章注9を参照）である。それは一八八八年初めという遅い時期に現れている。ハイデガーはそれを本気で受け取っている。そしてすべてのものの体制である権力意志とこの証明を接合すれば、永遠回帰が自動的に成立しそうに見える。しかし、この証明は証明とはいっても、それとして証明力をもつというようなものではなく、永遠回帰は「思想」（ないし信仰）である。したがって、ハイデガーもそこに認識者を、特権的な認識者（ツァラトゥストラ）を挿入している。確かに、ハイデガーが遺稿を重視しなければ、永遠回帰をここまで重んじたニーチェの統一的形而上学は再構築されなかったであろう。しかも遺稿は断片の集合にすぎないのだから、まさにハイデガーの力わざに違いない。

以上でハイデガーによる権力意志、同じものの永遠回帰、超人を含むニーチェの思考の最終的な形が一応示されたとして、ハイデガーにとってそれは何を意味するのか。先ほど見たように、ハイデガーは、「ニーチェの形而上学的根本位置」を「近代の完成」と規定し、ニーチェを「西欧の最後の形而上学者」と呼んだ。つまり、ニーチェの哲学は、パルメニデスの「存在」とヘラクレイトスの「生成」へ、すなわち西欧の哲学の始まりへ帰還したことによってそれを完結したからである。私もニーチェの権力意志と永遠回帰の哲学を、生成の立場に立つと同時に、ある永続性を求めるものと理解したのである。しかし哲学の全歴史を展望するその位置づけを論じることは、私の手に余るのである。ただ思想がパルメニデスやヘラクレイトスにまで戻るなら、詩的か哲学的かなどいう区別はもはや似合わないのかもしれない。しかしそれを積極的に論じることも、私の手に余る。

(d)　第三章「認識としての権力意志」からは、真理と価値の関係について一瞥する。ニーチェの生の哲学は同時に価値論である。カオスの意味を糸口に、やがて正義の概念で終局する。

「真理は誤謬である」というひとを驚かすニーチェの主張が（このような言表は申し立てるやいなや自ら崩れるという形式的な異議に耳を貸す必要はない）、吟味の出発点である。ハイデガーが指摘するように、ここには認識は事柄に的中すべきであるという真理観がある。つまりニーチェも伝統の対応説に立つが、生の遠近法の立場は、そのようなことを不可能にする。しかし相変わらずそこから考えるので、真理＝誤謬が出てくる。ところで「権力意志は〈新しい価値定立の原理〉であり、逆に新しい価値定立の根拠づけられるべき原理は権力意志である」（N I, 3, 487f.）ということが前提に置かれる。では価値とは何か。「価値はニーチェにとって、生の条件、生が〈生〉であるための条件である」（ib., 488）。ニーチェにとって生の本質はダーウィンのように「〈自己保存〉にあるのではなく、自らを超えて上昇することであり、生の条件として価値はそれゆえ、生の上昇を担い、促進し、喚起するものと考えられなければならない」（ib., 488）。そして「上昇には、より高いものの圏域、すなわち〈遠近法的なもの〉を先視する透視といったものが存する。生は、すなわちそれぞれの生は、生の上昇であるかぎり、生そのものは〈遠近法的性格〉をもつ。対応して、生の条件としての〈価値〉にもこの遠近法的性格が固有である」（ib., 489）。そこで真理についてであるが、ハイデガーはニーチェの次の言葉を引き合いに出す。「〈これこれのものはこうであると私は信じる〉という価値評価が、〈真理〉の本質である。価値評価のうちには保存と成長の条件が表現されている」（『権力意志』五〇七番、N I, 3, 509）。つまりここでは真とみなすこと自体が価値評価とみなされている。そしてこの最後の命題が意味するのは、「①価値は〈生〉に対する〈条件〉

の性格をもつこと、②〈生〉において〈保存〉ばかりでなく、またとりわけ〈成長〉が本質的であること」(ib., 516) である。真理はこの価値の規定と合致するゆえ、ニーチェにおいて真理は価値に他ならない。ハイデガーは、真理と真理の把握は生に仕えるばかりでなく、「〈生〉から営まれ、生に操縦されている」(ib., 516) と結論する。これはむろん新しい価値定立の立場である。自体的真理に向けられた、プラトニズム的なそれではないからである。ハイデガーの把握は的確であるが、ここまではこれまでも姿を現していたものをより明確にしただけである。

カオス(混沌)はこの真理=価値と密接に関連する。さて、新たな価値定立、創造の立場にとっては、生成の世界はあらかじめ意味のようなものを含んでいてはならない。それは「カオス」である。ニーチェは生からすべての人間的意味を剝ぎ取るので、絶えざる生成の世界、カオスだけが残る。ハイデガーはそれを脱人間化と呼ぶが、それは他方で「権力意志の教義で、存在者の最高の人間化を求める」(N I, 2, 353) と指摘する。

「カオス」はギリシア思想ではおなじみであるが、認識とカオスとの関係についてハイデガーは行き届いた解明を与える。しかし多岐な問題を含むものなので、以下では現在の文脈にそって必要な論点のみに限る。

「〈「認識する」のではなく、図式化すること――私たちの実践的要求を満たすのに足りるだけの規則性と形式性をカオスに課すること〉(五一五番、一八八八年三-六月)。この言葉のうちに認識についてのニーチェの把握にとって決定的なものが横たわる」(N I, 3, 555) とハイデガーは考察を開始する。まず認識を模写と考えることを排除してから（「認識することではない」）、ハイデガーの指摘するように、「カテゴリーとその図式に従った表象作用の意味での理性や思考の本質の解明」（ib.）という伝統（カントとさらにはアリストテレス）をニーチェは捉え返す。

ではなぜ図式化なのかと言うと、ニーチェにおいて私たちが最初に「出会うものが〈カオス〉の性格をもつ」（ib., 556）からである（このような見解はハイデガー自身のものではない）。しかもそれはまずは「感覚の雑踏」（ib., 565）であり、また私たちの生が肉体的だからである。ハイデガーは「カオスは大まかにいって肉体する生（das leibende Leben）、肉体する生としての生に対する名称である」（ib., 566）が、それが人間的生ばかりを名指すものでないことを強調する。肉体は、人間のそれも含め、孤立した存在ではない。「肉体は同時に出入口で通路である〔……〕私たちの肉体そのものは、生の流れのうちに生の流れに投げ入れられてそのうちで漂い、この流れに運ばれ、引き攫われ、あるいは淵に押しやられる。私たちが肉体領野として知っている私たちの感覚領野というあのカオスは、〈世界〉そのものである大きなカオスの一つの断片に他ならない」（ib., 565f.）。「〈カオス〉、カオスとしての世界とは、肉体とその肉体することと相関的に投企された存在者全体である」（ib., 567）。カオスとしての世界に対しては二通りの態度がありうる。そこで一方では芸術が登場する。「芸術は生を浄化し、それをより高い、いまだ生きられていない諸可能性へ移す」（ib.）とすれば、芸術とは何であるのか。「芸術はしたがって生成するものの、生そのものの創造的経験である。そして哲学も——美学的にではなく、形而上学的に考えれば——思考的思考として〈芸術〉以外の何ものでもない。芸術は真理よりも価値があるとニーチェは言う。

それが意味するのは、芸術は真なるもの、固定されたもの、静止したものよりも現実に、生成に、〈生〉に近いということである」(ib., 568)。哲学は芸術と同種である。

しかしなお、この哲学と芸術に尽きないものがある。再び「図式化」が現れる二二三頁の引用に戻る。そこでは「実践的要求」ということが言われていた。認識が出会うものはカオスであった。ハイデガーは次のように指摘する。「生の遂行としての実践は、それ自体において存立の確保である。この確保はカオスの存立化と固定化によってのみ可能なので、存立の確保としての実践は、押し迫るものを立ち止まるものへ、形態へ、図式へと置き換えることを要求する」(ib., 572)、これが図式化ということである。そしてこの図式化は一つの地平のうちでのみ行われる。「地平形成は生物自身の内的本質に属する」(ib., 573)。地平には遠近法が含まれる。それゆえ「生物は実践として、すなわち遠近法的‐地平的存立確保として、まずもってカオスとしてのカオスのうちに移し置かれている。カオスは再び生物を引き攫《さら》う強圧として生物の存在にとって遠近法的存立確保を必然的にする」(ib., 575)。この実践は認識作用と一つのものであるが、カオスとの関係において存立、固定したものを要求するゆえ、あの芸術(ないし哲学)とは対照的である。

ニーチェの思考の考察は、図式化で終局するのではなく、考えようとしていることは同一であるが、「正義」の概念で十全なものとなる。ハイデガーの解釈に従えば、正義はニーチェ哲学の結語の地位を占めるように思われる。しかし「〈正義〉についてのわずかな主要思想は公刊されなかった。それらの思想はツァラトゥストラ期の原稿に短い素描として見いだされる。最晩年にはニーチェは、彼が正義と呼ぶものについて全く沈黙する」（N I, 3, 632）とハイデガーは認めるのではあるが。正義は、「真の世界と仮象の世界の区別の廃棄の後で真理はどうなるのか」（N I, 3, 633）という問いに答えようとするものである。正義は「ホモイオーシス（同化）という真理の、形而上学的本質規定」（ib.）へ立ち返る。正義（ディケー）は、ギリシア哲学では重要な概念であるが、ハイデガーはここではギリシア語を持ち出さない。ドイツ語の語義を引き合いに出して、正義（Gerechtichkeit）という語は、「まっすぐ」（recht）と「方向づける」（richten）という意味を含むと説明する。それゆえ「正義としての真理」は、存在者への同化（ホモイオーシス）としての認識に連なるのである。

ハイデガーは正義から認識（思考）の本質を捉えようとするが、「〈価値評価からの建設的、裁断的、根絶的な思考仕方としての正義。生自身の最高の代表者〉」（N I, 3, 639）という断片を手引きとする。正義としての思考が、「建設的」とはどういうことか？「この思考はいまだ物在しないもの（目の前にあるもの、Vorhandenes として現存しないもの）、ひょっとしてそもそも決して物在者として立っていず、存立していないものをはじめて創立する。それは所与に基づいたり、自らを支えたりせず、相等化でもなく、遠近法の内部での地平定立する創出的性格として私たちに告知されるあの思考である。〈建設すること〉は、非物在者を作成することを意味するばかりではなく、築き上げること、立ち上がらせること、高みに行くことを言う。より正確には、高みを獲得し、それを固定し、そのようにして配列を設立する。そのかぎり〈建設すること〉は命令することであり、その命令がはじめて命令の要求を掲げ、命令の圏域を創る」（ib., 640）。「裁断的」とは？「建設するとは築き上げることとして同時に尺度と高みについて決－断し、したがって裁－断し、自分自身に対してはじめて遊動空間を建て、そのうちで自分の尺度と高みを築き上げ、自らの眺望を切り開く。建設することは諸決断を通り抜けていく」(ib., 641)。

その思考は同時に「根絶的」である。「それはかつてそしてこれまで生の存立を確保してきたものを除去する。この除去は高みの築き上げの遂行を妨げるような諸々の固定から道を開き空ける。建設的で裁断的な思考はこの除去をなしうるし、なさねばならない。というのもそれは築き上げとして、存立をすでにより高い可能性へ固定するからである」(ib., 641)。そして「代表者 Repräsentant」とは、「生自身がそこにその本質を現示している者」(ib., 642) のことであるとハイデガーは説明する。「この生の本質は正義であるという命題は、形而上学的性格をもち、生の生らしさはあの建設的、裁断的、根絶的な思考にこそあるということを言っている。このように道を切り開きつつ、決断的に築き上げつつ高みを提供する眺望を根拠づけることは、思考が創出することと命令することという根本仕方を示すことの根拠であり、そこに遠近法が開かれ、地平が建設される」(ib., 642)。ニーチェは示唆を与えているにすぎないが、ハイデガーの豪腕は思考の権力意志的性格を明るみに出す。

なお、この正義であるが、「ニーチェにとってこの語〈正義〉は、〈法的〉意義も〈道徳的〉意義もない。むしろホモイオーシスの本質を引き受け、完遂するはずのものを名づける。すなわちカオスへの、〈存在者〉全体への、存在者そのものへの同化を」(ib., 636f.)。それゆえ、ハイデガーは「〈正義〉はここでは真理の本質に対する形而上学的名称」(ib., 637) であると言う。いかに創造的、地平形成的、命令的であるとはいえ、あるいはそれゆえに、ハイデガーの言うように、認識は存在者全体への同化を含むものであろう。どんな用語を採用するかは別として、どんな哲学も地平の創設だけで済むわけではなく、あらかじめ与えられたものに根ざさなければならない。ニーチェにおいてその同化はカオスへのそれである。

正義についてのハイデガーの結語は次のようなものである。「権力意志の根源的、統一的本質を空虚に抽象的に考えないために、私たちは権力意志をその最高の形態において正義として思考しなければならない。しかしホモイオーシスの意味における真理の根拠として、そしてホモイオーシスを認識と芸術の交替関係の根拠として思考しなければならない」(ib., 652)。正義は認識と芸術を包括するわけである。ニーチェ哲学のスケールの大きさをハイデガーの解釈は浮き上がらせる。正義は思考のあり方であるが、権力意志の哲学そのものである。「建設、裁断、根絶」によって性格づけられた思考は、「思考の内的生動性」を表す。すなわち、「この思考の仕方は、自己超出であり、より高い高みに到達する登攀によって自らの主となることである」(ib., 643)。正直なところ「正義」は私の手には届かない。ニーチェのテキストを読んだとき、「正義」を問題として摑むことはできなかったので、まして論じることはできなかった。それゆえ以上は、簡単な紹介にすぎない。しかし、私としては、ハイデガーがそれほど重視したものを無視して済ますことはできなかったのである。

さて、『ニーチェ』第二巻については、もはや第一巻のような取り扱いはしない。ますますハイデガー哲学そのものという様相を濃厚にするからである(特に言及する必要があると思われる箇所は、☆印を付けて本書の注に入れてある。あまり多くはない)。

最後にニヒリズムについて一言述べてこの章を終わりとしたい。近頃ある種の病気についてそれを治すのではなく、それといかに付き合っていくかであると言われるが、ニヒリズムもいかに付き合っていくかなのではないのか。ニーチェはニヒリズムの克服を追求するなかで、ニヒリズムの克服という志向自体をふわりと抜け出してしまっているように見える。ハイデガーの方は、ニーチェとの対決においてニヒリズムの克服が焦点であったのだし、[23]むしろニヒリズムの克服の想念を手放さない。意欲を押し立てて克服を図るという態度からは遠いとしても。

第七章　結　び

全般的に回顧をする余裕はないが、気になる点を少し振り返ってみたい。そのどれもが権力意志説の限界に突き当たる。

一　戦　争

権力意志である生は、常時的な闘争（Kampf）の生である。今ここで考えてみたいのは、国家と国家が武力で事を構える戦争（Krieg）についてである。国家も個体に準じる生の複合形成体なのだから、権力意志を〈本性〉とし、それゆえ権力の増大を図り、そのために他国を支配し、勢力を伸ばそうとする。ニーチェからすればそれは当然だし、非難すべき理由など全くない。実際、ニーチェのテキストのところどころには戦争礼賛が聞こえたりする。ニーチェは断固とした反平和主義者なのである。「私たちは何ものをも〈保守する〉ことはない。私たちはまた過去に帰ろうとは欲しないし、全く〈リベラル〉ではない。私たちは〈進歩〉のために働かないし、市場の魔女の将来の誘いに耳を貸さない――彼女らが歌う〈同権〉、〈主人も奴隷ももはやない〉も私たちを誘惑しない！――正義と融和の国が大地に築かれることが願わしいなどと決して思わない（それは所詮非常な凡庸化と中国式の国であろうから）。私たちは、私たちと同じに危険、戦争、冒険を愛し、妥協せず、捉えられず、宥和されず、去勢されないすべての人々を喜ばしく感じる。私たちは自分を征服者に数える。私たちは新しい秩序の必然性とまた新しい奴隷制を思い描く――というのも〈人間〉というタイプのあらゆる強化と向上には新たな種の奴隷制が必要なのだから――そうではないか？」（III, FW, 377, 629）。中国式とは宦官ないし官僚支配のことか？ 奴隷制を戦争だけについて述べているわけではないが、これからの考察にはそのほうが好都合である。ニーチェの戦闘必然的と認めたりしていることも含め、近代に称揚されている一切の理念に反抗する、ニーチェの戦闘的な言明である。

ところで、私はやはり戦争を是認することはできない。ニーチェの思想のどこに反戦の楔を打ち込むことができるだろうか。私は次のように考える。ニーチェにおいては際立った個が重要なのであって、国家・社会はそれを育てることに奉仕すべきなのである。個を社会のために犠牲にすることをニーチェが厳しく拒んだことを私たちはすでに見た。したがって国家の戦争と覇権主義が高貴な個の育成を駄目にするということが明らかであれば、それを排除ないし制限しなければならない。なお、すでに見たように、私たちが共同体社会のうちに生きることは不可避であるが、ニーチェは国家主義を説いてはいない（本書第四章注12参照）。しかし、さしあたり国家が私たちの生活の枠組であるので、それを国家と呼んでおく。

さて、現代の戦争は一九世紀人ニーチェが知っていた戦争から想像可能な類のものでは全然ない。ニーチェにおいては一切が変化するのだから、戦争が変わるのも驚かないだろう。しかしヒロシマ以来戦争は全く別物になった。今も昔も、消耗品である兵士と銃後の女子供には戦争は苦難以外の何ものでもないだろう。しかし歴史を振り返れば、上層にわずかながら英雄と英雄的行為を煌めかせ、澱んだ空気を一掃し、知識を拡大し、文化を発展させ、文明を移転させる等の戦争の功績を認めることができよう。(1) この進歩といわれるものも現代人は手放しで礼賛はできないだろうが。しかし現代の戦争はすべてを根こそぎにする。かつては国は破れても山河は残っただろうが、核兵器や化学兵器によって大地は人間以外の生命も含めて徹底的に毀損される。大地は長い間汚染された場所になってしまい、もはや住居も食物も提供しない。またそれらハイテク兵器は人間を殺傷するばかりではない。住民・従軍兵士にかかわらず、被災者の神経を痛めつけ、長期間後遺症で苦しめるばかりでなく、子孫にも影響が及ぶ。現代の戦争は汚い。ニーチェは肉体の哲学者である。近代兵器によって傷つけられて、引きつった顔面や捻じ曲がったり、もぎとられたりした手足で、輝くように微笑んだり、軽やかに踊ったりできるだろうか。すでに論じたように、人間の生存は、高貴な生のための基盤である。ニーチェは「保存」を卑しむけれども、人類が絶滅すれば、超人の可能性もともに取り去られる。毀損された神経や肉体はその条件を掘り崩す。

それゆえニーチェに抗して私は言うが、現代では戦争は許容されえない。私はニーチェの言う人間の育成の見地から語っているのである。権力意志の攻撃的拡張主義は破壊をもたらし、その後に創造の余地を残さない。たとえ戦勝国となったとしても、核兵器・毒ガス・細菌・地雷を大量にぶちまければ、自分たちだって只ではすまない。地球はいまや小さな、閉じた星なのだから。そしてこの戦争の進化は、欲望と知を膨らませて、まさに権力意志の上昇が至りついたものに他ならない。したがって権力意志をそれとして発揮できないことを病根ということができた地点は、少なくとも戦争に関してはとうに踏み越えてしまったのだ。戦争が廃絶されなければならないのは確かである。しかし人類はそれができるのか。ところで国家は個々の人間によって構成されている。積極的に外に利得を求める戦争も、相手側から挑発された戦争も、喜々としてでも、嫌々でも、国民の意志がなんらかに集約されて、あるいは私（私たち）こそ国家であるという一人（少数）の決定によって遂行される。それゆえ、意志の複雑さは今は捨象するとして、戦争は個人の胸から始まるわけである。そうだとすれば、戦争を廃絶するのは個人の意志以外にはない。しかし権力意志であり、したがって権力の上昇を求める個人を前提したままで済むものかどうか——ニーチェにはそれを超出する何かは用意されてはいない。[2] 私自身も戦争回避の具体的提言ができるわけではないし、またそれは本書にふさわしい主題ではないであろう。

なお最初に引用した文章は、「私たち故郷のない者」で始まっているのであって、ニーチェが現存する国家を肯定し、その覇権主義や戦争を擁護している、などということは全然ないことは付言しておかなければならない。また、「私たちは人類を愛さない」（III, FW, 377, 630）とさえニーチェは言っている。ニーチェの眼差しは、現存の国家や人類ではなく、将来（私はそこに二重の意味を込めた）の人間へ向けられている。しかし、そのために戦争が人間を鍛えることを期待するなどという時代ではもはやないのである。

では、国家社会のうちの闘争についてはどうか。それは全面的に否定しなければならないのだろうか。といってまさか街頭で爆弾・銃を用いてというのではなかろう。したがって私たちは、ニーチェの反平和主義を、現状に満足せず、埋没せず、批判精神を堅持する精神の態度として傾聴すべきなのである。他者に対して、またとりわけ自分自身に対して――貴族制が精神のそれであるように、精神の闘争と理解することを意味する。諸々の簡便・快適な設備、コマーシャリズム、マスメディア等に囲まれた現代の日常は、私たちを骨抜きにする危険をはるかに多く含むのである。敵の顔が見えないだけに、その闘争は生易しくはないであろう。しかしこんなに精神、精神と唱えては、肉体の哲学者ニーチェが怒るのではなかろうか。いや、踊る肉体だって十分に思想なのである。

もとより私は、ニーチェから多くを得たとはいえ、ニーチェ哲学のすべてに賛同しているわけではない。その点について一言述べておきたいことがある。ニーチェの主張は極端だと非難するひとがいるが、哲学にとって極端であることは長所とみなされるべきである。独創的な哲学である場合には。ところで、実存の思想の場合、思想と自分の存在のあり方が乖離したままであることは許されない。ニーチェの見解に同意できないところがあるとき、どうすればよいのか。批判して、その部分を削除、あるいは修正、あるいは別の方向を模索するのも一つの必要な態度である。「造形的、治癒的、模造的、再製的」という言葉はそれを含意する。もう一つ、ニーチェに対してよりふさわしい、可能な態度は、このようなものであろう。実存的に受けとめることは、そのなかに自分を投入してしまうことではない。同意できないある見解（たとえば戦争や暴力）を私は私の最極端の可能性として捉え、自分自身のうちに多重性を抱擁して生きるようにする。それが、ニーチェが「精神の成熟した自由」によって教唆してくれたものである。本書の冒頭に掲げたように、それは「心の自己支配でも訓育でもあって、多くの、対立した思考仕方を許容する」ものであると言われていた。

二　支配と不耕起農法

少数者が人々を使役し、搾取して、自分の楽しみのためだけに途方もないものを創造したり、大冒険を敢行したりするのは放っておこう。ニーチェからはそれは称揚されても、非難はされない。創造するものが「共同体」の場合をここでは考察しよう。すでに見たように、貴族制には暴力による征服や支配が付き物である。もし征服すれば、被征服者を管理しなければならない。強者が弱者を支配し、弱者は服従するのがあるべき秩序である。強者は多数の弱者に対して生殺与奪の権力をもつが、奉仕させねばならないので、彼らをちゃんと生かしておく必要がある。しかしニーチェは支配の実践のプログラムを詳細に論じるようなことはない。『悦ばしい知』は、病から回復したニーチェの束の間の休息なのか、他の著作にはない明るさ・穏やかさがところどころに顔を出す。その最初の部分に軽やかな一群の戯れ歌がある。その三三番の前半である（III, FW, Scherz, List und Rache, 33, 360）。

孤独な者

追従も指導も私は嫌だ。
服従？　ノーだ。そしてまっぴら、支配するのは！
自分に恐れを抱かない者は、誰をも恐れさせない。
そして恐れを与える者だけが、他人を指導できる。
自分を指導することすら私は嫌だ！

常にこのような気分ではないとしても、ニーチェの真情なのだと思う。この歌は私の趣味に適う。しかしこれでは共同社会を建設し、維持する原理にはならない。すでに国家社会のうちに生きる者の私的な心情にすぎないであろう。私にはニーチェは本来政治哲学者とは思えないし、そのような資質のひとには思えない。しかし支配という概念はあまりに目立つものでもあり、ニーチェ思想から削除はできないのだから、それを無視するわけにはいかない。正面から取り上げるのではなく、偶然あるものに出会ったので、それについて触れることによって、側面から照射することを試みよう。それは元来ニーチェに無関係だし、政治にさえ本来関係がないのだが、支配ということを考える手がかりになると私は思う。怪訝に思われるかもしれないが、それはある農業の方法なのである。ニーチェが特に農業に興味を寄せていたという証拠もないが。それはニーチェの、あの「幸福な社会」の事例となりうるのではないのか。
二〇〇三年三月四日、ＮＨＫの衛星放送でたまたま「田んぼに命がよみがえる」という番組を見た（それはすでに再放送であったかも知れない)。それは岩澤信夫氏という方が指導される、「不耕起」という稲の新しい栽培法の実践であった。私にはそれが非常に面白かった。田んぼは起こさず、代かきもしない。そのかわり苗は硬い土に根を張るように低温下で大きくしっかり育てる。田植えには特注の田植え機を使用する。耕さないので、苗の根張りの跡が根穴として毎年保存され、スポンジ状の酸素や栄養分に富んだ土になる。収穫後も水を抜かないので、株は腐り、ソウ類が繁殖し、これが食物連鎖の発端となって、水田を肥沃にする。冷害や病気にも強い稲が育ち、肥料や農薬を使用しないわけではないが、少なくてすむ。田を起こさず、代かきもしないので、省力になり、収量もよい(ただし収入ということでは、各農家の条件も違うし、市場経済のもとでの営農なので、非常に差がある)。この農法は決して粗放ではなく、機械も使用するし、品種の選択、水量・気温など細かくチェックしている。不耕起なので、張ってある水が濁らず、メタンガスの発生を減らし、メダカが泳ぎ、アキアカネトンボが大発生し、イトミミズが土を肥やし、カエルなどの小動物もたくさんいて、水鳥が集まる――こんな情景である。これが環境に非常にフレンドリーな農法であることは間違いない。(3)

長い目でみてこれがうまくいくのか、農業に無知な私には分からない。大規模な灌漑によってロシアでは多くの耕地が塩害によって放棄されているのは周知の話であるし、アメリカの穀倉地帯は大規模農業による表土の流失によってやがて不毛になると警告されている(その反省から、最近は収穫後の作物をそのまま放置する不耕起を行っているところもあるそうである)。それに対して水田の稲作は表土をあまり流失させないで、長く栽培が続けられる。降雨量や気温の条件があるので、稲作ができる地域は限られている。しかしこれは一つの実例として受け取ればよいのだが、この攻撃的でない稲作法の農業には未来があるようにみえる。環境問題からいえば、人間がそもそも農業や鉱業を開始したことが元凶であるということになるが、それらを放棄すれば人類は生存できない。もっと簒奪的でない、循環型のやり方に変えるしかない。

この農法は省力の部分があるが、放任主義ではない。実に細かく気を配って管理している。農業者は収穫を手にし、仕事の成功に喜びを見いだす。「位階秩序」はしっかり堅持されている。これはより自然に寄り添っていく農業である。しかしこれを自然との「共生」と呼べるのか。もしメダカ君やヤゴ君に尋ねるとすれば、「冗談じゃない。人間の田んぼではなく、天然の小川に棲みたかった」と憤るに違いない。人間の都合ではあるが、ここでは生物種の多様性が保たれ、小動物たちも元気に生きてはいける。共同社会のモデルとして採用したのだが、この農法とは結局何なのか。この農業者たちはキリスト教の教えを実践しているわけではないが、『旧約』で神が人間に与えたマネージャーの役割を立派に果たしているのである(西欧の「環境保護」という言葉にもこのマネージャー臭がぷんぷんとする。しかしそれゆえに、西欧は自然や美しい景観を保存するという点では、自然に共感するという日本人の国よりはるかにうまくやっている。それは西欧が過去の植民地経営などの蓄積で豊かであったのに、日本はなりふり構わず近代化を急がなければならなかったツケだということもあるが、それだけとは思われない)。ニーチェの支配者も共同体の支配者であろうとする以上、これ以上のやり方はないであろう。ただ任命者の神がいないだけである。ニーチェによれば、奴隷制は必要不可欠である。ただ奴隷は鞭で脅している間は働くであろうが、監視を緩めれば怠けるであろう。強権的なやり方は上策ではない。喜々として仕事をするように仕向けなければならない。人間奴隷である場合には一層である。ニーチェは新たな奴隷制が必要と言うけれども、他の可能性があるだろうか。むろん一つの隔世遺伝《アタヴィスムス》には違いない。しかもこれはさしあたり小さな規模の社会（共同体）のモデルかなという気が私にもするが。

　もう一度問おう、この不耕起の田んぼとは何なのか。稲はもちろん、小動物・水鳥ばかりでなく、水や土壌や気候までがいわば「家畜」の身分になっているということに他ならない。これはハイデガーが抉り出した、近代技術の支配する世界の農業版以外ではない。「自然はここでは単に物在者《フォルハンデネス》として了解されることは許されない、自然力として了解されることも許されない。森は造林であり、山は石切り場であり、川は水力であり、風は〈帆を膨らませる〉風である」[4]。すなわち自然は全体として人間に役立てられるものにされている。ニーチェは自然を支配し、簒奪的に振る舞うことを肯定的に捉えるが[5]、その時代ならば人間がその懐でどんなに好き勝手に振る舞っても、自然が人間の活動によって徹底的に破壊されるという事態を想定せずにすんだ。原子力や遺伝子工学は、その最も内奥をこじあけるという仕方で自然を操作可能にした。近代性の批判を掲げたニーチェであるが、ハイデガーの言うとおり、権力意志と支配という思考は近代を超えることではなく、それを極限まで推し進めるのだということに同意する[6]。

　管理された世界に生きる息苦しさを当面私たちは逃れられないのだ。この地上で他に生きる途があるようにはみえない。私はハイデガーの近代主観主義の克服のラディカリテートを認める者である。私たちに徹底的な態度変更を迫るのも正しいであろう。(7) ただしハイデガーはここでは主題ではない。ハイデガーのニーチェ批判に基本的に同意するとして、ニーチェが「近代」を超えないと認めるとしても、そこに収まらない余剰があるように思う。ひたすらハイデガー風に恭順にするよりも、生きている限りは生きなければならないのだから、しばらくニーチェと戯れていたい。今日もニーチェが多くの読者を惹きつけるのは、爽やかな風を吹き込み、息苦しさを払い、元気づけられると感じるからであろう。その爽快感がニーチェの思想のどこからくるのか、少し探究してみることにしよう。

三　子供と遊び

ニーチェの哲学において私たちに息をつかせてくれるもの——剝き出しのエゴイズム（欺瞞的な利他主義より気持ちがよい）、個性の強調、批判精神、高貴さにつきものの孤独、有用性の軽蔑、苦痛・苦悩を併呑する強さ、矛盾を並存させる危うさ、偶然性の承認などが数えあげられよう。しかし何よりも、あの「三つの変態」の、ライオンの次の段階である「子供」と「遊び」をどう考えるかに収斂する。それは段階と述べられているが、実際はある仕方で多重であることは、すでに触れている。自由に少しばかりそれを論じてみたい。

ニーチェによれば、『悦ばしい知』は『曙光』とともに「肯定の書」（VI, EH, FW, 333）だが、とりわけその付録、シチリアで創られた「舞踏歌」・「プ、リ、ン、ツ、・フ、ォ、ー、ゲ、ル、フ、ラ、イ、の、歌」は、「〈悦ばしい知〉

（ガヤ・シェンツァ）というプロヴァンス的概念をはっきりと思い起こさせる、すなわち、歌人、騎士、自由な精神のあの統一を思い起こさせる」（ib., 333f.）といかにも心地よさそうに述懐している（それらはそれぞれ詩・遊び、征服・支配、批判・懐疑を体現するが、統一とはいっても、それらの多面性を容れながら生きる多面的精神なのである）。そこでは権力の上昇を求める権力意志が肩の力を抜いて、軽やかに戯れる。本書第三章で「悦ばしい知」として際立てたものと主旨は同じなのだが、歌であるだけに一層その軽やかさが引き立つ。そのなかの「ゲーテに寄せて」（III, FW, 付録、639）という歌を読んでみよう。[8]

ゲーテに寄せて

過ぎ去らないものは
あなたの比喩にすぎない！
神、このいかがわしいものは
詩人が騙し取ったもの……

世界の車輪、この転がるものは
目標から目標へと踏み越えていく
必然――と恨むものは呼ぶ

道化は――戯れと呼ぶ……

世界の戯れ、この尊大なものは
存在と仮象を混ぜる――
永遠に道化めくものが
いい、い、い、
わたしたちを混ぜ入れる――その中へ……

言うまでもなく、転がる世界の車輪には永遠回帰が暗示されている。変転する、意味も目的も何もない生――私たちもその中に立ち混じって踊りを踊ろうと歌っている。ニーチェはゲーテには常に尊敬を払っている。(9) この詩は『ファウスト』の有名な結びの台詞を承けて歌われている。(10) ファウストは悪魔と契約を結び、若返り、生を味わいつくそうとする。「留まれ！ お前はあまりに美しい！」と瞬間に向かってファウストが言ったとき、遊びの時間はおしまいになり、魂を悪魔に譲り渡す約束になっている。あくまでも新しいもの、より高いものを追求し、決してこの現在に満足することがあってはならないのである。ファウストに「留まれ！」と言わせたものは、和やかな、麗しい共同体の幻影であった。ファウストは「過ぎ去らないもの」へと、一人の少女の愛に導かれて帰ることになっているが、ニーチェはゲーテの裏切りに抗議しているのである。

ニーチェの場合、近代性の批判はある仕方で古代へ、むしろ先史時代へ回帰することを意味する。回帰とはむろん将来へ向けての運動に他ならない。すでに「先史時代はあらゆる時代に現にあるものであるか、あるいは再び可能なものである」（V, GM, 2, 9, 307）と言われていたのを記憶しておられるだろう。私はそれを人間の精神の古層だと考えた（本書第二章二九－三〇頁）（したがってそれは時代によって変わるという意味で時代的ではない）。ところで、日本の文化には外からさまざまのものを受容し、重ねていくため、一つのことを徹底的に覆して再出発するという傾向が乏しいので（哲学をやる者には困った風土でもあるが）、太古のものが習俗のうちに残っている。超高層ビルを建てるまえに地鎮祭を行い、焼物の窯の火を入れる前に神酒を供え拍手を打ち、酒を仕込むにもやはりそんな儀式を行ったりする。伝統的な登り窯や代々続く造り酒屋ばかりではなく、ハイテクの製造所でも珍しくもない光景である。この儀式は神道なのかもしれない。しかしたいていの日本人のように、私は神道のことをほとんど知らない。たいていの日本人は何という宗教かなどということには関心がないが、いたるところに神々、神性が現存するという感覚がいまだ生きているように思う。私は不耕起の田んぼを誤解したのかもしれない。管理的な農業であるのは確かだが、そこに工場を見るというより、神々がそこに宿っているという意識なのかもしれない。あの農民はさまざまな信条の人々であり、特定の宗教集団ではないであろう。科学者である岩澤氏の温顔には、水田の諸々の生命の輝きに感嘆しているひとの敬虔さが窺えた（著書のほうは、実践的手引書で、そんな雰囲気は感じられない）。

太古への回帰には多神教が含まれる（現在は唯一の神も神々も現存しない）。ニーチェは多神教への共感を表明する。「神々は存在するが、神は存在しないことこそ、神々しいことではないのか」(IV, Z, 3, 背教者について、2, 230)。『悦ばしい知』には「多神教の最大の効用」と題される一節がある。そのなかで多神教においてこそ、「個人が自分固有の理想を立て、そこから彼の掟や喜びや権利を引き出すこと」(III, FW, 143, 490) ができると、ニーチェは述べている。「それに対して一神教は――一個の基準人間という理論の、このこわばった論理的帰結は――したがって一個の基準神への信仰は(それ以外には偽りの虚偽の神々がいるにすぎない)、おそらく従来の人類の最大の危険であった」(ib.)。多神教は多様性・個性を開花させるが、一神教はそれを抑圧する。ここでニーチェはあのオリュンポスの神々を呼び出しているのではない。あの「夢の形象世界」、「オリュンポスの神々というあの芸術的中間世界」(I, GT, 3, 36)、その創造はなぜ必要だったのか。復習になるが、「ギリシア人は生存の恐怖と戦慄を知り、感じていた。そもそも生きうるために、ギリシア人はそれらの前にオリュンポスの神々という輝く夢の産物を置いた」(ib., 35)。それは絢爛豪華な多神教の世界である。しかしどんなに愛惜しても、それは過ぎ去ったものであって、その復興などは論外であろう。問題なのは、そのような体系を備えたものではなくて、その根底、つまり「ディオニュソス」である。その力は「陶酔」として現れたが、民俗学が報告する神がかりのような現象も含めていいし、それは森羅万象のところどころに顕現する何か力に満ちたものを名指していると考えればいいのだと思う。[11]「ディオニュソス。感性と残酷。移ろいやすさは、生み出し、破壊する力として、絶えざる創造として解釈されよう」(XII, NF, 113, 1885 秋 -1886 秋)。しかしそれは一神教ではない。彼は怪しい眷族を率いて現れる。ディオニュソスというより、ディオニュソス的なものは、ギリシア悲劇の起源という文脈で論じられたものだが、特にギリシア的なものと考える必要もないのだと思う。根源的生（生命）に他ならない。

ディオニュソスが登場したところで、子供や遊びという本題に目を向ける場が開かれた。ツァラトゥストラは「崇高な者について」で「彼〔崇高な者〕はまたその英雄意志をも忘れなければならない」（IV, Z, 2, 崇高な者について、151）、また「筋肉を緩めて、意志の馬具をはずして立つこと、それが君たちみんなにとって最も困難なこと、君たち崇高な者よ」（ib., 152）と説いた。ここでは崇高な者は認識の戦士であるが、それに限らず、一般に権力意志を最大級に発揮している戦士的な人物ならばよいであろう。ニーチェは彼らに何を望んでいるのか。言うまでもなく、これはあの「三つの変態」（ライオンと子供）の変奏以外ではない。ツァラトゥストラは「君たちのうちの誰に笑うことと高められていることが同時に可能なのか」（IV, Z, 1, 読むことと書くことについて、49）と問う。生が耐えがたく苛酷なのは真実であるとしても、深刻ぶっているのは見苦しい。ツァラトゥストラは生真面目な者を嘲笑する。「そして生に友好的な私にも、蝶やシャボン玉や人間たちのなかでもそれらと同じ類の者が最も多く幸福について知っているように思われる。／これらの軽やかな、愚かな、可憐で、活発な小さな魂たちがひらひら飛んでいるのを見ると、ツァラトゥストラは誘われて涙を流し、歌を歌う。／私は踊ることを心得ている神だけを信じるだろう」（ib., 49）と語る。小さな魂とは子供の精神であり、その短い生の一時を無心に遊び戯れるのである。踊る神とはディオニュソスに他ならないであろう。道化であり、詩人であるディオニュソスについては「ディオニュソス頌歌」（本書第六章注14）を参照。主権力的意志の側から子供や遊びはその一時的忘却、緩めと捉えられるとしても、もともとニーチェにおいて子供のような力の自発性が先、つまり根源的なのである。

さて、遊びについてだが、ニーチェは真面目な仕事に対して遊びという領域を区切っているのではない。支配（統治）であっても、何かの建設の仕事であっても、一切の活動において（闘病のようなものにおいてさえも）、あらゆる困難にもかかわらず、その権力の行使の熾烈な闘争の只中に身を置きながら、これも遊びと言い切り、笑いながらひらひら、ふわりふわりと踊る、それがニーチェの言説の真意なのであろう。存在の肯定の極限のかたちに他ならない。これが「秘教的」ニーチェの実質なのだと思う（「秘教的」については、本書第六章二〇五−二〇九頁以下を見よ）。

けれども、二次的には芸術・ゲーム・スポーツのような遊びの領域はある。競技というものは人類とともに古いが、人間の権力意志・闘争本能の発散のために本能的に創出されたのだと思われる。主権的な、長い意志の人間と無邪気な子供の精神の二重性は、日常的にはこんな形で共存する。ところで人間に支配力（自然と同胞に対して）を授けるのは、気紛れに出来事の経過に介入する八百万の神々を追放して、自然を統一的に把握することができるようになったことの結果であり、したがってキリスト教の神のようなものの媒介なしには可能でなかった。それゆえ近代の科学・技術はキリスト教を経由するのである。それは主権的な、長い意志の人間の自己確立の道でもあった。ニーチェ自身そのことを認めているのである。権力意志の哲学はなおその路線上を行く。ハイデガーはそれをはっきり洞察していた。ニーチェが権力意志の増大を説き、創造、創造と声高に叫んでも、その権力意志の近代性を捨てるなら、この世界において何かを創造する力をほとんど所有していないのである。組織することも、意図を貫くことも、支配することもできない。歌い踊り、ボール遊びをし、砂のお城を作るだけなら、それでよいのだけれども――ひとは日常をこれだけでどうして生きていけよう。ひとは誰でも日常において何ほどかは戦士であることを要求されるのであるから、遊びはむしろ闘争の日々のなかの息抜きなのである。[12]

ところでニーチェには「日曜の価値と毎日の価値／危機において、戦争と危険において、あるいは平和において」（XII, NF, 252, 1886 終わり -1887 初め）という言葉がある。それらを「ケ」と「ハレ」のように理解することにする。[13]「ハレ」は祭りの日である。生の一切を遊びとすることができればいいが、それができない大方のひとには労苦の日常の合間に遊びの日（時）を差し挟むという二本立てが推奨されよう。昔から実践されていることで、少しも特別なことではないが、遊びの充実を！　この二重性の体制を「公教的」ニーチェ哲学とあらためて考えることにしよう。

ニーチェの公教的「権力意志の哲学」を、私はこのようにいささか通俗的・人生論的に落着させた。しかし本当は私の言いたいことをまだ言い尽くしてはいない。問題は価値論なのである。「〈権力意志〉――あらゆる価値の価値転換の試み」は、これまでの価値の立場を百八十度転換するものであっても、やはり価値論の哲学である。私は価値論であるかぎりのニーチェ哲学をニーチェの公共的哲学とみなしているのである（コリーはそんなことを全く仄めかしてさえいない。本書二〇四頁以下参照）。

価値の立場は醒めた日常の生を貫く。私たちは価値評価することなしに生きていくことはできない。価値評価が事物に対して向けられる場合でもそうであるが、とりわけ他人に向けられるとき、否定的な評価はもちろん、称賛といった肯定的なものであっても、権力的であり、攻撃的なのである。したがってニーチェは絶対に正しいのである。価値は差別の立場である。権力意志の哲学は価値評価の権力性を露わにする。この洞察が、私たちがニーチェに負うものでもある。それが私たちに解放的に働くのでもある。

日常の生は価値に埋め尽くされている。価値は多であるが（善悪、正・不正、優劣、美醜、有用性・不用性、効率・不効率、快適・不快適等）、「よい・わるい」に代表させることができる。価値にどんな身分を与えようとも、つまり客観主義的に捉えようと、主観主義的に捉えようと、価値にはプラス・マイナスと度合い（よりよい等の比較）が存在するのは確かである。したがって同じ種の価値の間に高低があると同様、多種の価値の間に高低がある。たとえばこのトマトはあのトマトより美味しいとか、健康の方が経済的価値より大事などと語られるのである。何を価値ありとするかについて争いがあっても、よいこと（よいもの）を追求し、わるいこと（わるいもの）を避け、よりよいこと（もの）をよりよくないこと（もの）に対して優先するというふうに私たちは行為する。何をしても、何を見、何を聞いても——私が食堂で料理を選ぶときにも、買い物をするときにも、音楽会にいっても、母への振る舞いにも、ニュースをみても、価値評価にかかわらずにはいられない。この価値評価はすでに価値創造的であるだろうが、もっと積極的に価値創造的にふるまいもする。私は行為によって世界のうちに価値を生み出すばかりでなく（有用なもの、美しいもの、親切など）、私自身を親切なひと、誠実なひとなど（またはその反対）に創りあげる。そこに迷いがあったり、思い通りにならなかったりすることが多くても、基本的にはそんなふうに生きている。それを否定しては、私は行為者でも、人格的存在者でもありえないだろう。振り返れば、こうして私の人生の軌道は描かれる。世の中には人々の価値評価のせめぎあいにおいて一定の価値評価の体系のようなものが形作られていて、それが逆に人々を規定しもする。価値体系があまり疑いもなく人々に共有されている時代もあるし、影響力を喪失して価値の無政府状態になりつつあることもあろう。ニーチェはむろん後者のような時代の子である。そして新たな価値づけと価値創造の必要をいち早く察知した。人間とは生き方といったものが必要な、贅沢な生き物なのだ。すでに見たように、ニーチェは権力意志の十全な発揮、その創造性の強調という解答を与えた。

それでは秘教的ニーチェとは、私にとって何を意味するのか。ニーチェはそうは考えていなかったのだとは思うが、子供や遊びで示唆されたのは、本当は価値思考の彼岸でないのか。私はそれを存在の立場と呼ぶのである。「存在」は最も一般的概念、最も空虚な概念と言われる。何かが何であるかにかかわらず、ただ「ある、存在する」と言うからである（そこには私も含まれている。ただし私が対象的に捉えられているという意味ではない。私は「ある、存在する」と言っている者なのである）。しかし個々の存在するものが特定のものであることを否定するのではない。多様性はそのままに、あるがままに「ある」と受け止め、肯定し、しかし価値的差別を持ち込まない。そこには感嘆というような感情が生起しているはずなので価値的態度だ（つまり純粋な認知でないから）と言うひとがあれば同意してもいいが、対象の価値的差別は含まれていない。また「存在」と言ったからといって、過ぎ去るものは過ぎ去るままに受容するのだから、固定や硬直化とは無縁である。ところで一切の存在するものが肯定されるゆえ、これはニーチェが認識の美と幸福について述べたことと重なるように見える（第三章の注16を参照）。私は「存在」と言い、「美」とは言わないが、たぶん出会っている出来事は同じである。ニーチェは現実（存在するものすべて）に美を観る。美に立ち会う。ニーチェは認識がそこに美を置き入れていると解釈する。権力意志の立場からすれば当然であろう。私はこの解釈はともにしない。本書では言葉と音楽については論じたものの、ニーチェにおける芸術や美の問題をそれとして主題とすることを断念したので、美についてて説明をしなかったことは認めるが、私の側からは以上のような把握になる。

もう一度繰り返せば、日常は価値（評価）に埋め尽くされていて、それを排除することはできない。それは人間であることを止めることを意味するから。ニーチェによれば、哲学者の解決すべき最大の問題は価値とその位階秩序の問題に他ならないが（第六章一八七頁）、彼自身死に物狂いで身をもってそれと格闘した。親ニーチェでも、反ニーチェでもどちらの方向でもいいが、価値論の哲学はニーチェが突きつけた問題を考えねばならない。課題が山積するのである。たとえば生き生きと生きることにとっての、平等の価値、効率の価値、闘争の意味等を吟味しなければならないだろう。それは「表《おもて》」の哲学であり、そのような努力を私は尊重しないのではない。私もそのような問題に取り組まなければとも思う。しかし価値差別の立場を表と呼び、日常と呼ぶ目が私にはやはり残るのである（価値論は大きな問題なので、本格的に取り上げるには機会を改める必要があろう）。

注

（☆はハイデガーのニーチェ解釈に言及した注である）

第一章

（1）『ツァラトゥストラ』についてのこの自己評価、そこに示されたという肯定的なものの内実は今後の問題である。ニーチェの自負のほどだけは心に留めておこう。その書で「人類に贈られた最大の贈り物を私はしたのだ」、それは存在する書物のうちの「最高の書物」、「最も深い書物」である（VI, EH, Vorwort, 4, 259）、とニーチェは自画自賛する。

（2）『アンチクリスト』は「あらゆる価値の価値転換」という言葉で結ばれている。批判されるべき諸価値は結局キリスト教に由来する。したがってニーチェの積極的立場（＝権力意志の立場）を理解するには、キリスト教批判を理解することが重要である。しかしそれはあまり大きな問題なので、本書では立ち入ることはできないが、一言だけ述べる。

最初に留意しておかなければならないのは、キリスト教とは『新約』の思想だということである。次のようにニーチェは言う。「お察しのとおり、私は『新約聖書』を好まない。この最も尊重され、過大評価された書物に対する私の趣味が（二千年の趣味が私に反対しているというほど）孤立していることは私をほとんど不安にするほどだ。しかし仕方がない！〈私はここに立っている、他に仕様がない〉――私は私の悪趣味に対する勇気をもつ。『旧約聖書』は全く別物だ。『旧約聖書』には大いに敬意を表したまえ！ そこには偉大な人間たち、英雄的な光景、地上で最も稀有なもの、剛毅な心の比類ない素朴さが見いだされる。そのうえ、一つの民族が見いだされる」（V, GM, 3, 22, 393）。さてキリスト教だが、イエスとパウロの違い（ニーチェは前者にはあまり悪意をもたない。イエスは「白痴」だが、パウロは全然白痴などではない。キリスト教の歴史は後者にぶらさがっている（XIII, NF, 237, 1888 初め）。プロテスタンティズムとルター（最大級の非難）、キリスト教と仏教（仏教の方をやや褒める）といった注目すべき見解が繰り出される（『アンチクリスト』を見よ）。

ニーチェのキリスト教に対する見解は、次の箇所に簡潔にまとまっている。「キリスト教は最初から本質的かつ根本的に生の生にたいする吐き気であり、倦怠であって、〈他の〉あるいは〈よりよい〉生にたいする信仰のもとに仮装し、身を隠し、身を飾っていたにすぎない。〈世界〉への憎悪、情念にたいする呪詛、美と官能からの逃亡、此岸を一層誹謗するために案出された彼岸、結局のところ無への、終末への、休息への、〈安息日のなかの安息日〉への欲求――これらすべては、道徳的な価値のみを認めようとするキリスト教の無制約的意志と同様、常に〈没落への意志〉へのあらゆる可能的形式のうちでも最も危険な、不気味な形式であると私には思われた。少なくともひどい病気、疲労、不満、消耗、生の貧困化への標であると思われた――というのは道徳（特にキリスト教的、すなわち無制約的道徳）の前では生は絶えず、不可避的に不正とされなければならないからであり――生は本質的に非道徳的な何ものかであるので、結局生は軽侮と永遠の否の重圧のもとに押し潰されて、渇望に値しないものとして、それ自体無価値と感じられなければならないからである」（I, GT, 自己批判の試み、5, 18f.）。ニーチェの「高貴道徳」は、仮に道徳と名づけられても、反道徳、道徳の彼岸であることを理解するためにも、これは参考になる。

なおついでながら、キリスト教について次の点のみは触れておかなければならない。ニーチェのような無神の思想はキリスト教を経由しなければ成立しえなかったことを、ニーチェははっきりと認める。「キリスト教の神に勝利したのは本来何なのか」と問い、「キリスト教的道徳性」、「いよいよ厳しく解された真実性の概念」、「キリスト教の良心の聴罪師的鋭さ」（III, FW, 5, 357, 600）を挙げる。それが極まってついに神に反逆する。ニーチェ自身の真実性や誠実の尊重もキリスト教に育まれたことを自覚している。次の洞察も興味深い。「キリスト教は非利己と愛の理論を前面に押し出したにもかかわらず、その本来の歴史的効果は、極端なまでの個人エゴイズムというエゴイズムの上昇に留まる――その極端は個人の不死性の信仰である。個人はあまりに重要になったので、個人はもはや犠牲にされえなかった。神の前に〈諸霊魂〉は平等であった」(XIII, NF, 218, 1888 初め)。批判しているのではあるが、キリスト教が個人意識を高めたことは疑えず、ニーチェもそれを受け継ぐ。

(3) それはニーチェにとって何よりワーグナーとの対決を意味するが、本書ではそれを主題的に扱うことはできない。ワーグナーについては第五章の注10で少し触れている。

(4) 本書ではニーチェの近代政治の批判に立ち入るつもりはないが、人間は共同存在なので、高貴道徳と奴隷道徳には政治的含意がある。批判される近代政治とは民主主義のことである。そしてそれはキリスト教道徳に他ならず、「民主主義運動はキリスト教の遺産である」(ib., 125)。そこでは「あらゆる特権や優先権に抵抗」(ib.) があり、「懲罰的正義への不信」(ib.) があり、皆が「同情を叫び」(ib.)、「およそ苦悩を死ぬほど憎悪する」(ib.)。今日それが十分実現されたとは誰も思わないだろうが、近代政治が目指したものを言い当てていることは疑いない (ニーチェが実際に論じたかどうかは別として、身分制の廃止、普通選挙や税制、多数決、男女同権や近代的結婚、義務教育、教育刑、社会保障、ホスピス等々が含まれるであろう)。しかしニーチェはまさにそれを非難するのである。「一つの別の信仰を抱く私たち——民主主義運動を政治的機構の頽廃形態とみなすばかりでなく、人間の頽廃形態、すなわち人間の卑小化、その凡庸化、価値低落とみなす私たちは、どこに私たちの希望をつながなければならないのか」(ib., 126) と。

(5) ☆「〈私は「道徳」ということで、ある存在者の生の条件にかかわる価値評価の体系を理解する〉(『権力意志』二五六番)。ここでニーチェは、道徳を〈形而上学的に〉、すなわち存在者全体と生一般の可能性に関連して理解するのであって、生き方に関連して〈倫理的に〉理解していないのではあるが〔……〕」(Heidegger, Nietzsche, Bd. 2, Neske, 1. Aufl. 1961, 5, 119)。以下では、ハイデガーの『ニーチェ』第一巻、第二巻からの引用は、N I, N II の略号を用いる。

(6) 「結局インモラリストという私の語がそのうちに含むのは、二つの否定である。私は一方でこれまで人間の最高のタイプと考えられた人間、善人・善意の人・善行の人を否定する。他方で道徳自体として通用し、支配していた類の道徳を否定する——デカダンス道徳を、手っ取り早くいえば、キリスト教道徳を否定する」(VI, EH, なぜ私は一個の運命なのか、4, 367f.)。この箇所の直前（3, 367）に、「道徳の自己超克」を行った者として（したがってこの二つの否定を行ってもいるはずであるが）、ニーチェはツァラトゥストラの名を出している。ツァラトゥストラの形象をニーチェはそのために創造したのだ。

（7）「der Wille zur Macht」を「権力意志」と訳すのは、権力に無関係な意志が権力を目指すというような誤解を封じるためである。もともと権力的な意志がより多くの権力を目指すのである。この意味で「権力へ」ということは含まれているので、「権力への意志」でもよいのであるが、いくぶん勝るであろう。ちなみに、Macht（権力）に対して、Kraft の訳は「力」である。こちらは精神的と物理的の区別にかかわらずに作用する力・エネルギーを表す。たいていは権力意志に回収されるけれども。「およそ生あるものは自らの力を発現しようとする——生自身が権力意志である」(V, GB, 13, 27) が範例的である。ニーチェが力と権力を逆の順序で言うことはないこと、この点はしっかり記憶に留めること。

（8）☆ハイデガーを参照しよう。「〈存在の最も内的な本質は、権力意志である〉（『権力意志』六九三番、一八八三年）ということを」、「ニーチェは、存在者のあらゆる分野の帰納的検分にもとづいて、どこでも存在者はその存在において権力意志であるということを証明するのではない。むしろニーチェは思考者として、まずもって常に存在者全体をその存在へ権力意志として投企することから思考するのである」(N I, 3, 652f.)。ニーチェの「生」をハイデガーは「存在者全体」と捉え返す。

（9）一例として樹木（民族や社会）と果実（個体）について、「果実のためにのみ、この木はあったのだ！」(III, FW, 1, 23, 396) とニーチェは断言する。もちろん強い個体でなければならない。また第二一節でも、個人が社会のためにあること、犠牲になるべしという道徳を激しく糾弾している。もともとニーチェには天才信仰がある。ただしニーチェは個人主義者などではなく、「幸福な社会構造」と呼ばれたある共同体を志向せざるをえないということについては、本書第四章を参照のこと。これは天才志向と少しも矛盾しない。

(10)「あらゆる選りぬきの人間は、本能的に彼の城と隠れ家を求める。そこでは大衆、多数者、民衆から解放され、例外者として標準〈人間〉を忘れることができる――ただし、偉大な、例外的な意味での認識者として、より強い本能からまっすぐにこの標準と衝突する一つの場合は別だ」(V, GB, 2, 26, 43f.)。そのときには、この認識者は敢えて人中に出て行くことも辞さない。

(11)「あらゆる力は抵抗するものに対してのみ自らを放出することができるかぎり、必然的にあらゆる活動には不快の成分がある。ただもっぱらこの不快は生の刺激として作用し、権力意志を強化する」(XIII, NF, 38, 1887. 11-1888. 3)。

(12) キリスト教的理念に対する「反対理念」を挙げる。「誇り、距離のパトス、大きな責任感、慢心、見事な生気、戦士的で征服的本能、情熱、復讐、奸智、怒り、欲情、冒険、認識の神格化」(XIII, NF, 159f., 1887. 11-1888. 3)。

(13) 功利主義道徳についての補足。「悪行為に不快な結果だけを目に留め、〈わるく行為するのは愚かである〉とそもそも判断し、〈善〉を〈有用・快適〉とただちに同一視するのは賤民のやり方」(V, GB, 5, 190, 111) だとニーチェは指摘する。これは、あの有名なソクラテス主義、すなわち「誰も自ら害をなさない。それゆえすべての悪は意に反してなされる」(ib.) に、功利主義と賤民臭を嗅ぎ取って引き出したものである。

(14) もちろん、ナポレオンをいつも褒めてばかりはいない。たとえば、彼は賤民の出だから、儀式において王者らしく〈正統に〉歩くことができない (III, FW, 4, 282)。ちなみにナポレオンの何を褒めるのか。「周知のように、彼は一つのヨーロッパを欲した。しかもそれを地上の主人としようとした」(III, FW, 5, 362, 610)。「ヨーロッパの男性化」を表しているというわけである。ヨーロッパやよきヨーロッパ人への言及は何よりニーチェにとって、自分の血肉である文化、ドイツへの批判という意味をもっていたものと思われる。ドイツやドイツ人へ向けられる言葉は常に激烈である。ニーチェの哲学は民族や文化を捨象してしまえるようなものではないからである。ニーチェ自身にとってはヨーロッパへの帰属というところで一応落ち着く。ただし現実の、ないし現在のヨーロッパではない。

(15) ニーチェは神観念の起源と発達の次のような系譜を提示した (V, GM, 2, 19, 20, 327-330)。これはまたキリスト教信仰の克服の道を示唆する。債務者の債権者にたいする私法的関係↓自分の存在を負っている祖先にたいする現存の世代の負い目（それにたいして返済せねばならないという意識と十分に返済できないかもしれないという恐怖）↓一つの神に変貌させること↓万物の神、とりわけキリスト教の唯一神へ（それゆえ地上で最大の負い目感情）。神への信仰と負い目感情は相応する。それゆえ、そこで私たちが逆の運動を起こしていれば（↑）、「キリスト教の信仰の衰退」と「負い目意識の衰退」が起ころう。「無神論とある種の第二の無垢（Unschuld）は相属する」、と。自分の存在の第一原因である神の否定は、負い目（Schuld）の消滅である。強調された「第二の無垢」という言葉が注意を惹く。歴史的過程を経たのだから、それを単純に消すことはできないのであって、戻るべきものは当然「ある種の第二の無垢」でしかありえないのである。

(16) ニーチェ自身は個人主義道徳を説いたつもりはないのである。際立った個を生み出すことがニーチェの狙いであるが、足場としての共同社会を捨象することはできないからである。「私の哲学は位階秩序に向けられている。個人主義的道徳に向けられているのではない。畜群のセンスは畜群のうちに支配しているべきであるが、畜群を超えて支配すべきではない。畜群の指導者は彼ら自身の行為の全く異なった価値を必要とする。同様に、独立者、あるいは〈猛獣〉等も」（XII, NF, 280, 1886 終わり-1887 初め）。「独立者」はときどき出てくるが、ニーチェやニーチェ自身のような者を考えているのだと思われる。

(17) 乙武洋匡『五体不満足』、一九九八年、講談社青い鳥文庫。

(18) たとえば、『悦ばしい知』二八九節の「船に乗れ！」を参照。「生き、思考する彼流のやり方の哲学的・全般的是認が——すなわち温め、祝福し、実らせつつ、特別に彼を照らす太陽のように——各個人にいかに作用するか考えるなら、またそうした是認がいかに毀誉褒貶から自由にし、自足させ、豊かにし、幸福や好意を気前よく恵ませるか、またいかに絶えず悪を善に作り変え、あらゆる力を開花させ、成熟させ、大小の怨恨や不機嫌を生じさせないようにするか考えるなら、たまらなくなって叫ぶ。おお、たくさんのそんな新しい太陽が創造されたらいいのに！　悪人も、不幸な者も、例外人も、自分の哲学、自分の正当の権利、自分の太陽の光を持つべきだ！　彼らに同情する必要はない！――思い上がりのこの思いつき〔同情〕を私たちは忘れねばならない、これまで永いこと人類はそれを覚え、修練してきたけれど。聴罪師も、調伏師も、赦罪師も彼らに用立ててやる必要はない」（III, FW, 4, 289, 529f.）。このような生き方を鼓舞する哲学（者）を要請しているのである。「〈あるひとに正しいことは、他のひとにも正当である〉と決して結論するな――逆なのだ！」（XIII, NF, 69, 1887. 11-1888. 3）とニーチェは檄を飛ばす。これはJ・S・ミルの社会、正義を念頭において発言している（ib., 60f.）。ただし共同性の理念としては、この個性と多様性の強調は、ニーチェの共同性についての考え方、「幸福な社会の構造」（本書第四章七八頁）と容易に両立しがたいとはいえ、それでもどちらも手放すことはできない。社会の問題については本書第七章二を参照のこと。

（19）「弱者と出来損ないは滅びるべきである。社会の第一命題。しかもそのうえ滅びるように彼らを助けるべきである」（XIII, NF, 192, 1887. 11-1888. 3）と、キリスト教の「同情」に抗してそう言っている。袋叩きにあいかねない発言であろう。次の遺稿の断片も、善悪の彼岸の哲学者、インモラリスト・ニーチェの面目躍如といえよう。それは道徳と病気の関係を問うものである。「人間がより健康的に、より強く、より豊かに、より実り多く、冒険的に自分を感じれば感じるほど、彼はまたますます〈より不道徳的に〉なる」（XII, NF, 180, 1886）。ニーチェは、道徳は人間を病気にすると考えている。道徳による「人間化」、「改善」、「文明化」は大地を「病院」にし、「〈すべてのひとがすべてのひとの看護人〉が知恵の最後の結論である」（ib., 181）という次第である。そして「もちろんそうすればまたあの大いに希求された〈地上〉の平和をひとは所有するかもしれない！　しかしまた〈相互的好ましさ〉もほとんどないだろう！　美、慢心、大胆、危険もほとんどない！　そのためにこそ大地に生きることがなおも甲斐ある〈作品〉もほとんどなく、そのような〈行為〉も全くもはやない！」（ib.）。

（1）「意識的思考の大部分は本能活動とみなさねばならない。哲学的思考の場合さえ」(V, GB, 1, 3, 17)。「長い間私たちは意識的思考を思考一般とみなしてきた。いまやはじめて、私たちの精神作用のほとんどが私たちには意識されず、感じられずに経過するという真理が明け染める」(III, FW, 4, 333, 559)。科学によって教育された現代人には、このような主張をむしろ受け入れやすいかもしれない。

（2）「モラリストとは清教徒の反対物ではないのか。つまり、道徳を疑わしいもの、疑問符をつけるべきもの、要するに問題として扱う思想家ではないのか。道徳を説くことは不道徳的ではないのか」(V, GB, 7, 228, 164)。ニーチェはモンテーニュのようなモラリストを高く評価する。「モラリスト」は、もちろん「道学者」とでも訳さねばならない否定的な意味で用いられることもある。

（3）「自分の敵、自分の災難、自分の非行すらいつまでも本気に考えていることができないこと――これが強い、充実した人々の標《しるし》であって、彼らには造形的、模造的、治癒的、そして忘れさせる力がある」(V, GM, 1, 10, 273)。これらの形容詞群は、本書の「はじめに」において私の思考を導いてくれるものとして掲げたものである。ただし「忘れさせる」はそこでは「再製的 wiederherstellend」であったが、二つの語は内容的に無関係ではない。再製には古いものを忘れて新たにすることが必要なのだから。

（4）K・オプホルツァー『W氏との対話――フロイトの一患者の生涯』、馬場謙一・高砂美樹訳、みすず書房、二〇〇一年、一五一頁。

（5）同一五一頁。

（6）同一五〇頁。

（7）ニーチェはこの点については敏感なひとであった。これは「体験と創作 Erleben und Erdichten」という節の最後の部分である。「一体私たちの体験とは何か。そこに横たわるものよりも私たちが置き入れるものの方がずっと多い。あるいはそこには何も横たわっていないとさえ言わなければならないのか。体験は創作なのか」(III, MR, 2, 119, 114)。

第三章

(1)『偶像の黄昏』に「ソクラテスの問題」という比較的長い一節がある。ニーチェはソクラテスをデカダンスと批判し、すでに『悲劇の誕生』でそのことを指摘したと証言する(VI, GD, ソクラテスの問題、2, 68)。ソクラテスとは何者か。「ソクラテスは理論的オプティミストの原像」(I, GT, 15, 100)であるが、「理論的オプティミストは事物の本性の探求可能性の上述のような信念によって知と認識に万能薬の力を授け、誤謬に災厄自体を認める。あの諸根拠を突きとめること、真の認識を仮象と誤謬から区別すること、これがソクラテス的人間にとって最も高貴な人間の使命、唯一の真の人間的使命でさえあると思われた」(ib.)。『悲劇の誕生』という著作については後に一部不十分さを認めているが、ソクラテスへの評価はその後も変わらない。『悲劇の誕生』はディオニュソス的なものとそれから生まれたギリシア悲劇がテーマであったことを述べたあとで、「悲劇が死んだ原因、道徳のソクラテス主義、すなわち理論的人間の弁証法・自足性・明朗性が——なんとまあ、まさにこのソクラテス主義こそが、没落の、疲労の、発病の、無秩序に解体する本能の標《しるし》ではないのだろうか?」(I, GT, 自己批判の試み、1, 12)とニーチェは批判する。ソクラテスはプラトンに継承され、近代思想の基盤となっているとみなされているのは言うまでもない。

では、もう少し具体的にソクラテスのどこが問題なのか。ニーチェはまず彼の醜さ、素性の卑しさ、その怪物性を強調するが、人物評の部分は聞き流そう。何より「理性=徳=幸福というソクラテス的等置」(VI, GD, ソクラテスの問題、4, 69)が問題なのである。「とりわけ古代ギリシア人のあらゆる本能にそむく最も奇怪なあの等置」(ib.)が。ソクラテスは生に敵対する。「論理的なものの過剰」(ib.)、「弁証法」(「まず証明されなければならないものは、価値が少ない」(ib., 5, 70) 同感！)、「欲望にたいする支配」がソクラテスに特徴的である。これらの特徴づけは不当ではないが、通常は賞賛されるものであろう。しかしニーチェは言う。「ソクラテスは一つの誤解であった。全改善道徳は、キリスト教のそれも、誤解であった……。最も輝かしい日の光、あらゆる犠牲を払っての合理性、明るい、冷静な、慎重な、意識的な、本能ぬきの、本能に抵抗する生はそれ自身一つの病気にすぎない、一つの別の病気にすぎない――そして決して〈徳〉、〈健康〉、幸福への帰路ではなかった……。本能と戦わなければならないということは、デカダンスの定式である。生が上昇するかぎり、幸福は本能に等しい」(ib., 11, 73)。ちなみにこの人間の道徳的改善は、ニーチェの訓育 (Zucht)、新しい人間の訓育とは異なる。「人間はまだ確定しない動物である」(V, GB, 3, 62, 81) とは、ニーチェの有名な言葉。道徳的改善は現に存在する人間を善くすることに努めるのであるが、善が肯定的な意味合いで言われないだけでなく、改善は保存的であるから。

なお、ソクラテスについてもう一つだけ言い添えておかなければならない。ニーチェはソクラテスを徹底的に論理家として、したがって芸術の敵対者として描いているが、死を待つ獄中で「ソクラテスよ、音楽をやれ」という夢のお告げがあり、そして実際音楽の真似事をやった (プラトン『パイドン』60E-61B) という逸話に触れることを忘れてはいない (I, GT, 14, 96)。ニーチェはそれを次のように解釈している。「ソクラテスの夢枕の幻影のあの言葉は、論理的本性の限界についての一つの危惧の唯一の標《しるし》である。ひょっとして――彼はそう自問せずにはいられなかった――私に理解できないことは、即理解できないものということではないのでなかろうか？　ひょっとして論理家が追放されている知恵の国があるのではないか？　ひょっとして芸術は科学の必然的な相関物で補足ではないのか？」(ib.)。

(2)　一八八二年の初めに、ニーチェはこう記す。「私はなお生きている。私はなお考える。私はなお生きなければならない。私はなお考えなければならないのだから」(III, FW, 4, 276, 521) というその情熱の激しさ！　「認識の情熱」という言葉は非常にニーチェ的だと思う。しかもそれは、まず批判や実験という精神の態度と結びついているのである（V, GB, 210, 142 参照）。ニーチェという、生と認識の相克に生涯悩んだひとの発言であるが、「精神の根本意志」は生きていくために、また安楽を好むために、「絶えず仮象と表面に向かおうとする」ので、「根本的に突き詰めること」、「あらゆる認識欲には一滴の残忍がすでにある」（V, GB, 7, 229, 167）と言う。しかしまた、その残忍にはある喜びが存在する。「自己自身の苦悩、自己自身を苦しめることにも、純粋な、溢れるような快楽があるのだ」（ib., 166）。それが肥大した宗教的思想家たちをニーチェは非難するが、ニーチェはその機微を知っているひとなのである。残忍さとその快楽はネガティブなばかりではない。

（3） 芸術は非常に重要な大きなテーマなので別個に扱うべきであるが、認識を主題とする現在の文脈のもとでは、深入りすることはできない。しかし『悦ばしい知』第二巻一〇七節「芸術にたいする私たちの究極の感謝」はなかなか興味深い。「私たちが芸術を是認せず、この種の礼拝を発明していなかったとしたら、今日科学によって私たちに与えられる普遍的非真理と虚偽の洞察は――認識し、感覚する現存在の条件としての妄想や虚偽への洞察は耐えがたいであろう。誠実は吐き気と自殺を結果としてもたらすであろう。しかしいまや私たちの誠実はそうした結末から私たちを免れさせてくれる反対力をもつ。すなわち仮象への良き意志としての芸術を。〔……〕美的現象としては現存在はなお私たちにとって耐えられるし、そして芸術によって、私たち自身をそのような現象となすことのできる目や手、とりわけ安らかな良心が私たちに与えられる。自分自身を眺めやったり、見下ろしたり、また芸術家がするような距離から自分について笑ったり、自分について泣いたりすることによって、私たちはしばしば自分自身から逃れなければならない。私たちの認識の情熱のうちに隠れている英雄と道化師を発見しなければならない。私たちの知恵に悦んでいられるように、私たちの痴愚をもときおり悦ばなくてはならない！　そして私たちはまさに根本において重々しい真面目な人間なので、むしろ人間というより重量のかたまりなので、私たちには道化師の帽子よりも必要なものは何もない。私たちは自分自身のためにそれを必要とする――私たちの理想が私たちに要求する事物を超えている自由を失わないために、すべての傲慢な、軽やかな、踊るような、嘲笑的な、子供らしい、祝福に充ちた芸術を必要とする」

(III, FW, 2, 107, 464f.)。

私たちは芸術によって事物や自分自身に距離を取ることができる。芸術は「認識の情熱」に生きる者のしばしの休息と位置づけられる。あくまで認識の方が主であり、認識の側から言われているが、ひたすら真面目であるのではなく、たわむれ・遊びを組み入れているのでなければならない。「私たちの知恵を悦んでいることができるために」というわけである。しかしなお、ここでは認識と芸術は協同するが、対立する働きとして捉えられる。悦ばしい知となれば、両者は「即」のようなかたちで捉えられるはずである。次の証言はより積極的なニーチェの芸術の把握を表す。「芸術家が実在より仮象を高く評価することは、この命題〔真の世界と仮象の世界を分けることは下降する生の症候だということ〕にたいする異議ではまったくない。というのは、ここでは〈仮象〉はもう一度実在を意味する、ただし選択、強化、修正されている実在なのだから」(VI, GD, 哲学における理性、6, 79)。

(4) もちろん詩人は芸術家に含めて考えられる。「ホメロスが言うように〈詩人は嘘が多い〉」(III, FW, 84, 442, また IV, Z, 2, 詩人について、参照)とニーチェは言うが、真理=仮象の世界を生きるかぎり賞賛される。これも嘘をつくことには違いない。しかし「過ぎ去らないもの」を求めたりすれば(これも嘘をつくことである)、もはや許すことはできない。詩人については、本書第五章、第六章冒頭、第七章三を参照されたい。

(5) 「真実性」は肯定的に評価されることが多い。しかし、ここでは素朴な真実性といったようなものなのであろう。「現実の世界と仮象の世界という問題」(V, GB, 1, 10, 22)を追究しているのは「真理への意志」によってではなく、「結局一握りの〈確実性〉を車一杯の美しい可能性より常に好む」(ib., 23)ということに他ならない。「真理への意志」も、第三章の(ii)の意味で真理を意志するという文脈でなら、肯定的である。

(6) それゆえ、プラトニズムといえばイデア論であるが、「プラトンは現実を超えていき、あの似非現実の根底に横たわるイデアを叙述しようと努力する」(I, GT, 14, 93)。

(7) 「生自身が多くの柱と階段でもって自らを高みへとうち建てようとする。生ははるかな遠方を見通そうとし、そこから至福な数々の美を望見しようとする——それゆえに生は高みを必要とする」(IV, Z, 2, タランチュラについて、130)。

(8) 最も先鋭的には次のように言われる。論理的なものの由来を論じている。同じもの (das Gleiche) をすばやく捉える者の方が生き延びやすいようである。それゆえ「類似なものを同じものとして扱う有力な傾向、非論理的傾向が——というのはそれ自体において同じものなど存在しないから——初めて論理学の一切の基礎を創った」(III, FW, 3, 111, 471)。「論理学にとって不可欠な実体の概念が成立するためには、長い間事物における変化するものが見られず、知覚されないのでなければならなかった。正確に見ない者が、すべてを〈流動のうちに〉見る者より優位に立った」(ib., 472)。そもそも論理学に実体の概念が必要か問わないとしても、「それ自体において (an sich) 同じものなど存在しない」という言明は見逃すことはできない。しかし同じものを捉えることが私たちの側には存在する。ここでは否定的な含意がある。しかしニーチェは「同じものの永遠回帰」を説いているのである! それが何を意味するのか、やがて問題にしなければならない。

(9) 近代科学の専門性の批判。「すべての者を片隅と〈専門性〉に呪縛しようとする〈近代的理念〉の世界に直面して、哲学者は——今日哲学者というものが存在するとすれば——人間の偉大さ、〈偉大〉の概念をまさに人間の広大さと多面性のうちに、その多における全体性のうちに据えなければならないだろう」(V, GB, 6, 212, 146)。

(10) 従属者であり、奴隷的である信者、確信をもつ者にたいして懐疑家が称揚される。むろんキリスト教批判として言われている。「偉大な精神は懐疑家である。強さは、精神の力と過剰から生じる自由は、懐疑によって証明される」(VI, AC, 54, 236)。彼は確信、絶対的なものへの欲求に屈しないが、何事かをなすために、「事情によっては」確信をもつことを喜んで自分に許す。「手段としての確信、それをもってのみ多くのことが達せられるのだから」(ib.)。

(11) しかし「言語の類縁性」の重要性にニーチェは気づいてもいる。「——私は思うのだが、同じ文法的機能によって無意識的支配と指導を受けて、あらかじめ哲学的体系の同種的展開と配列にたいして一切が準備されるということは避けがたい。同様に世界解釈のある別の可能性に道が閉ざされているように見える。ウラル・アルタイ言語圏（ここでは主語概念の発達が非常に遅れている——偏見！　筆者）の哲学者は、インド・ゲルマン人や回教徒とは違って〈世界を〉観入するであろうし、他の道を見いだすだろうことは大いにありそうである」(V, GB, 1, 20, 34f.)。

(12) 霊魂や〈われ〉と〈思う〉についての同様な見解にはまたV, GM, 3, 54節をも参照せよ。

(13) 私は「はじめに」で、私のニーチェへの接近の指針として、ニーチェの「精神の成熟した自由」を引いた。それはこの快癒者の遠近法に体現されていると思う。ただし健康や病気は生に属するものだし、「精神の……」といっても、決して肉体を離れてあるものではないことが分かろう。

(14) この「無」は具体的な内容をもつので、内容的には問題はない。しかし「無を欲する」という語法は何を言おうとするのか。「〈欲すること〉は存在しないのであって、〈何かを欲すること〉のみがある」(XIII, NF, 54, 1887. 11-1888. 3)。つまり欲すること・意欲は志向的なのである。それはむらむらとした、無方向の情緒ではないのである。個々の行為はそのつどの目的・目標をもたねばならないが、目的論を主張しているのではない。

(15) ただし仮象の世界のみが残るということは、仮象の世界も残らないということと同じ意味である。「いかにして〈真の世界〉がついに寓話になったか——一つの誤謬の歴史」という節の最後に、ニーチェは次のように言う。「私たちは真の世界を除去した。いかなる世界が残ったのか？　仮象の世界か？　……そうではない！　真の世界とともに私たちは仮象の世界をも除去したのである」(VI, GD, 81)。真の世界と対立したものとしての仮象の世界はないという意味である。ニーチェは一切が無だと主張しているのではないからである。

(16) ニーチェは認識の美と幸福について次のように記して、興味深い。「彼ら〔現実の認識を回避する人々〕は、現実は醜いと思う。しかし彼らは最も醜い現実の認識も美しいということを考えない。同様に、多くを認識する者は現実の大きな全体——その現実の発見はいつも彼に幸福を与えたが——を醜いとは考えない。一体〈それ自体美しいもの〉など存在するのか。認識者の幸福は、世界の美を増し、存在するすべてを一層明るくする。認識はその美を事物の周りに置くばかりでなく、長い間には事物のうちに置く」(III, MR, 5, 550, 320)。たとえば優れた報道写真にはそういうことが言えると思う。狙いは真実であって、美などではないにもかかわらず、たとえ非常に悲惨な情景であっても、やはり美しいと言える。――ここまで書いたあとのことだが、私はある写真展を見た。「国境なき医師団日本写真展二〇〇二――暴力の爪痕」(二〇〇二年一一月二六―一二月一九日、ミツムラ・アート・プラザ、大崎)である。数名の日本人写真家による、アフガニスタン、シエラレオネ、ソマリア、アンゴラ、フィリピン、ウガンダ、パレスチナの写真である。地上にはこれほど紛争が蔓延しているのである。子供を撮ったものが多く、暴力的映像に慣らされているので、衝撃的というより、悲惨ではあっても、むしろ静かな美しさが印象的であった。ニーチェは人道主義を一蹴する。「美的現象としてのみ、存在と世界は永遠に正当化される」(I, GT, 5, 47) とニーチェは述べる。しかしながら、この現実を前にして、認識の美を説くことは許されるのかという問いが、医師・カメラマン諸氏から投げかけられるに違いないのだ。メッセージを含む写真である。冷徹な認識は、私たちがそこから「人道主義的」行為に赴くことを妨げないし、励ますこともあろう。もちろんニーチェはそんなことに関知しない。やはり人間の生には最終的救済としてはそれのみが残る――ニヒリズムと紙一重の存在の肯定が(私にはそう見える)――と答えるのだと思う。

第四章

(1) 意志を全く機能的に理解するように留意しなければならない。意志ということで「もはや能力が理解されてはならない。古い語〈意志〉は、一つの合成力を、すなわち一部は矛盾し、一部は調和する一群の刺激に必然的に続いて生じるある種の個体的な反動を呼ぶために役立つにすぎない――意志はもはや〈作用し〉ないし、〈動かさ〉ない」(VI, AC, 14, 180)。言うまでもなく、ここでは悪い意味での反動(第一章四参照)ではない。ここで括弧つきで現れた「作用しない」とか、「動かさない」というのは、「意志が……」、「君たちの意志が……」という言い方がしばしばされるときにも、機能的に理解するようにという戒めと受けとめることにしよう。

（2）これらの「私は」という語法は、他のひとでなく、確かに私のところで起こっているという意味で間違いではないが、やや過剰であろう。しかし、ニーチェの嘆きに追従することになるが、書き表すとなれば、他にどう表現できよう？　困難な任務に有志を募る場合に、「私が行きます」と申し出るなら、この表現は全く適切に響く。意志する者「私」の突出度はずいぶん違う。

（3）「自由意志の誤謬」と題された節によれば、「古い心理学全体、意志心理学は、その創始者、共同体の頂点にいる僧侶が罰をくだす権利を自らに与えようとした、あるいは神にそのための権利を与えようとしたということを、前提とする。人間は裁かれ、罰せられることができるために、責めあるものとなりうるために〈自由〉と考えられた。したがって、あらゆる行為は意欲されたものとして、そしてあらゆる行為の起源は意識のうちにあると考えられねばならないかった」（VI, GD, 7, 95）。インモラリストのニーチェは、「生成の無垢」のため「罪責概念と罰概念を世界から再び取り除こうとする」（ib., 96）。

（4）「〈原因〉や〈結果〉といったものはただ純粋な概念としてだけ用いるべきであって、すなわち記述や了解のためのコンベンショナルな虚構として用いるべきなのであって、説明のためであってはならない。〈自体〉のうちには〈因果の連鎖〉、〈必然性〉、〈心理的不自由〉といったものは存在しない。そこには〈結果が原因に〉従うこともないし、〈法則〉が支配することもない」（V, GB, 1, 21, 36）。説明（Erklärung）という言葉の使い方は独自だが、インテリジブルにすることのようである。

（5）大部分は妹が中心になって整理して『権力意志』という名の著作として出版されたものである。しかしそんな経緯は気にしないで、全集の年代順のテキストをそのまま読むことにする。この時期に重点をおくのは、ニーチェが『ツァラトゥストラ』を公開した後で、自分の根本思想をあらためて理論的にまとまった形で世に送り出そうとした格闘の記録だからである。

（6） ひとまずニヒリズムの定義を。「ニヒリズム。目標が欠けている。〈何のために〉への答えが欠けている。ニヒリズムとは何を意味するのか。至高の諸価値がその価値を剝奪されるということ」（XII, NF, 350, 1887秋）。

（7） 「いたわることと同情することのうちに、常に私の最大の危険はあった」（IV, Z, 3, 帰郷、233）、また人間への同情を「私の最後の罪」（IV, Z, 4, 窮境の叫び声、301）と告白している。「どこに君の最大の危険は存在するのか——同情のうちに」（III, FW, 3, 271, 519）をも参照。ツァラトゥストラは「同情深い者たちの愚考より大きな愚考が世界のどこで行われたか」（IV, Z, 2, 同情深い者たちについて、115）と言い、悪魔の言葉として「神もその地獄をもっている。それは人間たちにたいする愛だ」（ib.）、それゆえ「神は死んだ。人間たちに同情したために、神は死んだ」（ib.）と語らせている。この箇所はそっくり第四部の裏扉に採録されている。神が人間への同情ゆえに死んだことは、また「教皇」によって証言される（IV, Z, 4, 失職、324）。同情という問題がニーチェにとってどれほど重要だったかを示す。

同情はとりわけキリスト教的なものだが、何がいけないのか。「〈同情は押しつけがましい〉」（IV, Z, 4, 最も醜い人間、330）。「神の同情であろうと、人間のそれであろうと、同情は羞恥に反する。そして助けようとしないことは、助けようと跳んでいくあの徳より高貴でありうる」（ib.）。そしてツァラトゥストラについて「あなたは大いに苦悩している者の羞恥にたいして羞恥を覚える」（ib., 傍点筆者）と言わせる。「恥ずかしい」という文字を見ただけで恥ずかしくなると言った知人がいたけれども、「梅干」という言葉を聞いただけで口のなかが酸っぱくなるように、羞恥はひどく肉体的感情である。苦悩していることをひとに示すことは恥ずかしいのだから、同情をひとに示すことは破廉恥な、恥ずかしいことだという気持ちは理解できる。古武士の心情はこんなものでもあろう。「苦悩している者の羞恥」というのが、自分のことであっても、理解できる。苦悩が去らないとき、悩みながら、なんというメロドラマと自分を冷やかす気持ちが湧いてくる。しかしこれは自意識過剰、あまりに近代的であろうか。ツァラトゥストラの対処も剛毅な武人のそれというより、繊細すぎるようだが。ただし物語の最後にはツァラトゥストラは同情を克服する。

以下は蛇足。井伏鱒二に「丹下氏邸」（『井伏鱒二自選集』第一巻、新潮社、昭和六年の作）という短編小説がある。

丹下氏が下男を折檻する話だが、老いた主人と初老の下男のやりとりが、方言の効果と重なって、なんともおかしい。主人は質朴で頑固者の下男のために、その別居している女房（これも全く純朴な女）が駆けつけ、二人が会う機会をつくってやるために、叱責の場面を演出しているのである。同情がユーモアに包まれて発揮されている。滋味あるユーモアが井伏作品の魅力の一つである。ニーチェにユーモアはあるだろうか。ユーモアは人間関係において一つの救いとなると思われるのだが。

（8）「ラクダ・ライオン・子供」の比喩が示すように、事柄として「子供」と「長い意志の人間」の間には位階の違いがある。「崇高な者」について、「彼は彼の英雄－意志をなお忘れなければならない」（IV, Z, 2, 崇高な者たちについて、151）、「彼は怪獣を征服し、諸々の謎を解いた。しかし彼は自らの怪獣や謎を救済し、それをさらに天界の子供たちに変化させればいいのだが」（ib.）とニーチェは言う。認識の戦士であり、張り詰めた緊張に生きる崇高な者に、子供になることを、「筋肉を緩め」、「休息」することを、「美」のうちに憩うことを求めている。「笑うライオン」（IV, Z, 3, 新旧の板について、1, 246）も同様の意味であろう。

ただし本当を言うと、大きな視野では、子供と長い意志の人間は創造的人間としては似たようなものである。両者を似たようなものだと認めないのは、日常の真面目な人間の見方に他ならない。どのような意味でなのか。ニーチェが『悲劇の誕生』の狙いを説明して、「芸術を」（道徳でなく）「人間の本来の形而上学的行為として打ち立てる」（I, GT, 自己批判の試み, 5, 17）ことだと述べているところがある。「世界の存在は美的現象としてのみ正当化される」（ib.）ゆえに、そこには「芸術家的神」（ディオニュソス的なもの）が働いているという。この神（決して道徳的でない神）は、「建設のうちにも破壊のうちにも、善においても悪においても、等しく自らの快感と独裁を認めようとし、諸々の世界を創造することによって、充実と過剰の窮迫から、自らのうちにひしめく対立の苦悩から自らを解放する。世界は、ただ仮象のうちにしか自らを救済することのできない最も悩めるもの・最も対立したもの・最も矛盾にみちたものの永遠に変転する、永遠に新しい幻想として、あらゆる瞬間に到達された神の救済である」（ib.）。この芸術家的精神は遊ぶ子供と異なりはしない。大人がどんなに壮麗な建築や珠玉の詩歌や立派な絵画や品位のある共同体を創り上げても、子供の造る砂のお城のように、ほどなく波にさらわれて消えてしまうだろう。少々の時間の長短が何であろう。大人が創るものは、長い時間がかかり、特に共同作業が必要であったりすれば、「長い意志」、支配的意志を必要とし、子供の仕事ではありえないであろうが。確かに両者は意志のあり方としては正反対であるが、ニーチェ哲学はどちらも手放せない。あの「ラクダ・ライオン・子供」は強い精神の理念的発達段階であるが、事実的には個人は異なった配分でその性格を同時に所有するのである。そしてこの時点にはこの面を、次には別の面を示すというあり方で生きる。

(9) ただしツァラトゥストラがいつも裸のままの姿を示すという意味ではない。教師としてのツァラトゥストラは遠くばかりを見ているわけにはいかず、人間たちと交際するために、「仮装して、私は君たちのあいだに座ろう」(IV, Z, 2, 人間の賢さについて、186) と言う。ツァラトゥストラも人間の賢さを持たないわけにはいかない。仮装や仮面は常に必要である。

(10) 「〔超人という〕語は道徳の絶滅者、ツァラトゥストラの口で語られると、一つの非常に意味深長な語になるが、その語がほとんどいたるところで全く無邪気に、半〈聖人〉、半〈天才〉という高級な種の〈理想的〉タイプというような価値を表すものだと理解されたけれども、その反対がツァラトゥストラの姿で示しておいたものなのだ」(VI, EH, 私はなぜこのようによい本を書くのか、1, 300)。超人は理想的タイプの人間というような実質的規定ではなく、すでに述べたように、自己超克というあり方そのものであることをここで再び確認する。

(11) 吐き気だけは別で、ツァラトゥストラはしばしば吐き気に襲われる。それはニーチェの思考の肉体性を示す、特にニーチェ的なものなので、この場を借りて、一言だけ触れる。ひとは何にたいして吐き気を感じるのか。極度に厭わしいもの、汚らしいものにたいしてであろう。ツァラトゥストラは言う、「女の類のもの、奴隷の類のものから出自したもの、とりわけ賤民というごたまぜ、それが今やあらゆる人間運命の主人になろうとしている――おお、吐き気！　吐き気！　吐き気！」（IV, Z, 4, 高等な人間について、3, 358）と。吐き気は何かを受け入れることができない、拒絶反応である。吐き気は吐きたくて、吐くことができず、気持ちが悪い。吐き気は最終的には克服されなければならない。ツァラトゥストラが最初に登場するとき、森の聖者が彼について「彼の目は澄んでいる。そして彼の口には吐き気が隠されていない」（IV, Z, Vorrede, 2, 12）と形容している。しかし吐き気は否定的であるばかりではない。「君たちが体験できる最大のものは何か。それは大いなる軽蔑の時である。君たちの幸福も、同様に君たちの理性と徳も、君たちにとって吐き気となる時である」（IV, Z, Vorrede, 3, 15）。つまり吐き気は自己超克の踏み台として必要なのである。軽蔑もそうである。否定的なものが、逆転に通じるという発想もニーチェの思考にはおなじみであろう。なお説明しなかったが、『ツァラトゥストラ』には「高等な人間たち」が登場する。彼らは彼らの窮境ゆえ超人に最も近い人々であるが、現在の世の中からはじき出されてしまっている余計者である。「高等」は実際は比較級である。それゆえ彼らは有能で実直な、自己満足する小市民より高いと言われているのである。後者、超人への可能性が閉ざされた者は、「最後の人間」と呼ばれる（IV, Z, Vorrede, 5, 19 をみよ）。近代的理念の道徳を体現している。

（12）「大地」は気候、風土、さらには文化を含むであろう。したがって共同体も民族を基盤にするであろう。反近代主義者ニーチェにとって、共同体は自然的絆のある民族でなければならず、人工的組織・国家ではない。すなわち「多数者のうえに一本の剣と百の欲望とを掲げる」（IV, Z, 1, 1, 新しい偶像について、61）近代国家ではありえない。現代的に表現すれば、それは国家権力と市場経済に基づくものということになる。ニーチェによる近代国家の批判は当を得ていると思う。といっても、現代の民族主義に私たちが全面的に賛同できるかどうかは、また別問題である。

しかしニーチェをいわゆるナショナリスト（国家主義者・国民国家主義者）と考えるのは正しくない。『善悪の彼岸』第八章「民族と祖国」において、ニーチェは「良きヨーロッパ人」を自称し、ドイツには批判的な目を向けている。次のような言葉も参照。「ビスマルクの時代（ドイツの白痴化の時代）。そのような湿地には当然湿地植物が繁栄する、たとえば反ユダヤ主義者が」（XII, NF, 164, 1885 秋 -1886 秋）。「今日世論によって要望されているような意味と程度において国民的《ナツイオナル》であることは、私たち、より精神的な人間のもとでは、私が思うには、無趣味となるばかりでなく、不誠実となるであろう。私たちのよりよい知識と良心の鈍化となるであろう」(ib., 164f.)。反時代性を身上とするニーチェが時の国家と折り合いがよいはずがないであろう。ちなみに、ヨーロッパ人についても、同時代のヨーロッパ人をよしとしているのではない。「最も知的な奴隷動物」、「コスモポリタン的な、情緒と知性のカオス(混沌)」(XIII, NF, 17, 1887. 11-1888. 3)と呼んで批判している。このカオスから「支配的人種」が鍛えあげられなければならないのである。

(13) 私は、『存在と時間』風に実存の形式的構造と、そのやや具体的レベル(歴史性を考慮したレベル)を区別するのである。権力意志、自己超克、永遠回帰などは構造的なものである。しかし超出の道と仕方については、ひとがたとえばこの時代に、日本人として、特定の条件のもとに生まれたということを排除して考えることができない。

(14) 「神の否定によって生じる絶対的変化――私たちは私たちの上に絶対に決して主人をもたない。古い評価‐世界は目的論的である。それは投げ倒された――つまり私たちの上に上級審は存在しない。神が存在しないということに至れば、私たち自身がいまや神である……私たちは私たちが神に帰属させた属性を自らに帰属させなければならない……」(XIII, NF, 143, 1887. 11-1888. 3)。

(15) 「あなた、生の代弁者よ」と弟子に呼びかけさせている(IV, Z, 2, 預言者、175)。

(16) ☆ハイデガーの命令についての洞察が参考になる。ただし認識(直接には矛盾律)が命令であるということを論じている断片(『権力意志』五一六番、XII, NF, 389, 1887 秋)の解釈であって、書かれた時期も異なるし、『ツァラトゥストラ』のこの箇所からこの洞察が引き出されているのではない。「〈命令〉という語は、一つの要求の告知とその充足の欲求を第一には意味するのではない〔……〕本来的な命令することは、まず創造されるべきだということでないにしても、自由な責任において引き受けられるべきものに対して服従することである。本来的な命令することは、まずどこへ、何のため、を定立する。すでに提示された要求の告知としての命令することと、この要求を創設し、そのうちに横たわる決断を引き受けることとしての命令することとは、根本的に異なる。根源的な命令することと命令できることとは、常に自由からのみ発し、それ自身本来の自由であることの根本形式である」（N I, 3, 611）。したがって、創設であって、「根拠の無根拠的な根拠づけ」（ib.）に他ならない。命令することが本来何を意味するのか、正確に教えてくれる。

（17）「〈永遠回帰〉の教説、すなわち一切の事物の無条件的、無限に繰り返される循環の教説——このツァラトゥストラの教説は結局すでにヘラクレイトスによって教えられていたのかもしれない」（VI, EH, GT, 3, 313）。

（18）過去の救済がどれほど重要かは、ツァラトゥストラが詩人としての「自分の使命」（またニーチェの使命）を述べるところで、「彼（ツァラトゥストラ）はすべての過ぎ去ったものを是認し、救済するほどに肯定的なのだ」（VI, EH, Z, 8, 348）と言い、「救済について」のツァラトゥストラの独白を再録していることからも知られる。論旨の必要上から、過去の救済のところだけを引いたが、実は詩人の使命（こちらは詩人について吟味するとき重要になる）と結びついている。こうして二つを分断して扱うことになるので、ここで全体を訳出しておく。「将来の断片としての、すなわち私が直観するあの将来の断片としての人間たちのあいだを、私は彷徨う。断片であり、謎であり、恐ろしい偶然であるものを一つに圧縮し（dichten）、蒐集すること、これがおよそ私の詩作（Dichtung）であり、努力である。そして人間が詩人でもあり、謎を解く者でもあり、偶然の救済者でもあるのでなければ、どうして私は人間であることに耐えられよう。過ぎ去ったものを救済し、一切の〈そうあった〉を〈そうあることを私が欲した〉に創りかえること——これこそを私は救済と呼ぶ」（IV, Z, 2, 救済について、179 & VI, EH, Z, 8, 348）。

（19）サン＝テグジュペリ『星の王子さま』一〇、内藤濯訳、岩波少年文庫。

（20）M. Heidegger, Sein und Zeit, 16, Aufl. S. 325, 1986, Max Niemeyer.

（21）ib., 329. ハイデガーの読者でないひとのために言い添えれば、既在性への帰来とは、在ったものであること、自分の過去を引き受けることを意味する。

(22) ib., 328.

(23) 「将来の哲学者」や「将来の人間」もこの二重の意味を帯びなければならないのではないのか。

(24) 太陽という象徴も有意味である。ごく伝統的なイメージだが、太陽は光と熱を与え、地上の生の一切の営みはそのもとで行われる。太陽が日の出・正午・日没をもつことがニーチェには非常に重要である。生のサイクルをも象徴している。また、太陽はディオニュソスを象徴する。「夜の歌」を見よ（本書第五章一三九－一四〇頁）。「正午」については、本章注30を見よ。

(25) 「生成の意味は各瞬間に（in jedem Augenblick）充実され、到達され、完成されなければならない」(XIII, NF, 39, 1887. 11-1888. 3)。瞬間の意義をはっきり押さえておかなければならない。

(26) ここではニーチェの態度は静謐で、攻撃的なところはまったくない。「目をそむけることが私の唯一の否認であれ！つまり私はいつかただひたすらヤーを言うものであることを欲する！」(III, FW, 4, 276, 521)。病み上がりのせいもあるかもしれないが。

(27) 深沢七郎『楢山節考』、現代日本文学大系、八九、筑摩書房、昭和五三年。この小説が老人問題を、まして老人福祉の問題を主題にしているなどと思うのはまるっきり誤解である。

(28) 「gleich」を「同じ」と訳してきたが、それは何を意味するのか。等号（＝）が示すように、「等しい《グライヒ》」というとき、二つの項が存在する。ある一つの事柄がずっとそのまま変わらないであると言いたいのならば、それはずっと等しいとはいわず、同じというのが私たちの語感だと思う。さて、「AはAだ」という命題は全く形式的に同一性を表す。一応二項が存在して、二項が等しいゆえに同一である。この際、命題の外へ出て事実について問う必要はない。「この人は、さっき目撃したあの人だ」と言うとき、やはり同一性である。しかし完全に形式的なのではない。それはこの人があの人と等しいゆえに、同一だと言うのである。これは経験的に確かめなければならない。このものが回帰すると言うとき、永遠回帰においてこのものとあのもの（別の時点におけるこのもの）を同定する場面が生じるということを言っているのではない。むろん、見比べることなどは問題にならないけれども、再び（あるいは何回も）ということが含意されるかぎり、それらは等しいゆえに同じなのである。ゆえに「gleich」は「同じ」なのである。以上のようなことは、むろん外側からの説明である。ツァラトゥストラには、同じものの永遠回帰の直感の瞬間があるのみである。

(29) ニーチェは「第四部でツァラトゥストラは死ぬ」、そして死後に影響力を発揮するという筋書きを考えたこともある (X, NF, 523, 1883 秋)。おそらくイエスへの対抗が念頭にあるのであろう。

(30) ☆正午とは永遠回帰の思想が現れる時刻である。ハイデガーは正午の意味を、全くハイデガー風にではあるが、次のように適切に表現した。「この語がニーチェにとって何を意味するか私たちは知っている。午‐前と午‐後、過去と将来が一つに出会う、影が最も短い瞬間なのである。この出会いの場は、最も明るい光の最大の浄化のなかであらゆる時間的なものが最高の統一をえる瞬間であり、永遠性の瞬間である。正午の時刻は、人間‐現存在がそのつど彼の最高の高みと最強の意志において浄化される時刻である。〈正午〉という語で、同じものの永遠回帰の内部で回帰思想の生起にその時点が規定される〔……〕」(N I, 402)。

(31) 眠りとは不思議なものである。眠り・眠る場面は、『ツァラトゥストラ』には幾度も現れる。眠れば夢を見る。そこでは現《うつつ》には見えない実相が予感的に姿を現すということは、太古から人々が信じることである。ニーチェもそれに従う。ところであまり心配事や嬉しいことがあると眠れないものである。そこで一人の賢者が登場して、よく眠るために、退屈・凡庸な徳を説く。そして眠るときは、夢も見ないで、本当にぐっすり眠ってしまうのだろう。ツァラトゥストラはそれを馬鹿にする (IV, Z, 1, 徳の講座について)。私は睡眠障害にあまり縁が無い人間であるが、若いときから、床につくとき、再び目が覚めないのかもしれないと思うことがよくあった。それでもすぐ眠る。眠ることを自分に許すことができることは、結局生にたいする信頼があるのだと思う。私の肉体が私を眠りに落ち込ませる。ニーチェは「肉体こそが大いなる理性である」(IV, Z, 1, 肉体の軽蔑者について、39) と言うのだが、眠りは、覚めた生がそのごく一部である大きな生のなかにいるという思いを抱かせる。

（32） 星の王子さまが出会った命令好きの王さまは、結局正しかったのである。彼は心優しいので、無理な命令はせず、太陽が沈むまで待つと言うのであった（本章三、一〇一－一〇二頁を見よ）。作者が王さまを揶揄していることは、この際どうでもよい。

（33） この箇所では「苦痛にたいしても」そう呼びかけているのであるが、この敷衍は許されよう。

（34） Jean-Paul Sartre, L'Existentialisme est un humanisme, folio essais, 284, 1996, p. 46.

第五章

（1） ニーチェの把握は全く常識的である。「移転」の意味が考えぬかれているとは思えない。ソシュールによれば、言語記号とは概念と聴覚映像を結びつけたものである。両方の契機とも心的であって、全体として心的である。言語記号は事物と語（その名前）を結びつけたものではない（Ferdinand de Saussure, Cours de Linguistique Générale, Payot, Paris, 1966, 97-99）。ただしこの素朴さを補正しようとして、特定の学問的意図からなされたソシュールの言語《ラング》の定義、二面性をもった「心的実体」などをここに持ち込まない方がよいのである。

（2） Martin Heidegger, Sein und Zeit, 16. Aufl. Max Niemeyer, 1986, S. 166.

（3） ib., 161.

（4） 一九三六年、中也は長男を失う。この詩は一九三七年発表（『中原中也詩集』大岡昇平編、岩波文庫、一九九七年）。

（5） 「語は殺し、すべての固定したものは殺す」（VI, AC, 32, 204）。この文は「イエスは固定したものを一切認めない」(ib.) に続く。この節はイエスをかなり肯定的に捉えているが、それに立ち入る必要はない。

（6） 『グリム童話集』二、吉原高志・吉原素子訳、白水社、一九九九年。

（7）　呼吸についてはニーチェの指摘ではないが、詩作と自作の朗読の経験を踏まえて、富岡多恵子が興味深い洞察をしている。富岡多恵子の洞察力にはいつも感嘆させられる。いくつかある詩人論など卓越したものである。さて、問題は詩の行わけということで、彼女は行わけして書くときには句読点を一切つけないが、その理由を説明する。「詩がなぜ散文とちがって行をわけるかといえば、それが詩のパンクチュエイションだと思っているから、記号は不要だった。句読点を打つことは、人間の呼吸《いき》の量がコトバの意味の量をほんのしばらく待たせることなので、行をわけることはすでにその代りをはたしているからである。ところが活字のための詩におけるパンクチュエイション、つまり行わけは、声にだしてそれを読む時全体的に有効かというと、そうはいかない。句読点を打つことがいくら呼吸《いき》の量と大いに関係があるといっても、文字でコトバを書いている時に行われる句読点は、あくまで実際の声とは別の呼吸《いき》の量によっている。だから、せっかく行わけされた詩を読むのに行わけが無視されることがしばしばある。〔……〕といって、これは呼吸《いき》の量という大義名分による音読の自然主義を意味しない。呼吸《いき》に反する反自然主義も、行わけ無視には当然含まれる。コトバにイキをいれるのは、肉体的生理的なものというより、それはコトバを発する人間の思想だからである」（『富岡多恵子集』七、近松浄瑠璃考、ウタとカタリ——曾根崎心中、一四九頁、筑摩書房、一九九八年）。

　それから「ナンバ」、あるいは「ナンバに歩く」（右足が出ると右手が前に出る伝統の歩き方）について——もちろん右手左足、左手右足の方が、自然で楽な歩き方である——次のように言う。「ところが、ナンバでなければできないことってあるんです。それは息をつめることです。ご自分でやられたらわかりますが、行進するように効率を第一にしていては息をつめて歩けないですよ。いったん行進のリズムがついてしまうと息はつめられない。要するに、〈息〉は自分で制御装置をもっている。ところが、心臓を止めるわけにはいかないでしょう、だから心臓のリズムというのは自分で制御できない。息をつめるかつめないか、息をつめてなにかするということは自分の意志でできるんです。しんどくなったらやめたらいいんですから、息はつめることができるんです。抑制できるのです。これが日本の芸能、芸術に深くかかわっております。お能のあの静寂な感じ、幽玄といわれている動き、あれはほとんど息をつめているのですね。歌舞伎の台詞も普通のリズムでしゃべっているのではなくて、息をつめてしゃべっているのです」（富岡多恵子『西鶴のかたり』二四・二五頁、岩波書店、一九八七年）。私は日本の芸能に暗いので、後の方の部分はただ傾聴しておくだけだが、たしかに西洋のバレエは息をつめ、力をためることが基本だとは思われないし、跳躍のため一時的に力をためても、伸びやかに、外向的に力を発散するようにみえる。ニーチェの歌（詩）の成立についての考察では、以上のようなことは注目されないが、形象や声がただ垂れ流されているのではなく、メロディやリズム、詩行などの形をなすのだから、日本のような呼吸法とは異なるだろうが、なんらかに呼吸の制御が存在しているはずなのである。事物のように対象化的に制御するという意味ではないが。

（8）古代ギリシアにおけるディテュランボスの存在は知られているのだから、ディテュランボスの発明者であるという、ニーチェの言葉の真意は量りがたいが、「私以前には本当にディテュランボスと呼ぶべきものはまだ存在していない」とでも言っているのか。伝統のディテュランボスとはどのようなものだったのか。ディテュランボスはディオニュソスを讃える合唱歌（男性と少年による合唱隊で）であり、すでに紀元前七世紀にはしっかり確立した祭礼歌であったと言う。ツィンマーマンによれば、「大ディオニュソス祭でアテナイにおいて上演された三つのディテュランボス的ジャンル、悲劇・喜劇・ディテュランボスのうちでディテュランボスは疑いもなく――少なくともこの数十年最も注目されない研究対象であった」（Bernhard Zimmermann, Dithyrambos, Geschichte einer Gattung, Vandenhoeck & Ruprecht, Göttingen, 1992, S. 9）ということである。「紀元前六世紀から二世紀初めまでアッチカの祭りだけでもおそろしく多数のディテュランボスが作られた」（ib., 9）のであるし、民主制のアテナイでは「ポリスにおいて特別に重要な政治的、宗教的、社会的、教育的役割を果たした」（ib.）にもかかわらず、そういう事情になったのは、遺された作品が非常に少なくて断片的であるという理由が大きいが、後にはディテュランボスがこのような役割を失ったので重要視されなくなったということもあるようである。

ツィンマーマンによれば、ディテュランボスの発展には三段階がある。「⑴前文芸的な、単純なディテュランボスの段階。⑵僭主と新しいアッチカの民主制のもとで前六世紀にディテュランボスが制度化された段階。それは優れた意味でのポリス・ジャンルになる。⑶前五世紀の後半にディテュランボスが次第に文芸化する段階。前五世紀にはその原因は主としてポリスのコンセンサス基盤を喪失したことに求められるが、しかし他方ではディテュランボスがドラマやノモスのような他のジャンルに対して置かれた競争状況にも求められる」(ib., 137)。この競争は二重の意味においてなのだが、それが変化をもたらしたのは、大ディオニュソス祭ではディテュランボスの競演が行われたが(部族対抗であって、名誉や勢力がかかっている)、詩人たちが勝利のために新機軸を出そうと「絶えず改新」(ib., 140)を試みたことや、同時に上演された「悲劇というジャンルの陰になる」(ib.)、というのは「筋と歌唱の結合は純粋な語り的な合唱ジャンルより魅力的だった」(ib.)からなのである。その発展は、簡単にいえば、ディオニュソスを讃える祭礼歌からポリスの合唱歌、そして「音楽の優勢」(ib., 142)へ——喜劇と悲劇が「抒情的な、音楽的要素を次第に減少させた」(ib.)ことの裏面として——という変化であったことになる。——ディテュランボスは、このように非常に専門家向きの主題であって、以上は門外漢の得た通り一遍の概観なのである。実証的な部分をこれ以上追いかけても、ニーチェの思想を問い深めるには役立ちそうもないので、このぐらいで退散する。ツィンマーマンの著作は、彼がそう述べるように、ピンダロスとバキリデスのディテュランボスが中心であって、そのスタイルの特徴や韻律が分析されているが、私にはその理解は手が届かない。またそれに立ち入る必要もないであろう。『ツァラトゥストラ』の「夜の歌」は、「ディオニュソスの苦悩」を歌っているので、ディテュランボスであると言える。ディオニュソス祭の民衆的大騒ぎの雰囲気からは遠く、「文芸化」の果ての作品(読むための詩)ということになろうが、忘我のなかでのディオニュソス的なものとの一体感はある。以上、「ディテュランボスの発明者」であるというニーチェの発言の意味を質すために伝統のディテュランボスを少しばかり省みた(文献については佐野好則氏に教えていただいた。お礼申し上げたい)。

（9）ニーチェは『悲劇の誕生』を後年（一八八六年）自己批判して述べている。「この〈新しい魂〉〈ディオニュソス的なもの〉は歌うべきだったのだ！――そして語るべきではなかったのだ！　私が当時言わなければならなかったことを、詩人としてあえて言わなかったのは、残念だ。私はひょっとしたらそれができたのに」（I, GT, 自己批判の試み、3, 15）。それを『ツァラトゥストラ』で詩人として歌うことでそれを言うと述べているのである。『ツァラトゥストラ』は『悲劇の誕生』の課題を継承している。

ところで、富岡多恵子は「ウタ」と「カタリ」の違いについて、ニーチェと非常に似た洞察を示している。声を発する行為のうちで、まず「ノル、トナフ、ウタフ」が考察される。「ノルというのは、ものの本によると、呪力をともなった重大な発言を意味したという。呪力をもつのは、神の言葉の威力がそのうしろにあるからで、ノリトから考えても、ノルは宣言を意味するらしい。トナフも、ノル同様、発言者中心のコトバで、相手にこれを謹んで承《うけたまわ》らしめる、という性格があった。これらに比べてウタフは、同じ神のコトバから出たとはいえ、より主情的で、相手の心情に訴えようとする意図の強いものであった。しかも、ウタは、一拍一拍の節奏をたどりながら、声に出して唱することを意味するヨムというかたちで発言されたのだという。だから、ノルやトナフが高圧的な宣言であり、謹んで承らすべく上からものをいう態度をとるのに対し、ウタフはむしろ相手のした手に出て、共感を得ようとする姿勢があった。しかし、これらのいずれもが、発言者が主体であり、相手方の理解は考慮されていない点で共通している。

ところがカタルというのは、相手方（聴き手）を強く意識し、相手方を考慮して発言されることであった。相手の疑問を解きあかし、相手を納得させようとする意図があった。だまされたり、あざむかれたりした時、今もカタラレタというのは、カタルのもっていた相手を納得させようとする積極的な意味が、次第に増幅され、相手を信じこませるものいいになって、ついにあざむく意味になったことをよくあらわしている。ここでもう、カタルが虚構性を孕んでいることに気づく。〔……〕カタリには、もうひとつおもしろい性格がある。カタルには語り手が存在するが、語る内容は大昔に多く行われたという、神々の起源縁起を説くものであっても、語り手は三人称であった。しかしカタリには、聴き手に、内容の事実をよくわかってもらおうとする意図が強くあることから、事実に語り手の説明解釈が加えられる。すでに他の者が語った事実でも、別の語り手があらたに語る場合は、その語り手の独自な解釈がほどこされることが起こり得る。そうすると、語り手が、語る事実なら事実に自分が入っていって、いわばそこの主人公に自分がなって代弁する場合もでてくる。すなわち、三人称から一人称への移行があり、しかも、三人称と一人称を自在に往復するようになることもある」(『富岡多恵子集』七、同上、一五二―三頁)。この先に何が展開するかは予想できる。ニーチェの「歌う」に下手にでるというニュアンスがあるとは思われないが、「歌うこと」が主情的であり、また相手の理解を問題としないのに対して、「語ること」が強く相手の理解や納得を意図するとされる性格づけなど、ニーチェの歌うことと語ることの区別と共通だと思う。歌と語りの区別には、太古から引き継いだ、言葉の根源的経験が横たわっているように思われる。

(10) この自然との和解の場面にその例証として、ベートーベンの「第九」の「歓喜に寄せて」(シラーによる詩)の一節を引いているのには驚くとともに、面白い。「すべての人間が兄弟になる」と歌う、合唱は歓喜を炸裂させるが、曲も歌詞もどう聴いても近代的であろう。ニーチェがワーグナーの「トリスタンとイゾルデ」に魅せられて、「ディオニュソス的な衝動」が表現されている(I, GT, 22, 141)と信じたのは理解できる。官能的だし、ひどく悪酔いさせる音楽にはちがいない。さらにはルターの賛美歌を讃えて「最初のディオニュソスの誘いの声」(I, GT, 23, 147)と呼んだりしている。――つまりこの時期ニーチェはまだ確信犯的アンチクリストではなかったのである。ドイツ音楽への期待は大きかった。自分に腹を立てているのであろう、後にはドイツ音楽に猛烈な悪口を言っている。「ドイツ音楽は徹頭徹尾ロマン主義であり、あらゆる可能な芸術形式のうちで最も非ギリシア的なものである。しかもとりわけ第一級の神経破壊者であり、飲酒を好み、不明瞭を徳として尊敬する国民のもとでは二重に危険である、すなわち陶酔させると同時に朦朧とさせる麻酔剤としてのその二重の特性によって危険なのである」(I, GT, 自己批判の試み、6, 20)と容赦がない。むろんこれはとりわけワーグナーに向けられている。その挙句「一片の音楽の南方」としてビゼーを褒めたりしている（V, GB, 8, 254, 200）。

次の批判も面白い。「ワーグナーは初めから終わりまで私には不可能になった。というのは、彼は歩くことができないし、まして踊ることができないからだ」（XII, NF, 285, 1886 終わり -1887 初め）。ヴィーラント・ワーグナーによる楽劇の演出では、歌手はトーガをまとい、たいてい厳かに舞台の上に立っている。動作も極力抑制されているが、もしニーチェが観たら、ああやっぱりとにやりとしたことであろう。ワーグナーといえば、ニーチェは『悲劇の誕生』のための「ワーグナーに捧げる序文」を書いている。「尊敬する友よ。あなたが、あなただけが、私とともに〈ギリシア的明朗性〉の真の概念と偽りの概念を区別し、後者の偽りの概念が安全な気楽さでいたるところで跋扈していることに気づいておられることを私は知っている」（VII, NF, 351、一八七一年に最初に計画されたもの）で始まる。「ギリシア的明朗性」とは「ギリシアの芸術は、恐ろしい深層なしに真の美しい表面はないということを私たちに教えた」（ib., 352）、そのような美しい表面に他ならないのだった。「ギリシア的世界のドイツ的再生」（ib., 353）をニーチェはワーグナーに期待したのである。

（11）ニーチェは、本来のギリシア悲劇、アイスキュロスとソフォクレスからその退廃形態であるエウリピデスを区別する。エウリピデスはディオニュソス的なものを追放する。その点で彼は、ソクラテスと並行する。「彼の美的な根本原則〈すべてのものは、美しくあるためには、意識的でなければならない〉は、上述のように、〈すべては、善くあるためには、意識的でなければならない〉というソクラテス的根本原則の並行命題である。したがってエウリピデスを美的ソクラテス主義の詩人とみなしてよかろう」（I, GT, 12, 87）。悲劇に立ち入ることは私の任ではないので、エウリピデスについてはこの言及の紹介にとどめる。

（12）これは歴史的証拠によって一つのジャンルの別のジャンルからの発生を示したとは言えないのだろう。ツィンマーマンは次のように述べる。「ニーチェは彼の『悲劇の誕生』によって力強く再び起源の問いを議論に持ち込んだが、しかし歴史的問題提起の意味においてではなく、むしろ人間学的なそれにおいてであるが〔……〕ジャンル・悲劇の発生のこの再構築によって、ニーチェの著作はヘルダーとシュレーゲルのディテュランボス理解の伝統のうちに置かれうる。ヘルダーが詩的創造性をめまいと陶酔に帰するために用いたディテュランボス的なもののかわりに、ニーチェはディオニュソス的なものという原理を立てる」(Zimmermann, ib., 14f.)。ニーチェにおいてはディテュランボスはディオニュソス的なものの表現である。なおツァラトゥストラは一人で歌うが、ディテュランボスはもともと合唱歌である。ただし後期のディテュランボス(前五世紀初め)には抒情的独唱歌(ἀναβολαί)が導入されたということである(A. W. Pickard-Cambridge, Dithyramb, Tragedy and Comedy, Oxford University Press, 1997, p. 55 参照)。

(13) このようなコーラスはもともと「小アジアに」「その前史」をもつものであることが指摘されている(I, GT, 1, 29)。ディオニュソス自身の出自をも暗示するが、そのような詮索は必要がないだろう。

(14) この主体については、実はシラーを相手にして論じているのだが、無視した。

(15) 「本来のギリシア音楽はあくまで声楽である。語言葉と音言葉の自然的紐帯がまだ引き裂かれてはいない。詩人は必然的にまた彼の歌の作曲家でもあったというほどである。ギリシア人は歌を歌謡による以外は覚えなかった。しかし彼らはまた、語と音の非常に親密な一体性を感じていた。私たちは、近代的芸術流儀、すなわち諸芸術の個別化の影響によって、歌詞と音楽を同時に享受することがもはやできなくなっている」(I, NS, 第一公演、ギリシアの楽劇、1870, 529)。

(16) 音楽論でもある『悲劇の誕生』はショウペンハウエルの影響が強いが、後期の遺稿にいたるまでショウペンハウエルへの言及は数多い。今後のために、『意志と表象としての世界』を一瞥しておこう。ショウペンハウエルの「意志」、すなわち「生きようとする意志」をニーチェは取り入れ、考え抜いたということになろう。「生きようとする意志だって? 私はいつもその代わりに権力意志のみを見いだした」(X, NF, 187, 1882. 11-1883. 2)と批判している(「生きようとする意志」Wille zum Leben という訳は「権力意志」Wille zur Macht と不揃いであるが、「生意志」では日本語にならないので、こうしておく)。これが最も基本的な両者の分かれ道である。

さて、『意志と表象としての世界』（Schopenhauer, Die Welt als Wille und Vorstellung, Bd. 1. insel taschenbuch, 1. Aufl. 1996）という表題は、表題だけを見るかぎり、「意志としての世界」と「表象としての世界」を異なった身分のものとして区別して扱うことを予想させない。しかしこの区別こそ、ショウペンハウエルの枠組みなのである。この著作は「〈世界は私の表象である〉」（1, 31）という有名な言葉で始まる。ショウペンハウエルによれば、これが真理なのであるが、そこを出発点とする理由は、近代哲学の定石であるが、むろん直接的自証性があるからである。その命題は、「あらゆる可能な、思考可能な経験の形式を言い表すもの」（ib.）である。すなわち「認識にとって存在するすべてのものは、したがってこの全世界は主観との関係における客観にすぎず、直観する者の直観、一言でいえば、表象」（ib.）なのである。この表象という形式を前提として「時間・空間・因果性」の形式があるが、それは「根拠の命題」の特殊化である（ib.）。私たちの経験の世界に他ならない、表象としての世界、ないし客観は、主観の側にあるこれらの形式に従って成立している。

この第一の真理に対して、第二の真理として「世界は私の意志である」（ib., 33）が提示される。これは何を意味するのか。ところで、現象の世界は、カントにしたがって、もの自体と対立して有意味なのだが、ショウペンハウエルはもの自体を「意志」と呼ぶ。ショウペンハウエルの体系は、もの自体である意志、その客観化であるイデア、それから空間・時間のうちにある個別的事物、つまり現象の世界という構造となっている（意志の客観化の諸段階。二つの客観化には、それぞれ完全、不完全という形容が付く）。意志は「盲目的」生、または同じことだが、「生きようとする意志」（ib.）である。この意志は、個体化の原理である時間・空間以前のものであるから、個別性を欠き、生成消滅もしない。今「世界は私の意志である」ということへどのようにして導くのか問いただしている。この第二の立場への通路は自分の肉体なのである。認識主観は肉体的個体である。それは表象するとともに（それゆえ他の事物ばかりでなく、自分の肉体をも表象する）、意志する存在である。肉体は独特な二重性をもつ。肉体は「あらゆる客観のうちで唯一同時に意志であり、表象である」（ib., 19, 162）。そして「意志の現象のみが根拠の命題に支配されるが、意志そのものはそうではない、そのかぎりで根拠を欠いたと呼ばれる……」(ib., 20, 166)。つまり意志は経験的には諸々の動機に動かされる。それゆえ根拠の命題に従う。しかしさらに元をただせば、人間主観は、意志の現象、その個体化なので、やはり盲目的な、生きようとする意志である。それゆえ本来意志は知性的なものより優位である。認識作用は意志が備えるようになった機能である。

ところで私たちが現象の世界でその意志を肯定し、生きようとすることは、死に怯え、他との闘争に入ることでもあり、敗北も避けられないので、苦悩することを余儀なくされる。ショウペンハウエルによれば、それへの処方箋は「生きようとする意志の否定」である。すなわち、「その反対〔生きようとする意志の肯定の反対〕、すなわち生きようとする意志の否定は、意欲があの認識において終止するとき見いだされる。そうすると認識された個々の現象は意欲の動機としてもはや作用せず、イデアの把握をとおして成長した、意志を反映する世界の本質の認識が意志の鎮静剤 Quietiv となるので、意志は自由に自分自身を止揚する」(ib., 54, 393)。そういうことができるある認識作用が主張される。

ショウペンハウエルの意志の客観化の段階は、①もの自体・意志→②イデア→③現象(諸事物)であった。認識主観も一つの現象的個体であるが、③のところと、②のところにそれぞれ認識が対応する。③の認識は根拠の命題に従う。それは、「生において怜悧と分別を授け、科学を成立させる認識」(ib., 34, 269f.) である。②は根拠の命題に従わない認識、すなわちイデアの認識、あるいは芸術、ないし芸術的天才の認識である。「芸術の唯一の起源は、イデアの認識である」(ib., 36, 265)(音楽はなかでも特別な地位を与えられる。しかし深入りはできないので、音楽についてはニーチェに関連して触れたことで十分としておく)。「天才性とは、純粋に直観的にふるまい、直観のうちに自らを知る能力であり、根本的には意志に奉仕するためにのみ存在する認識を、この奉仕から引き離す能力である。すなわち自分の関心、自分の意欲、自分の目的を全く無視し、こうして自分の身を一時完全に除外し、純粋に認識する主観として明晰な世界の眼となって残存する能力なのである」(ib., 56, 266)。このようにもはや私は客観に積極的に働きかけたりしないという意味で、私の意志から解放されているとは言えるかもしれないが、もの自体としての盲目的な、生きようとする意志を否定しているとは言えないであろう。もの自体と現象という枠組みを採るかぎり、そんなことはできっこないと思われる。ただ「まさに自分の個、自分の意志を忘れ、純粋な主観として客観の澄明な鏡としてのみ存在している」(ib., 34, 257)、この状態をショウペンハウエルはすでに救いと考えるのであろう。ショウペンハウエルが行き着いた結論は、次のようである。「私たちが完全な聖性において一切の意欲の否定と放棄と、それによってその全存在が私たちには苦悩として現れた世界からの解放を目にするというようなところへ私たちの考察は到達したので、まさしくいまやこのことは空虚な無への移行のように思われてくる」(ib., 71, 554)。言うまでもなくショウペンハウエルは、空虚な無だけが残ることを、それでよし、それこそ安らぎとみなしているのである。無といってもむろん、現象の世界が消えてしまうということではない。

最後に、ニーチェのショウペンハウエルに対する批判を見ておこう。「〈事物の自体性〉が必然的に善く、浄福で、真で、一でなければならないということに対して、ショウペンハウエルの意志としての自体性の解釈は本質的な一歩であった。しかし彼はこの意志を神化することを知らなかった。彼は道徳的、キリスト教理想にしがみついていた。ショウペンハウエルはキリスト教的価値になおもあまりに支配されていたので、彼にとって事物自体がもはや〈神〉でなくなった後では、悪く、愚かで、絶対的に破棄されなければならなかったほどである。彼は、別でありうることの無限の種類、そして神でありうることさえの無限の種類を理解しなかった」(XII, NF, 355, 1887 秋)。触れなかったが、『意志と表象としての世界』には同情の重視といい、もっとあからさまにキリスト教に擦り寄ろうとしたところも見えるから、この批判は不当ではない。「芸術は本質的に現存在の肯定、祝福、神化である……／——ペシミズム的芸術とは何を意味するのか。それは矛盾ではないのか？——そのとおり。芸術のある作品をペシミズムに奉仕させたとき、ショウペンハウエルは誤っている。悲劇は〈諦観〉を教えない」(XIII, NF, 241, 1888 初め)。芸術はショウペンハウエルにとって「意志の鎮静剤」であるが、ニーチェはそれを「生への偉大な刺激剤」(XIII, NF, 194, 1887.

11-1888.3）へと逆転させた。

（17）「私はすべての体系家を信用せず、彼らを避ける。体系への意志は誠実さの欠如である」（VI, GD, 箴言と矢、26, 63）。これはニーチェの言葉でもかなり有名な部類に属する。それゆえニーチェが晩年、理論的・体系的著作を望んだといっても、講壇風の体系ではありそうもない。

（18）私たちはそう受け止めるべきだという意味であって、それがニーチェの意図であったと主張しているのではない。なぜなら『ツァラトゥストラ』をさらに書き続ける計画が残されているという事実もあるからである（第五部の計画、XI, NF, 620, 1885. 8-9 など）。もちろん教説のもっと詳細な展開を企てるはずである。

（19）加藤楸邨はこの句について次のように述べる。「刹那《せつな》の中に永遠の閑寂な相をつかんだものという評は、やや大げさのきらいはあっても、この句の性格をよくつかんだ評語と言えよう。この句には解釈の態度、観点の相違によって種々な解が行われる可能性があって、古来、蕉風の悟りを開いた句だとか、観相の句だとか、駄句にすぎぬとか、論議の絶えない作である」（加藤楸邨『芭蕉全句』上、ちくま学芸文庫、一九九八年、三六〇頁）。また、有名な話であるようだが、其角が「山吹や」を提案した逸話をやはり紹介している。

第六章

（1）『ツァラトゥストラ』第三部の主題は「永遠回帰」であるが、それは第三部の最初の章で予告される。ツァラトゥストラは思想の山頂（永遠回帰）へいよいよこれから登攀すると告げるが、そこで語られる言葉は、この詩についての引用との内容的連関が看取される。「ただ帰ってくるだけだ、ついに私のもとに帰郷する――私自身の自己が、そしてこの自己に属するもののうち長らく異郷にあり、一切の事物や偶然の間に散逸していたものが」（IV, Z, 3, さすらい人、193）。これが詩人という存在において起きることである。ここには予感的に永遠回帰が捉えられている。それゆえツァラトゥストラ（ニーチェ）にとっては詩人の使命と永遠回帰はもともと結びついている。詩人については本書第四章の注18（IV, Z, 救済について、179 & 6, EH, 2, 8, 348）の引用を参照のこと。

（2）反ディオニュソス的ということで、ニーチェが批判を込めてプラトンについて述べたものだが、次の言葉はニーチェが詩人を讃えると同時にまた批判する理由なのでもある。「神々しいプラトンもまた、詩人の創造的能力について、それが意識的な洞察でないかぎりで、もっぱら皮肉にのみ語っており、その能力を預言者や夢占い者の才能と同視する。詩人は、無意識になって、知性がもはや彼のうちに住まなくなってしまうまでは、詩作することができないのだ、と言うのだ」（I, GT, 12, 87）。

（3）KSA XII・XIII巻は一八八五秋から一八八九初めの遺稿を収容する。それらは「〈権力意志〉という題名の、ニーチェのいわゆる哲学的主著という議論の多い問題の最終的解決のための基礎をなす」（XII, Vorbemerkung, M. Montinari, 7）とみなされる。私が取り入れたのは、一八八八年初めぐらいまでの遺稿である（真理の詩と「権力意志」書の計画を除いて）。最晩年には特にニーチェの忍び寄る狂気という問題があるがそれに触れる用意はないし、クロノロジカルな研究でないので、あえて最晩年に立ち入る必要はないであろう。

（4）参考のために、そのいくつかを挙げておく。

権力意志

一切の価値の価値転換の試み（四書）

第一書　危険中の危険（ニヒリズムの叙述）（従来の価値評価の必然的結果として）

第二書　価値の批判（論理学等）

第三書　立法者の問題（孤独の歴史を含む）。逆に価値評価する人間はどのような素質をもっていなければなら

ないのか。近代的魂のすべての性質をもつが、それらの性質を純正な健康へ変化させることができるほど
十分強い人間たちであること
第四書　ハンマー。彼らの課題に対する彼らの手段
シルス・マリア、一八八六年夏　(XII, NF, 109)

権力意志
一切の価値の価値転換の試み

1　真理の価値
2　そこから何が帰結するか
3　ヨーロッパのニヒリズムの歴史へ
4　永遠回帰　(XII, NF, 218f, 1886 夏 -1887 初め)

権力意志
一切の価値の価値転換の試み

第一書　ニヒリズム。従来の最高価値の帰結として
第二書　従来の最高価値の批判。それらよって何がヤーとナインと言われたかの洞察
第三書　ニヒリズムの自己超克。従来否定された一切のものに対してヤーという試み
第四書　超克者と被超克者。一つの予言　(XII, NF, 432, 1887 秋)

権力意志の計画草稿

一切の価値の価値転換の試み

シルス・マリア、一八八八年八月の最後の日曜日

我ら・極北人――問題の定礎

第一書　「真理とは何か」

第一章　誤謬の心理学

第二章　真理と誤謬の価値

第三章　真理への意志（生の肯定的価値において初めて正当化される）

第二書　価値の由来

第一章　形而上学者

第二章　宗教的人間

第三章　善人と改善者

第三書　諸価値の闘争

第一章　キリスト教についての諸想

第二章　芸術の心理学へ

第三章　ヨーロッパのニヒリズムの歴史へ

心理学者の気晴らし

第四書　大いなる正午

第一章　生の〈位階〉の原理

第二章　二つの道

第三章　永遠回帰　　(XIII, NF, 537f.)

「永遠回帰」が消失していないことを、記憶に留めておこう。

(5) ニーチェにおいては、もともと能動は支配と、受動は被支配とほとんど重なる。「能動的と受動的とは何を意味するのか。支配的となることと打ち負かされることではないのか」(XII, NF, 311, 1886 終わり-1887 初め)。

(6) ニーチェのテキストはとくに形而上学的と呼びたいレベルともっと実存的な規定を混在させる。前者は晩年に一層露わになるけれども、後者が消えるということはない。それがニーチェ思想の豊かさ・魅力でもある。ハイデガーはもっぱら前者に着目する。むろんニーチェはそんな区別など知らない。

(7) 常識や科学においては発明と発見は区別されるはずである。『善悪の彼岸』においてニーチェは、新しい心理学者はキリスト教の影響下にある古い心理学者のいう「霊魂原子論」(霊魂は不滅、永遠、不可分、一個のモナド、一個の原子と主張する)を廃して「死すべき霊魂」、「主観多数性としての霊魂」、「衝動と情動の社会構造」という「霊魂仮説」を提示しなければならないと説く(V, GB, 1, 12, 27)。その節の終わりの文は、「しかし最後に新しい心理学者はそうすることによってまさしく発明することに運命づけられていることを悟る——そしてひょっとして発見することにも運命づけられていないか、誰が知ろう」(ib.)と結ばれる。そこではまた挙げられた諸概念は「これからも科学の世界で市民権をもつであろう」(ib.)とニーチェは言う。それらは一応仮説の資格で提示された。発明が発見になるのだから、発明と発見の間は微妙であるが、たとえ仮の身分であれ、ニーチェは発見することの真理の場所を確保するように見える。真理＝誤謬という形而上学的レベルとは科学のレベルは全くは同等視されていないのだと思う。

(8) この「真理」は従来理解されてきたような、別の意味で括弧つきの「真理」ではない。「人間は〈真理〉を求める。自己矛盾せず、欺かず、変化しない世界、すなわち真の世界を——人間がそのなかで苦しまない世界を。矛盾、欺き、変化——苦悩の原因!」(XII, NF, 364, 1887 秋)、「すべての過ぎ去るもの、変化するもの、変転するものに対する軽蔑・憎悪——留まるものへのこの評価はここからくるのか?」(ib.)。ニーチェによれば、こういう結論になる。「あるはずの世界が存在する、現実にあるという信仰はあるべき世界を創造することを欲し得ない非生産的な者の信仰である。彼らは世界を現実に存在するものとして立て、それに到達するための手段と方途を探す。――創造への意志の無力としての――〈真理への意志〉」(ib., 365)。諸行無常の世界は人間にとって苦悩である。それゆえ別の、留まる真の世界を求める。こんな真理を求めるのは、創造することへの意志が無力だからだというのであろう。

(9) これまで触れなかったが、永遠回帰の科学的証明らしき試みが遺稿には存在する。――☆ハイデガーによれば、この証明は自然科学的などでは全くない。ニーチェは世界の本質規定として力、有限性、終わりなさ、同一性、回帰、生成、空間、時間、カオス、必然について語るが、これらは自然科学とは関係がない。自然科学も生成、空間、時間、同一性、回帰のような規定を前提するが、それはあくまで前提なのである(N I, 2, 371)。

その試みとは、次のようなものである。「世界を一定量の力として、一定数の力の中心として考えることが許されるとすれば、〔……〕世界は、その存在の大きなサイコロ遊びをしながら、算定しうる数の結合関係を経たということになる。無限の時間のうちではあらゆる可能な結合関係がいつかは一度達成されていただろう。それどころか、無限回達成されただろう」、そこから「無限にしばしばすでに繰り返された、その遊びを無限に遊ぶ円環としての世界」(XIII, NF, 376, 1888 初め)が帰結するというものである。世界と力は有限、時間は無限と考えられている。この全体は、より簡潔には「エネルギー恒存の命題は永遠回帰を要求する」(XII, NF, 205, 1886 夏 -1887 秋)と表現していいのかもしれない。これだと、「過ぎ去れ、しかし帰って来い」と言うまでもなく、世界(その一切の出来事)は過ぎ去り帰って来そうである。ところでニーチェは、ツァラトゥストラの直観として、「なんとまあ、世界はまさに完成したのではないか、丸くなり、熟したのではないか」(IV, Z, 4, 正午に、344)と語らせたが、永遠回帰を単に私的確信というより、決意の瞬間という契機ははずせないとしても、同時に世界の側の自発的生起と考えている。

☆ハイデガーは権力意志と永遠回帰を一体と考えるが、それゆえにこそ上記の証明なるものを非常に重視する。そしてその遺稿があるのが、一八八八年初めなのである。ハイデガーが遺稿を重視する大きな理由のように見える。ハイデガーは『ニーチェ』第一巻第二章の「永遠回帰説のニーチェの証明」の節で件の断片を論じているが、そこではなく、第二巻第六章「ニーチェの形而上学」の「同じものの永遠回帰」の節の方を注目しよう。そこにハイデガーによるパラフレーズとみなせるものが見いだせる。「存在者そのものが権力意志であり、したがって永遠の生成であるが、権力意志は目標のなさを要求し、ある目標そのものへの際限のない前進を排除するとすれば、しかしまた同時に権力意志の永遠の生成がその可能的形態や支配形成体において無限に新しくありえないゆえに限定されているとすれば、権力意志としての存在者全体は同じものを回帰させ、同じものの再帰は永遠的なものでなければならない。存在者そのものが権力意志であるならば、この〈循環〉は存在者全体の〈原法則〉を含む」(N II, 6, 286)。生成には最終的目標はないが、権力意志としてその上昇のために、抵抗を排除し、そのつどの個々の目標を実現することは行われる。そこでハイデガーは次のように言う。「永遠回帰は、存続なきものの最も存続的な存続化である。しかし西欧の形而上学の始め以来、存在者は現成者の存続性の意味で理解され、その際、存続性は二義的に固定とともに不変をも意味する。ニーチェの同じものの永遠回帰の概念は存在のこの自同的意味を言う」(ib., 287)。永遠回帰がニーチェにとって生成の立場に立ちながら、存続性を求めるものであることは全くそのとおりだと思う。私は権力意志と永遠回帰を始めから切り離せないものとして考えるよりも、もっと実存的な説明を採った。もっともハイデガー自身も「事実」と「思想」の区別はしているのである。

(10) 人間的生のはかなさを最悪と言っているので、目標、〈何のために〉、至高の諸価値の剝奪を視野に入れての発言ではない。それゆえ、いまだ形而上学的次元に達していない。「ニヒリズムの先行形式としてのペシミズム」(XII, NF, 491, 1887秋)と言われていた。しかし、これ以上両者を概念規定して弁別するような作業があまり重要だとは思えない。

(11) ソクラテスと彼以前を区別することは、ハイデガーに特有ではなく、ニーチェがすでに行っている。「ソクラテス以後のギリシア哲学は、病気の症候として、したがってキリスト教の準備であること」(XII, NF, 202, 1886夏-1887秋)。

(12) 「キリスト教的道徳仮定はどんな利益をもたらしたのか。(1)生成消滅の流れのうちにあるその卑小さと偶然性とは反対に、人間に絶対的価値を与えた。(2)苦悩や禍にもかかわらず世界に完全性の性格を与えたかぎりで――あの〈自由〉も含めて——神の代理人を勧めた。禍は十全な意味をもつと思われた。(3)人間に絶対的価値の知をあてがい、それゆえ最も重要なものに対して十全な認識を人間に与えた。／それは、人間が自らを人間として軽蔑すること、生きることを敵視すること、認識することに絶望することから保護した。すなわち一つの保存手段であった。つまり、道徳は実践的・理論的ニヒリズムに対する大きな対抗手段であった」(XII, NF, 211, 1886 夏 -1887 秋)。キリスト教道徳はヨーロッパの人間の支えであった。もしも私たちが誰か別人のテキストにこの文章を読んだとすれば、キリスト教の擁護として理解してしまっただろう。しかしむろんニーチェは批判しているのである。それが嘘っぱちだから、人間を弱くするから、畜群にするから、というわけである。

(13) ☆ニヒリズムの性格づけなので、いわゆる心理学を考えてはならない。ハイデガーは「ニーチェの〈心理学〉は形而上学そのものと同義である」(N I, 5, 61) と言い切る。それは「個々の〈自我〉ばかりでなく、人間を、すなわち人間であることそのものを、主体として、尺度・中心としてあらゆる存在者の根拠・目標として定立する形而上学の名称である (ib., 62) と指摘する。

(14) 以下は私の補足である。ニーチェには一八八四－一八八八年に「ディオニュソス頌歌」(VI, Dionysos-Dithyramben, 375-410) という一群の詩がある。ディオニュソスが歌った歌である。その時期に初めて作られたわけではないが、わざわざニーチェがこの表題のもとにまとめたのである。つまり最後は詩なのである。「道化にすぎない！ 詩人にすぎない！(Nur Narr! Nur Dichter!)」(VI, 378-380) という詩がある。実際は『ツァラトゥストラ』のなかの「憂愁の歌」である。歌は「わたしはあらゆる真理から追放されて／道化にすぎない！ 詩人にすぎない！」で終わる。かなり長いものなので、その一部を示す (ib., 379)。

　このように
鷲のようだ、豹のようだ、

詩人の憧れは、
千の仮面に隠されたおまえの憧れは、
おまえ道化よ！　おまえ詩人よ！

そのようにしておまえは人間を
羊とも、神ともみた――、
人間のうちの神をも
人間のうちの羊をも引き裂き
引き裂きながら笑う――

これが、これこそがおまえの至福、
豹と鷲の至福、
詩人と道化の至福なのだ！……

(15)　第三章五二頁の引用にも見いだせる。「因果性－解釈は一つの錯誤……」（XIII, NF, 275, 1888 初め）、「原因も結果も存在しない」（ib.）。ここには物理的因果性の否定も含まれるが、この断章の中心は心理学的考察である。因果の故郷は明らかに行為論的なものなのである。「私たちは絶対に原因についての経験をもたない。心理学的に再検査すれば、全概念は、私たちが原因であって、すなわち腕が動くという主観的確信からやって来る……。しかしそれは誤謬である。すなわち私たちは私たち行為者を行為から区別し、この図式をいたるところで使用する――私たちはあらゆる生起に行為者を探す……私たちは何をしたのか。私たちは力・緊張・抵抗の感情、すでに行為の開始である筋肉感情を原因として誤解したのである。あるいはこれこれを為す意志を、それに行動が継起するゆえに、原因として理解したのである」(ib., 274)。すでにおなじみの議論だが、原因としての意志が否定されている。

自然に関する因果性を錯誤とみなす議論をもう少し補強しておこう。「因果性解釈は錯誤……/〈事物〉とは概念、像によって総合的に結ばれたその諸結果の総計である……/……じじつ科学は因果性という概念からその内容を抜き去り、その概念を比喩定式として留保したが、ここではどちらの側を原因あるいは結果とするのかは根本的にどうでもよくなった。複合状態(力の配置)においては力の量は等しいままであると主張される。/生起の算定可能性は、生起が規則に従ったとか、必然性に服したとか、あるいは因果法則が私たちによってあらゆる生起に投影されたということに基づくのではない。それは〈同一の事例の回帰〉に基づくのである」(XIII, 275f., 1888 初め)。おそらく現象に同じパターンが現れたとき、その条件を探すという仕方で科学者は探求すればよいのであろう。ここに見られるような把握によって科学による諸現象の原因究明が妨げられることはないであろう。すでに自然の因果性は「記述や理解のためのコンベンショナルな虚構として用いるべき」(本書第四章注4)と言われていた。他方、仮説としてではあるが、「意志の因果性」の擁護(第四章一を見よ)がなされた。

(16) 「意志は存在しない」(XII, NF, 391, 1887 秋)という端的な言明は多くはないが、若干は見いだせる。たとえばそれは「私たちの行為を私たちの意志の結果とみなす習慣」(ib.)に反対して言われている。主観の単純性を否定する文脈である。こうした考えはニーチェには基本的なものである。あるいは、本書第四章冒頭の引用文とあまり違わないと思うが、意志という一つのものがあって私たちの行為を決定するというような考え方を拒否している。「でっちあげとしての意志。①意志が自ら動かすと信じられている。意志は一つの刺激にすぎず、その刺激が出現すると運動が始まるのであるのに。②意志は抵抗を克服すると信じられている。③意志の起源が私たちに隠されたままであり、命令者の情念がそれに伴うゆえに、意志は自由で、主権的と信じられている。④大抵の場合に成果が期待されうるときにのみひとは意志するので、成果の〈必然性〉が意志に力として帰せられる」(XI, NF, 282, 1884 夏 - 秋)。

次の断片も主観のでっちあげられた単純性を理由とする意志の否定であるが、非常に明晰にニーチェの〈意志〉についての基本的な考え方を示す。「意志の弱さ。これはひとを誤らせがちな比喩である。なぜなら意志は存在せず、したがって強い意志も弱い意志も存在しないからである。衝動の多様性や分散、それらの間の体系の欠如が〈弱い意志〉という結果になり、それらが一つの衝動の優勢というかたちで共存することが、〈強い意志〉という結果になる。――前者の場合には迷いや重心の欠如があり、後者の場合には方向の正確さや明瞭さがある」(XIII, NF, 394, 1888 初め)。しかし「意志は存在しない」を今私はこのような心理学的レベルでは受け取ってはいない。『ツァラトゥストラ』での権力意志的意志の忘却、力を抜くことのような意味で理解する(本書第七章三、二四五―二四七頁)。したがって権力意志を超えるといっても、その排除を意味するわけではない。変容である。

(17) 「すべての駆動力は権力意志であり、物理的・力学的・心的力がその他に存在するのではないこと」(XIII, NF, 300, 1888 初め)が基調なのである。

(18) 吉澤傳三郎は、『ツァラトゥストラ』の位置づけについて、すなわち『ツァラトゥストラ』をニーチェ思想の最終的形態とみなすのか、あるいは『権力意志』という妹を中心に編集された遺稿集こそそのようなものとみなすのか(ハイデガーはこちらの最極端)という解釈の二つの立場について、次のように指摘する。「前者の立場、すなわち特に『ツァラトゥストラ』を重視する立場をとれば、ニーチェの思想の実存論的な面を強調する結果になるであろうし、逆に後者の立場、すなわち特に『権力への意志』を重視する立場をとれば、ニーチェの思想の形而上学的な面を強調する結果になるであろう。だが、実のところ、ニーチェの思想の最終的な形態は、実存論的な面を持つと同時に形而上学的な面を持つと考えるべきであり、これら二つの面の緊張関係ないし矛盾こそが、ニーチェの思想の真相というか、ともあれその問題性であると言える」(『ツァラトゥストラ』入門、塙新書一一、塙書房、一九六七年、一六一頁)。その通りだと思う。私は前者の陣営に属していることになる。ただし私は実存(論)的であるとともに、私なりに形而上学的だと思っている。なおハイデガー自身は、当然ながら、ニーチェにおいて「形而上学的」と「実存的」の区別を拒否している（N I, 2, 334）。なお、ハイデガーにおいては「実存的」（実際にそれを生きていること）と「実存論的」（実存の存在構造の把握にかかわる）という区別があるが、それはここでは問題にする必要はないであろう。

（19）『この人を見よ』の最後は次の言葉で終わる。「――私をおわかりか？――ディオニュソス対十字架にかけられた者」（VI, EH, なぜ私は運命なのか、9, 374）。ディオニュソスは、『悲劇の誕生』以来、諸問題を理論的に考察する場合には表《おもて》には出ないけれども、最後までニーチェの思想に貫かれている。また私が本書第七章三で取り上げるような詩「ゲーテに寄せて」、「子供」や「遊び」を見よ。これが近代形而上学的と呼べるであろうか？

（20）しかしあらためてハイデガーのテキストを読めば、やはり私はお釈迦さまの手のなかにいたのか。「私たちが、〈瞬間〉として規定する時間とは、将来と既在が頭をぶつけあうあの時間であり、人間がこのぶつけあいの場所に立つ、いやそのものであることによって、決意的に人間自身によって処理され、遂行されるあの時間である。同じものの永遠回帰によって思考されることを要求される永遠という時間の時間性は、私たちが知るかぎり、人間が将来的なものへ決意し、既在したものを保持しつつ、現在的なものを形成し、それに耐えることによって、人間のみがそこに立つ時間性である」（N I, 2, 356f.）。これは『存在と時間』のあの自己本来的時間性である。

（21）確かに一八八四年夏―秋の遺稿には「永遠回帰の哲学」の計画がある。

永遠回帰の哲学
あらゆる価値の価値転換の試み（XI, NF, 218）
永遠回帰
一つの予言
第一部　最も重い思想
第二部　善悪の彼岸

第三部　人間と超人（XI, NF, 1884 夏 - 秋）

それに対して「権力意志」が書名として現れるのは、一八八五年八－九月が最初である。

権力意志
あらゆる生起の新しい解釈の試み
フリードリッヒ・ニーチェ（XI, NF, 616, 1885, 8-9, 619）

(22) 始まりとしての始まりをハイデガーはどのように捉えたのか。ヘラクレイトスの言葉（断片第二八番）、「δοκέοντα γὰρ ὁ δοκιμώτατος γινώσκει, φυλάσσει.」に、ハイデガーは「見えをもつとは、すなわち／ただまた／最も栄えある者の認識、見張り、見えの堅持」（N I, 3, 504）という直訳を与える。その意味は、「自らを示すもの、眺めを呈示するものが、それゆえ眺めそのものが存在するものとみなされる、というのは〈存在する〉とは立ち現れること（φύειν）であること」（ib., 505）だからだと解する。つまりここでは「認識の本質が真理の本質から規定されている」が、「近代的思考にとっては真理の本質が認識の本質から規定される」（ib., 551）ということになる。もちろんニーチェも含めてのことである。

(23)「問いに値するものを問うことができるためにのみ、私たちは彼の形而上学を思考する。ニヒリズムをそれとして初めて経験し、思考したニーチェの形而上学において、ニヒリズムは克服されたのか、否か」（N II, 7, 336）。

（1）国家が個人間の不和をなくして平和に生きられるようにしても（それが国家の任務）、国家間の戦争は残る、とショウペンハウエルは言う。ショウペンハウエルは、戦争の最大の功績を人口過剰の抑止に見た（Schopenhauer, Die Welt als Wille und Vorstellung, 1. 62. 478)。レアリストの言であろう。ただ戦争は青年をまっさきに犠牲にするので、人口構成上よくないが。ただしショウペンハウエルは意志の否定を説いているので、戦争（生きようとする意志から起きる）を奨励しているのではない。人口問題が二一世紀の大問題の一つであるのは確かである。

（2）もしそのようなものが存在するとすれば、「正義」の概念が挙げられよう。「正義」は、強者に圧迫され、搾取される弱者が要求するものとして言及されることが多い。本章の最初の引用でもそうであった。それは大言の一つである。「キリスト教精神、革命、奴隷の廃絶、同権、博愛、平和愛、正義、真理、あらゆるこれらの大言は、闘争において全く別のもの（反対のもの！）に対する旗印としてのみ価値をもつ」(XIII, NF, 62, 1887. 11-1888. 3)。むろんニーチェはそんな「正義」を退ける。しかし「正義」にはそれとは別のものがある。闘争の只中に、闘争を廃棄することなしに、内在的にある調和、ないしバランスの回復のようなものが働くことが考えられるであろう。それは生物界にはよく知られている。ある地域である種が何かの事情で爆発的に増えると、餌が不足したり、天敵が増えたりして、次の世代は数を激減させるのである。人間の活動のせいで、地球の大気・気候や生態系のバランスが壊されつつあることに慌てているが。また『悲劇の誕生』においてプロメテウスの傲慢と神々による罰、すなわち正義の回復に出会ったし（本書第五章三、一五六頁）、またこれまで触れなかったが、そのようなものはヘラクレイトス解釈に姿を見せる。ヘラクレイトスは「永遠の生成」のみを認め、「〈すべてのものはその対立物をその身にもつ〉」(I, NS, ギリシア人の悲劇時代における哲学、5, 823) と教えた。ニーチェは次のように論じた。「対立するものの戦争からすべての生成は成立する。私たちに持続的にみえる特定の質は、一方の闘う者の瞬間的優勢を表すものにすぎない。しかし戦争はそれで終わりではなく、格闘は永遠に継続する。すべてはこの闘いに従って生起する。そしてまさにこの闘いは永遠の正義を啓示する。それはギリシア的なものの最も純粋な泉から汲まれた、素晴らしい観念である、すなわち闘いを、統一的な、厳密な永遠の法則に結ばれた正義とみなす素晴らしい観念なのである」(ib., 825)。常時的闘争が正義なのだから、人間は安んじて戦争を続けることができよう。それで人類が絶滅しても(現代の戦争なのだから、空想的とは言えない)、人間は地球上でのさばりすぎたので、退場するのが正義だということになるのかもしれない。

☆ここに挙げられたようなものではないが、ハイデガーは、最晩年のニーチェ思想において、あまり顕在的でないことは認めながらも、「正義」概念の重要さを指摘する。それは認識(思考)の考察のなかで取り上げられており、したがって思考のあり方であり(もちろん人間存在の本質的規定として)、それは全体観を創り出すものではあるが、共同社会や生全体のうちで存在するものの実質的な共存のあり方に示唆を与えるようなものではない。本書第六章三(d)を参照のこと。

(3) 岩澤信夫『新しい不耕起イネつくり』、農文協、一九九八年を参照。不耕起栽培は昔から一部では行われていたが、直播ではなく、不耕起移植栽培であるところが新しいのだそうである。また、一つの実例として、庄子貞雄監修『大潟村の新しい水田農法——苗箱全量施肥・不耕起・無代かき・有機栽培』農文協、二〇〇一年を見ることができた。これは大潟村で農家、研究者、機械や肥料メーカーが研究グループを作り、新しい農業に取り組んだ記録である。普及率はまだ低いものの、不耕起農法はヘドロ土壌に適した水田農法で、将来性がありそうである。八郎潟が干拓され、一九六六年第一次入植者が入村したが、一九七〇年からすでに米から他作物へ転換する生産調整が始まり、一九七五年には最初の青田刈り問題が生じ、それが毎年繰り返されてマスコミを賑わし、一九八二年には二名の超過作付け農家が農水省から告発される等、国の政策に翻弄される歴史でもあった。大潟村自体は私の不耕起農法の議論と直接かかわらないけれども、個々の農業者の創意工夫、環境問題、食料政策、さらに大規模の自然改造そのもの等、いろいろな意味で考えさせられた。

(4) Heidegger, Sein und Zeit, 16. Aufl. 70, Max Niemeyer, 1986.

（5）「人類の発展。A自然を支配する権力を獲得し、そのために自己を支配する或る権力を獲得すること。道徳は、自然や〈野獣〉との闘争において、人間を貫徹するために必要だった。B自然を支配する権力を獲得したら、自己自身を自由にさらに形成するためにこの権力を利用することができる。すなわち自己向上と強化としての権力意志」(XII, NF, 208, 1886夏-1887秋)。このような考え方は、ニーチェを近代精神の本流に位置づけることを正当化する。

（6）ハイデガーによれば、「全近代形而上学は、ニーチェも含めて、デカルトによって道をつけられた存在者の解釈と真理の解釈に支えられている」(Heidegger, Die Zeit des Weltbildes, Gesamtausgabe, Bd. 5, Holzwege, Vittorio Klostermann, 1977, 87)。どのような意味か。デカルトの原理は、「われ思う。われあり」(ego cogito sum) である。コギトについて、「何かへのすべての態度、意欲すること、立場をとること、感覚することは、コギタンスであり、これが思考している (denkend) と訳された」(ib., 108) とハイデガーは解説している。それゆえ表象といっても、静観的であって、非実践的・非行為的であるということではない。さて、「エゴ・コギト・スムにおいてコギタレは、この本質的な、新たな意味において理解されている。スプエクトゥム・根本確実性とは、表象する人間が、表象された人間的、あるいは人間でない存在者、すなわち対象的なものとともに常にともに確保されてともに表象されてあることである。根本確実性は、不可疑的な、常に表象されることができ、また表象された〈われが思うこと＝われがあること (me cogitare = me esse) である。これが自分自身を確証する表象作用のあらゆる計算の根本等式である。この根本確実性において人間は、次のことを確信している。一切の表象作用の表象者として (der Vor-stellende 前に-立てる者)、またそれとともにあらゆる表象されてあることの領域として、またそれとともにあらゆる確実性と真理の領域として自分が確保されている、すなわち今や存在する、と」(ib., 109)。人間はこのような表象者である。表象することは、「何かを自分から自分の前に立て、立てられたものをそれとして確保することである」(ib., 108)、したがって、「存在者はもはや現成するもの (das Anwesende) でなく、表象作用のうちで対抗的に立てられたもの、対-象である。表象することと（前に立てること）は先行し、支配する対象化である」(ib., 108)。人間が主観（主体）となることと存在者の対象化は一つのことである。これが「研究」としての近代的科学（学問）の基礎になっている。この論文はデカルト論であるが、以上の性格はニーチェの権力意志には一層強化されて現れると考えられる。

☆デカルトについては、『ニーチェ』第二巻第五章「ヨーロッパのニヒリズム」がより詳細である。デカルトの原理「われ思う、われあり」によって何が成し遂げられたのか。結論だけを拾えば、①人間が主観（subjectum）になったこと、②存在（存在者性）が表象されてあることと同義であること、③真理が確実性になったこと、④人間が存在者の真理の尺度であること、である。これらはデカルトの、また形而上学者の思想に横たわる、共通する四つの観点に対して答えとして与えられたものである。すなわち、「①人間がどのように彼自身であるかという仕方、②存在者の存在の投企、③存在者の真理の本質、④人間がどのように存在者の真理に対して尺度を取り、尺度を与えるかという仕方」（N II, 5, 203）がそれらの観点である。デカルトは形而上学の歴史において重要な位置を占めるが、この第五章はデカルトだけ論じているのではない。

ニーチェはデカルトの「エゴ・コギト」を批判して、「われ欲する」、権力意志の意味での意欲を対置する。ハイデガーによれば、ニーチェの権力意志の思想の核心は価値思想にあるのだが、ハイデガーはその由来と展開を解明しているのである。ニーチェは価値の本質を権力意志の保存と上昇の条件であると規定したが、この思想には前史がある。「価値の形而上学的思考、すなわち可能性の条件としての存在解釈は、さまざまな段階によってその根本特徴が準備された。プラトンにおける形而上学の始まり（イデアとしてのウシア、善としてのイデア）によって、デカルトにおける転換（ペルペキオとしてのイデア）によって、カント（対象の対象性の可能性の条件としての存在）によってである」（ib., 232f.）（別のところにはライプニッツのモナドやヘーゲルの精神への言及もある）。これらはいまだ価値思想ではない。「価値思想は形而上学のうちにやっと最近、そして決定的にニーチェによってのみ支配的となった」（ib., 98）と主張する。さてハイデガーのこの講義はニヒリズムの究明を課題としていた。ニーチェはその克服を志向したが、形而上学の極まった形態、権力意志の思想がニヒリズムだということを論証しようというのだ。権力意志という存在解釈には、存在忘却が統べているからである。ニーチェによれば、価値は価値評価によってある。評価することは計算することである、とハイデガーは指摘する。計算することは、存在者全体のただなかで、存在者を単に表象する（前に－立てる）だけでなく、「何かに向けて」、「何でもって」を計算する、「作用諸力や状況を考量する」（ib., 234）。したがって、「評価することによって、すべての達成された評価・評価されたものは条件的なものとして〈価値〉の性格をもつ」（ib.）。これは表象することの強化されたものに他ならない。表象することが「無条件的に自らを自分に向けて立て、自分から自分に対して存在のすべての条件を決定した」（ib.）表象作用と理解されるようになったからである。ところで形而上学は元来存在と存在者の差別のうえに成立するものであるが、ここでは存在者がもっぱら志向され、もはや存在はそれとしては省みられない。価値思考においてハイデガーが問題にしているのは、結局一切の存在者に攻撃的にふるまうその専横な主観主義なのである。

（7）しかしながら人間の側の作為・努力を一切封じるという仕方で、ヘルダーリンを引いて「しかし危険のあるところには救いも育つ」（Heidegger, Die Frage nach der Technik, 1954, Vorträge und Aufsätze, Teil 1, 35, Neske, 3. Aufl., 1967）とハイデガーに唱和することは私にはできない。もしもそれが、額面どおり、いつかある将来への希望を表明するものであるとすれば、そのような信仰をともにすることはできないからである。しかしそうした態度そのものが現在において救いを含むと限定するならば、別である。つまり従容（Gelassenheit）というか、そのような境地を恵むとすれば。
話は変わるが、二〇〇三年夏、加藤尚武氏から一冊の著書を頂いた。加藤尚武編『ハイデガーの技術論』理想社。比較的小さな本であるが、内容が充実している。私がハイデガーの存在の歴史にのめりこむことをためらう理由をあらためて鮮明に意識させてくれた。現代の技術とそれによって惹き起こされた脅威は、もともと人間が生存のために欲望と知を膨張させていったあげく生じた事態に他ならない。技術といった問題を論じる専門知識は私にはないが、ハイデガーの技術やその歴史的展開の分析は見るべきものがあるのだと思う。そうでなければ、本書を含めて、多くのひとがそれを議論したりしないだろうから。加藤氏はハイデガーの技術論の核心は、「本来性」＝「存在に内在する目的」という思想であると切り込まれる。もちろん歴史にもそれが該当する。一体それが正しいのか、そこから何が帰結するのか、と論じられる。私は目的論を好まないのである。前期ハイデガーならば、本来性＝露わさ、また露わにすることであって、その構造を分析することは行うが、それは現象学的分析であって、内在する目的などにはかかわらないで済む。それが私をニーチェに接近させる。ニーチェの生成、歴史には意味も目的もないからよろしい（もし私が「存在の歴史」を取り上げるとすれば、エルアイクニスやエポックは根拠を欠くのだから、ニーチェの「生成の無垢」のような方向に持っていくだろうと予感している）。技術も存在の歴史の一齣であって、内在的目的を含むと考えるなら、人間には恭順のみが正しい態度であろう。それゆえ技術が生み出した、現代の人間を取り囲むさまざまな困難に対処する提言を行わないからとハイデガーを批判するのは、過剰な期待なのである。加藤氏は積極的で、建設的な方なので、それでは満足されないであろうが。しかしハイデガーの技術論については、批判的分析の部分と欲望の肥大とそれに仕える知というあり方はもはやこのまま続けられない、という警告を受けとめることが大切なのだと私は思う。

(8) この詩をハイデガーが引用していることは、全く私の記憶から消えていた。N II, 7, 380 参照。その簡単な解明には再読して特に参考になるところはなかった。

(9) ゲーテは「多重な人間」という「タイプの最も美しい表現」(XII, NF, 404, 1887 秋）と呼ばれている。むろん全然批判しないということはないし、自分と同視しているということではない。

(10) その「神秘の合唱」の部分。「なべて過ぎ行くものは／比喩に過ぎず。／地上にては至らざりしもの／ここにまったきものとして現れ／およそ言葉に絶したること／ここに成就す。／永遠なるものにして女性的なるもの／われらを彼方へと導き行く」（ゲーテ『ファウスト』、悲劇・第二部第五幕、七〇七頁、柴田翔訳、講談社）

(11) 日本語の「神」は、語源学上の根拠から（アクセントが異なるので）、カミ（上）にいるものを意味するのではなく、「上代以前では、人間に対して威力をふるい、威力をもって臨むものは、すべてカミ」なのだそうである（『岩波古語辞典』)。

(12) コリーによれば、ニーチェの権力意志の哲学は「ショウペンハウエルの克服のためにショウペンハウエルの変奏」を実行したということになる。本書第六章二を参照のこと。権力意志を肯定してそのまま遊びとすること、さもなければ時おり遊びを差し挟むということの結論は、ショウペンハウエルの「生きようとする意志の否定」からどれほど遠く隔たったとしても、やはり出自のつながりを感じさせる。もちろんニーチェにおいては力の自発性が先立つのであり、それが最後まで貫かれる。ショウペンハウエルについては、本書第五章注16を参照。

(13) 実は、ニーチェはこの「日曜の価値」という言葉を否定的に使っているようである。「どんなに道徳が立派な日曜日のおめかし(Sonntags-Aufputz)をしても」(XIII, NF, 71, 1887.11-1888.3)と、古い理想をデカダンだと貶しているのである。

あとがき

二〇〇二年三月、長年勤務した大学を定年退職し、諸々の義務から解放され、自由な精神となった私が、ずっと気になっていたニーチェと取り組んだ記録、それが本書である。

著作者は、料理人と同じように、美味しく滋養ある料理をきれいに盛り付けて提供するように努めればいいので、台所をお目にかける必要はないのであるが、慣習に従って若干のことを申し述べたい。

本書の成り立ちであるが、『善悪の彼岸』を手始めにまずニーチェ後期の公刊された著作を中心にして第一章から第五章の草稿を作り、それから「遺稿」に集中して第六章を書く。そして改めてハイデガーの『ニーチェ』を読み返し、全体を見なおすという計画で執筆を進めた。本書を手に取って下さった方は気づかれたと思うが、本書にはリファレンスもわずかしかないし、研究者たちの解釈と照合するというようなこともしていない。研究とエッセイの中間を狙うつもりであった。専門の哲学研究者にばかりでなく、もう少し広い読者に開かれているものを、と考えた。ニーチェの哲学は、出口の見つからない窮境のうちに生きる私たち現代人にその生の問題性を問い直すことを迫ってやまない衝撃力を今なおもつ思考なのだと思うからである。しかし、結果的に見れば、われながらけっこう硬派である。読みやすさを心がけたつもりだが、哲学的議論の水準では妥協していない。

ところで、なぜハイデガーだけ特別扱いなのかと言えば、私はハイデガー研究者として過ごしてきた者であるから、ハイデガーだけは無視するわけにはいかないのである。むろん以前に『ニーチェ』には目を通している。しかし私のうちに浸透してしまったものはあっても、原稿を書き溜めていってある程度形をとるまでは、今回敢えてハイデガーをしばらく遠ざけることにした。「遺稿」を中心に扱う本書第六章を独立させたのは、ハイデガーがニーチェの「遺稿」を重視してニーチェ論を構築していることは頭に残っているので、ひょっとしてハイデガーの解釈はここで省みれば済むかもしれないと考えて、とりあえず遣り過ごしたのである。

「結び」は探究の紆余曲折のあげくに改めて全体を振り返って書かれるものであろう。再吟味する主題は、そこに何か問題が見いだされると思われるものである。自分の解釈への反省もあろうが、いま言おうとしているのは私の解釈であるには違いないが、テキストの側にあるとみなす問題点である。主題のピック・アップには、明らかに「機会」が影を落としている。ニーチェの権力意志説については、生きるとはそういうものなのだなと納得する一方で、その攻撃性は全面的には私に同意できるものではない。とりわけ戦争というような問題にそれは先鋭的に現れるが、それに言及せずには済まされないと感じさせたのは、二〇〇三年三月二〇日開始した米英軍のイラク攻撃である。不耕起農法との出会いも偶然であるが、環境問題には日頃から関心をもっている。これらにかぎらず、私の静かな生活を横切る書物や小さな出来事を取り入れることに躊躇を感じなかった。

二〇〇三年六月末、第七章を含めて全体を一応書き上げ（第五章五の小さな付論を除いて）、『ニーチェ』再読を開始した。確かにハイデガーの『ニーチェ』は面白く、圧倒される。しかし私は本書でハイデガーのようにニーチェの晩年の遺稿にもっぱら解釈の基礎を置くことをしていないし、それと密接に関連するが、存在の歴史という枠組にニーチェを位置づけるハイデガーの試みにぴったり寄り添ってはいない。現代の私たちのあり方を規定している科学技術、政治体制、経済のグローバル化の基底にはヨーロッパの哲学の歴史（存在の歴史）があり、ニーチェはその近代化の一つの重要な局面であるというハイデガー的物語に反対しているのではない。また私は哲学的に考えること自体をハイデガーから学んだと認めているので、ハイデガーへの負債を割引したいのでもない。ただ最近は若い日の実存的関心が再び自分のなかで強くなる感じがあって、したがってハイデガーから見てニーチェが十分に存在論的でないところ、むしろ生《なま》の実存の部分に惹かれるのである。実存的要求からニーチェにぶつかり、摑んだものを率直に言葉にしたいという思いが私を動かしたのである。それゆえ本書のニーチェ論は、ハイデガーのそれより実存的であろう。したがって重点を置く主題の選択もかなり異なっている。

さてしかし、私はハイデガーのニーチェ解釈をどう扱ったものだろう？「ニーチェとハイデガー」といった主題の著書なら話は別だが、今回はハイデガーへの言及はできるだけ圧縮せざるをえない。一旦ハイデガーを念頭から放し、草稿をまず作ろうと決めたとき、私はその方針をすでに密かに採用していたのであろう。ところで修正とは不思議なものである。絵を描く者なら誰でも知っているが、一旦仕上げた絵に後で手を入れようとして、どこか一カ所に手を触れると、妙にそこが浮き、次々に直したくなり、まるで異なった印象の絵が出来上がる。多くの場合、それは作品を無性格にする。下書きのつもりであっても、原稿はすでに第七章結びまで書いてかなり推敲してしまっている。そこで迷った挙句、結局本文にハイデガーのニーチェ解釈を持ち込んで書き直すことはせず、第六章三という一節を設けることにした。その他わずかだが、注に収めた。

東京都立大学でご指導を受け、それ以来大変お世話になった吉澤傳三郎先生が、二〇〇三年四月に逝去された。吉澤先生は、私を哲学研究の道に導き入れてくださった方である。先生のニーチェの演習に出席する機会はなかったし、先生はハイデガーがお好きでなかったが、私はハイデガーばかりやっていたので、ニーチェ解釈で先生からの影響は直接はなかったと思う(『ツァラトゥストラ』の訳と詳細な注には大変助けられた)。それでも私がいつかニーチェ研究に手を染めることを期待してくださっていることは承知していた。しかし私がようやくハイデガー研究に一段落をつけ、ニーチェ書に着手したとき、先生はすでにご病気で、面会も許されなかった。先生に本書を読んでいただけなかったことを大変残念に思う。

本書の出版については法政大学出版局の平川俊彦氏に大変お世話になった。出版をお引き受けいただいたばかりでなく、表現の不適切や分かりにくさなどを丁寧に指摘され、本書の彫琢のため大いに手助けしてくださった。厚くお礼申し上げたい。

二〇〇四年三月

岡田紀子

《思想＊多島海》シリーズ

著者紹介：岡田紀子（おかだ のりこ）

1939年生まれ．東京都立大学人文科学研究科修士課程修了．1964-2002年東京都立大学人文学部哲学科勤務．東京都立大学名誉教授．著書に『ハイデガー研究』（以文社），『ハイデガーの真理論』（法政大学出版局）．

ニーチェ私論
道化、詩人と自称した哲学者

二〇〇四年一一月一九日　初版第一刷発行

著　者　岡田紀子
発行所　財団法人法政大学出版局
〒102-0073　東京都千代田区九段北3-2-7
電話　東京03（五二一四）五五四〇
振替　〇〇一六〇－六－九五八一四
製版・緑営舎　印刷・三和印刷
製本・鈴木製本所

ISBN4-588-10004-1

人名索引

（人間ではない，超自然的存在者も含む）

マ　行

ヤ　行

ラ　行

ワ　行

事項索引

サ 行

タ　行

ナ　行

ハ　行

マ　行

ヤ 行

ラ 行

ワ 行